Adrian Geiges
Öfter mal die Welt wechseln

ADRIAN GEIGES

ÖFTER MAL DIE WELT WECHSELN

Wie ich in die Ferne zog und
immer wieder ein neues Leben fand

PIPER

Mehr über unsere Autorinnen, Autoren und Bücher:
www.piper.de

Von Adrian Geiges liegen im Piper Verlag vor:
Gebrauchsanweisung für Peking und Shanghai
Xi Jinping – der mächtigste Mann der Welt

Inhalte fremder Webseiten, auf die in diesem Buch (etwa durch Links)
hingewiesen wird, macht sich der Verlag nicht zu eigen.
Eine Haftung dafür übernimmt der Verlag nicht.

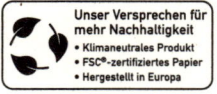

Unser Versprechen für
mehr Nachhaltigkeit
• Klimaneutrales Produkt
• FSC®-zertifiziertes Papier
• Hergestellt in Europa

MIX
Papier | Fördert
gute Waldnutzung
FSC www.fsc.org   FSC® C083411

ISBN 978-3-492-06364-7
© Piper Verlag GmbH, München 2023
Satz: Uhl + Massopust, Aalen
Gesetzt aus der Adobe Garamond Pro
Litho: Lorenz & Zeller, Inning am Ammersee
Druck und Bindung: CPI books GmbH, Leck
Printed in the EU

Inhalt

Der Sinn des Lebens

Sammeln von spannenden Erfahrungen

Wir Menschen sind Abenteurer. Wir wollen Neues sehen, hören, riechen und spüren. Das lässt sich schon bei Babys und Kleinkindern beobachten. Sie klettern auf jede Erhöhung, nehmen alles in die Hand und stecken es in den Mund. Die Erwachsenen aber versuchen sie zu bremsen, und im späteren Leben wird uns erklärt: »Es ist besser, brav in die Schule zu gehen, als irgendwohin auszubüxen.« »Wer zu oft den Arbeitsplatz wechselt, schadet seiner Karriere.« »Überall lauern Gefahren!« Und so vergessen viele die Träume ihrer Jugend und machen jahrzehntelang das Gleiche. Dieselbe Arbeit, die sie nicht befriedigt. Sie wohnen am selben Ort und treffen immer dieselben Leute.

Nun denke ich grundsätzlich: Jeder soll nach seiner Fasson glücklich werden. Wer die Stabilität liebt, darf gerne so leben. Aber den meisten reicht das nicht. Sie versuchen abends und am Wochenende aus ihrem Alltag auszubrechen, indem sie exzentrischen Hobbys nachgehen oder wilde Klubs besuchen. Und sie freuen sich das ganze Jahr auf ein paar Wochen Urlaub – und das halbe Leben auf die Rente, in der sie nachzuholen versuchen, was sie bis dahin versäumt haben.

Meine Erfahrung ist: Es besteht kein Grund, so lange zu warten. Ich habe mich entschieden, mein ganzes Leben zum Abenteuer zu machen. Diese Erfahrung möchte ich in diesem Buch mit dir teilen. Zugegeben, ich bin da vielleicht etwas extrem. Als mich meine Mutter in den Sandkasten schickte, entgegnete ich: Da war ich schon mal. Später habe ich immer nach vier, fünf Jahren den Arbeitsplatz gewechselt, bin in ein anderes Land gegangen oder beides zusammen. So weit muss man es nicht treiben. Ein bisschen davon würde aber, denke ich, den meisten guttun. Gäbe es ein solches Bedürfnis nicht, würden die Deutschen nicht 70 Millionen Urlaubsreisen im Jahr buchen, wenn nicht gerade Corona ist. Und das gilt keineswegs nur für uns Deutsche, die selbst ernannten Urlaubsweltmeister. Bei den Chinesen beispielsweise stieg die Zahl der Auslandsreisen von 20 Millionen im Jahr 2003 auf 134 Millionen im Jahr 2019. Da sind die vielen Reisen innerhalb Chinas noch gar nicht mitgerechnet, dabei ist das ein großes Land mit unterschiedlichen Kulturen und Klimazonen.

Ich bin Journalist, da lernt man schon von Berufs wegen jeden Tag neue Menschen und Orte kennen. Reisen werden im Normalfall von den Arbeit- oder Auftraggebern bezahlt. Und in den meisten Ländern sind Korrespondentenvisa leichter zu bekommen als andere Arbeitsvisa, da Korrespondenten für Medien in ihrem jeweiligen Heimatland berichten und daher den Einheimischen nicht die Arbeitsplätze wegnehmen. All das sind Gründe, die mich dazu bewegt haben, diesen Beruf zu wählen.

Aber auch Angehörige anderer Branchen können die Welt wechseln. In allen Ländern, in denen ich lebte, lernte ich Unternehmensberaterinnen und Handwerker kennen, Restaurantbesitzer und Fotografinnen, die sich entschlossen haben, in der Fremde zu arbeiten, weil sie es interessant finden, der lockeren Mentalität oder des sonnigen Wetters wegen. Auch in scheinbar geregelten Berufen ist das möglich. Meine Tochter besuchte die deutsche Schule in Peking. Lehrer können für einige Jahre in einer der deutschen Auslandsschulen unterrichten, ohne ihren Beamtenstatus in Deutschland zu verlieren. Eine prima Chance, aus dem Alltagstrott auszusteigen, in diesem Fall sogar völlig risikofrei. Umso erstaunlicher: Es fällt schwer, die Stellen zu besetzen, weil sich nicht genügend Bewerber melden.

Oft fühlen wir uns von Zwängen eingeengt und fragen uns: Passt das in meine Karriereplanung? Doch wozu soll die Karriere dienen? Worin besteht der Sinn des Lebens? Für mich im Sammeln von spannenden Erfahrungen. Nun mag man entgegnen: Leichter gesagt als getan, schließlich müssen wir unsere Kinder versorgen und die Miete bezahlen. Das ist richtig, aber mein Lebenslauf zeigt: Wenn man das verwirklicht, was einen erfüllt, wenn man etwa Sprachen lernt und in fremde Länder zieht, ist das auch für die Karriere hilfreich.

Meist sind es eingefahrene Gewohnheiten und Angst vor dem Unbekannten, die uns davon abhalten. Dabei ist ein Ausstieg aus dem Alltag, etwa eine Weltreise, einfacher, als man denkt. Davon zeugt auch das Beispiel meiner Kollegin Meike Winnemuth. Ich lernte sie kennen, als sie zur Chefredaktion von *Park Avenue* gehörte, einer damaligen Zeitschrift von Gruner + Jahr. Ich war China-Korrespondent des *Stern,* der ebenfalls in diesem Verlagshaus erscheint. So beauftragte sie mich mit einer Reportage zum Thema »Young Hot China« über junge, aufregende chinesische Talente, von der Schriftstellerin bis zum Rockmusiker. Später gewann Winnemuth bei Günther Jauch eine halbe Million. Sie wollte sie nutzen, um ein Jahr lang in zwölf verschiedenen Städten zu leben, in denen sie jeweils für einen Monat eine Wohnung mietete: Sydney, Buenos Aires, Mumbai, Shanghai, Honolulu, San Francisco, London, Kopenhagen, Barcelona, Tel Aviv, Addis Abeba und Havanna. Am Ende merkte sie: Sie hatte den Gewinn von *Wer wird Millionär?* gar nicht gebraucht! Die Honorare für Artikel, die sie über diese Städte schrieb, reichten aus, um ihre einjährige Weltreise zu finanzieren.

Nun magst du einwenden: Meike Winnemuth hatte damals schon eine gewisse Bekanntheit und gute Kontakte, es ist nicht für jeden so einfach. Doch auch sie hat einmal irgendwo begonnen. Das gilt natürlich auch für mich, und deshalb werde ich meine Geschichte von Anfang an erzählen. Es stimmt, bei Reisen um die Welt und der Arbeit in anderen Ländern sind Hindernisse zu überwinden. Aber die Mühen werden dir mit Glück vergolten. Wie der amerikanische Präsident Franklin D. Roosevelt sagte: »Das Einzige, was wir zu fürchten haben, ist die Furcht selbst.«

Der Wunsch, aus dem Alltagstrott auszubrechen und in die Ferne zu ziehen, wird bei mir schon in der Kindheit geweckt, durch die Bücher *Jim Knopf und Lukas der Lokomotivführer* und *Jim Knopf und die Wilde 13* des Schriftstellers Michael Ende. Weil es auf der kleinen Insel Lummerland zu eng geworden ist, fahren der schwarze Junge Jim Knopf und der weiße Lokomotivführer Lukas mit seiner Dampflok Emma in die Welt hinaus und erleben dabei die verrücktesten Abenteuer. Sie schaffen es bis nach China, wo bunte Bäume wachsen, Brücken aus Porzellan das Wasser überspannen und Glöckchen aus Silber läuten. Im Muff der damaligen Bundesrepublik beschuldigten Rezensenten Michael Ende, »Opium für Kinder« zu schreiben. Statt sie auf den Ernst des Lebens vorzubereiten, würden sie hier zur Fantasterei verführt (genau, ich bin ein Beispiel dafür!). Das konnte aber den Erfolg der Bücher nicht aufhalten und verhinderte auch nicht die Verfilmung durch die Augsburger Puppenkiste.

Als ich etwas älter bin, lese ich das Werk *Reise um die Erde in 80 Tagen* des französischen Schriftstellers Jules Verne, inspiriert übrigens durch eine wahre Geschichte, nämlich die des US-Amerikaners George Francis Train. Der fuhr tatsächlich, vor der Erfindung des Flugzeugs, mit Schiffen und Zügen in genau 80 Tagen um die Welt. Wer war dieser Mann? Das lässt sich nicht in einem Satz zusammenfassen, denn er hat in seinem Leben dies und das getan. Er arbeitete als Kaufmann in Chicago und ging dann nach Australien. Er startete in London eine Straßenbahn, die von Pferden gezogen wurde – dem Unternehmen war allerdings kein Erfolg vergönnt. Er nahm am Amerikanischen Bürgerkrieg teil, klugerweise nicht mit der Waffe in der Hand, sondern indem er in England und Irland Vorträge hielt, in denen er die Position der Nordstaaten erläuterte. In den USA gründete er dann eine Eisenbahngesellschaft, diesmal mit Erfolg. Das Geld, das er damit gewann, investierte er als Reeder in die Schifffahrt. Gleichzeitig war er Schriftsteller und schrieb elf Bücher. Er kandidierte als US-Präsident, erfolglos, wobei er gleichzeitig behauptete, australische Revolutionäre hätten ihm die Präsidentschaft einer noch zu gründenden australischen Republik angetragen. Auch hat er sich einen Namen als Frauenrechtler gemacht und wurde, weil er die aufkommende Frauenbewegung unterstützte, sogar inhaftiert. Er finanzierte die Zeitschrift *Die Revolution*, ein wichtiges Blatt der damaligen Frauenbewegung. Kurzum – dieser Mann ist ein echtes Vorbild!

Auch bei mir mischt sich der Drang, die Welt kennenzulernen, in meinem weiteren Leben zunehmend mit dem Wunsch, die Welt zu verändern. Zu meiner neuen Lektüre gehören die Reportagen von Egon Erwin Kisch. Die Titel seiner Bücher sprechen für sich: *Der rasende Reporter; Zaren, Popen, Bolschewiken; Die Reise um Europa in 365 Tagen; Asien gründlich verändert; China geheim; Wagnisse in aller Welt* und viele mehr. Kisch war nicht nur Reporter, sondern auch Revolutionär. Das beeinflusst mich. Der Schriftsteller Friedrich Torberg schreibt, Kisch habe ihm gesagt: »Weißt du, mir kann eigentlich nichts passieren. Ich bin ein Deutscher. Ich bin ein Tscheche. Ich bin ein Jud. Ich bin aus gutem Hause. Ich bin Kommunist. Ich bin Corpsbursch. Etwas davon hilft mir immer.«

»Geh doch rüber in die DDR«

Ein ungewöhnliches Auslandsstudium

Wer direkt nach dem Abitur sein Studium aufnimmt, hat mit dem Leben schon abgeschlossen. Ich meine hier ein Studium in Deutschland, schlimmstenfalls in der eigenen oder der nächsten Stadt. Es gibt viele Möglichkeiten, zunächst einmal etwas von der Welt zu sehen – Freiwilligenarbeit im Ausland, Work and Travel, Sprachaufenthalt, ein Job als Au-pair … Du kannst auch dein ganzes Studium im Ausland absolvieren, zumindest aber eines oder mehrere Auslandssemester einplanen.

Als ich vor dem Abi stehe, bieten sich dafür viel weniger Chancen als heute. Und man findet nichts darüber im Internet, denn das existiert noch nicht. So plagt mich das Gefühl, dass ich gern vor der Uni etwas anderes machen möchte, aber leider weiß ich nicht, was. Da erreicht mich ein ungewöhnliches Angebot, das mir gerade recht kommt.

Wie schon im vorherigen Kapitel angedeutet, trifft auf mich die Lebensweisheit zu: »Wer mit 20 kein Kommunist ist, hat kein Herz. Wer mit 30 noch Kommunist ist, hat keinen Verstand.« Zu diesem Zeitpunkt bin ich erst 18 und ein überaus aktiver Kommunist, Mitglied der DKP und ihrer Jugendorganisation Sozialistische Deutsche Arbeiterjugend, und das ausgerechnet am Rande des Südschwarzwalds, damals auch im politischen Sinne eine der schwärzesten Gegenden Westdeutschlands. Aus dieser Region um Freiburg im Breisgau stammt auch Hans Filbinger. Im Dritten Reich war er NSDAP-Mitglied, noch in den letzten Tagen des Zweiten Weltkriegs verurteilte er als Richter junge Soldaten zum Tode, weil sie sich weigerten, weiter für Hitler zu morden. Trotzdem steigt er damals zum Ministerpräsidenten von Baden-Württemberg auf. Das empört mich und viele aus meiner Generation und ist für mich einer der Gründe, aus Protest weit nach links zu gehen.

Und so spricht mich eines Tages die Kreisvorsitzende unserer Jugendorganisation an: »Kannst du dir vorstellen, für ein Jahr zur weiteren Qualifizierung ins sozialistische Ausland zu gehen?« Ich muss keine Sekunde nachdenken, bin sofort begeistert: ein Jahr ins Ausland, dazu noch in ein sozialistisches! Das hat damals viel Exotik, denn es ist sehr schwer, auf der anderen Seite des Eisernen Vorhangs zu studieren. Trotzdem frage ich natürlich nach: »In welches Land? Und an was für eine Hochschule?« »Das darf ich dir noch nicht sagen, die genauen Umstände sind streng geheim. Aber du wirst rechtzeitig Direktiven bekommen.«

Das klingt aus heutiger Sicht schräg. Aber wir sprechen von der Zeit des Kalten Kriegs, und da leuchtet es mir ein. Gegen Lehrerinnen, Lokomotivführer und sogar Briefträger werden damals Berufsverbote verhängt, nur weil sie Mitglied in einer linken Organisation sind. Ein längerer Aufenthalt in einem sozialistischen Land brächte also auf jeden Fall schwere Nachteile, wenn er bekannt würde. Was sich aber unabhängig von diesen speziellen Umständen auf heute übertragen lässt: Ein Auslandsstudium verspricht Spannung, und du solltest diese Chance ergreifen, auch wenn die Einzelheiten vorher unklar oder sogar dubios sind.

Einige Wochen später erfahre ich bei einem Vorbereitungstreffen mit meinen zukünftigen fünf Mitstudenten aus der Bundesrepublik, dass es in die DDR geht. In die DDR! Man muss sich das einmal vorstellen in der damaligen Zeit. Egal ob wir Jugendliche lange Haare trugen, als Hippies der freien Liebe frönten oder das konservative Schulsystem kritisierten – bei jeder Abweichung hielten die Alten uns Jungen damals entgegen: »Geht doch rüber in die DDR, wenn es euch hier nicht passt.« Und ich sollte es tatsächlich tun!

Es läuft alles sehr konspirativ, wie heute vielleicht beim Besuch einer lateinamerikanischen Drogengang oder einer Reise durchs Afghanistan der Taliban. Als Westdeutscher braucht man für die DDR ein Visum, doch wir haben keins, aus Sicherheitsgründen, damit niemand weiß, wo wir hinfahren. Ohne irgendwelche Unterlagen gehe ich am Berliner Grenzübergang Bahnhof Friedrichstraße zur Passkontrolle. Die DDR-Grenzsoldaten sind als unfreundlich und aggressiv bekannt. Doch ich sage die Zauberformel, die uns vorher eingetrichtert wurde: »Ich bin avisiert.« Der Grenzer schaut auf den Namen im Pass und vertauscht schlagartig das übliche grimmige Gesicht mit einem freundlichen, fast thailändischen Lächeln. Schließlich sind es pro Tag nicht so viele Leute, die »avisiert« werden. In einer Kladde hat er ein Einlegevisum bereitliegen – ich bekomme ein separates Blatt statt eines Stempels in den Pass, damit die feindlichen Grenzschützer der BRD nach meiner Rückreise später nicht erkennen können: Ich habe ein Jahr in der DDR gelebt.

Den Anweisungen folgend, gehe ich aus dem Bahnhof die Friedrichstraße rechts entlang und biege Unter den Linden rechts ab. Dort werden wir erwartet im Gebäude des Zentralrats der Freien Deutschen Jugend (FDJ), wo heute das ZDF-Hauptstadtstudio untergebracht ist. Bald trudeln auch die anderen fünf Studenten ein, die ich von dem Vorbereitungstreffen kenne. Es begrüßt uns Hans Pischke, der sich als Betreuer unserer westdeutschen Seminargruppe vorstellt. Er werde uns im Fach »Dialektischer und historischer Materialismus« unterrichten, also in marxistischer Philosophie. Andere Dozenten würden uns anderes revolutionäres Wissen beibringen. »Und vor allem sollt ihr hier den realen Sozialismus kennenlernen«, sagt Hans. »Bisher, bei Delegationen, habt ihr die Schokoladenseite der DDR gesehen. Jetzt werdet ihr erfahren, wie es hier wirklich ist.« Hinter dem Wort »Delegationen« verbergen sich die organisierten Kurzreisen in den Osten, die wir bisher erlebt haben. Jetzt hält man uns für reif genug, auch die »Übergangsprobleme der sozialistischen Entwicklung« zu verstehen, wie man das hier nennt.

In einem olivgrünen Kleinbus, Zweitakter Marke Barkas B 1000, verlassen wir Berlin und knattern Richtung Norden – mit unbekanntem Ziel. Dozent Hans sagt: »Wir fahren zu einem der geheimsten Orte der DDR« – was viel verspricht, da die DDR insgesamt schon als geheimnisvolles Land gilt. Auf dem Weg erzählt Hans von dem »Objekt«, wie er sich ausdrückt, in dem wir das nächste Jahr unseres Lebens verbringen werden: »Es war einst das Liebesnest von Hitlers Propagandaminister Goebbels. 1936 schenkte Berlin dem Joseph Goebbels zum 39. Geburtstag ein idyllisches Stück Land mit See, Bäumen und Wiesen und baute ihm ein Landhaus. Der Kriegsverbrecher vergnügte sich dort mit Schauspielerinnen und anderen Gespielinnen. 1945 besetzten sowjetische und polnische Soldaten das Gebäude, gegen erheblichen Widerstand von Schergen der Waffen-SS, die sich da verschanzt hatten. In einem Lazarett pflegten die Freunde dort verwundete Soldaten.« Als »Freunde« bezeichnet man in der DDR Sowjetbürger, vor allem sowjetische Soldaten. »1946 übergaben die Freunde das Objekt der Freien Deutschen Jugend, seither bilden wir dort Verbandsfunktionäre aus. 1950 verlieh Wilhelm Pieck der Schule seinen Namen. Deshalb heißt sie Jugendhochschule Wilhelm Pieck.« Das klingt kultig in meinen Ohren. Wilhelm Pieck, das erste Staatsoberhaupt der DDR, starb 1960. Er hatte schon zu Lebzeiten einer Schule seinen Namen »verliehen«? Immerhin erfahren wir auf diese Weise, wie der Ort heißt, an dem wir ab heute studieren werden.

Nach einer Stunde Fahrt Richtung Norden biegen wir am Wandlitzer See rechts ab in einen Waldweg. Ein Schild in Deutsch, Englisch und Französisch erklärt das Gebiet zur militärischen Sperrzone, Zugang verboten für Patrouillen der alliierten Streitkräfte (die ansonsten die DDR inspizieren durften). Der Mischwald verdichtet sich. Einige Minuten später fällt uns auf: Ein Maschendrahtzaun versperrt mitten im Wald den Zugang zu einem Gelände. Der Barkas stoppt. Hinter Kiefern und Birken versteckt sich ein Wachhäuschen. Ein Volkspolizist tritt heraus. Wie ein Grenzsoldat lugt er in den Kleinbus, erkennt den Dozenten Hans und winkt uns durch. Wir fahren auf das Gelände der Jugendhochschule Wilhelm Pieck, der höchsten Bildungsstätte der Freien Deutschen Jugend! Hier, so wissen wir jetzt, studieren der politische Nachwuchs der DDR, junge Revolutionäre aus aller Welt – und wir sechs linke Jugendliche aus der Bundesrepublik.

Nach einigen Metern erhebt sich aus dem Wald eine Schlossanlage im Stil der Stalinzeit, in dem pompösen Barock, den ich von Bildern aus der Sowjetunion kenne. Aus dem Goebbels'schen Landhaus war die FDJ bald herausgewachsen, erfahren wir. So entstand in den 1950er-Jahren diese Schlossanlage aus sechs gigantischen Bauten, die einen gepflegten Park von der Größe eines Fußballstadions einrahmt.

Dozent Hans bringt uns, »die männlichen Genossen aus der BRD«, zum »Haus 1«, einem ockerfarben angestrichenen Wohnheim. Die einzige Genossin in unserer Gruppe verabschiedet sich, sie muss ins »Haus 2«, das Frauenwohnheim. Unser Zimmer ist vollgestellt mit fünf Betten. Ein Spülbecken oder eine Toilette gibt es darin nicht, die ganze Etage teilt sich einen Waschraum. Ich denke: »Man kann sich an alles gewöhnen«, und das bestätigt sich dann auch so.

Wir erkunden die Umgebung. Die Jugendhochschule liegt am Wasser, dem Bogensee. Dort entdecken wir das Liebesnest von Goebbels, das jetzt als Kindergarten genutzt wird für den Nachwuchs der Jugendhochschul-Mitarbeiter. Eine Kindergärtnerin zeigt uns, wie sich die Fenster des hellen Kaminzimmers versenken lassen, eine Spezialkonstruktion, die für den Naziführer angefertigt worden war. So hatte Goebbels in den Bogensee springen können, der sich direkt unter seinem Fenster befand. Mittlerweile ist der Wasserspiegel des Sees etwas gesunken. Wir spazieren um ihn herum, was etwa eine halbe Stunde in Anspruch nimmt, die Stiefel tief im Laub.

Am Abend steigen wir die Treppen, breit wie eine vierspurige Autobahn, hoch zum pompösesten Gebäude der Schlossanlage, dem Lektionsgebäude. Für diesen Tempel des Wissens wurde extra ein Hügel aufgeschüttet. Auf der Spitze des Gebäudes thront eine übermenschengroße Heldenstatue, ein Arbeiter und eine Bäuerin schwenken gemeinsam eine Fahne. Die Statue lässt keinen Zweifel aufkommen: Es kann sich nur um die rote Fahne handeln. Hunderte andere gehen den gleichen Weg, in blauen Hemden mit gelbem FDJ-Abzeichen, in bunten Tüchern aus Afrika, in zerrissenen Jeans aus Dänemark.

Im Großen Lektionssaal mit 525 Plätzen klingt Musik aus Lautsprechern, das »Solidaritätslied« mit dem Text von Bertolt Brecht und der Musik von Hanns Eisler: »Schwarzer, Weißer, Brauner, Gelber! Endet ihre Schlächterein! Reden erst die Völker selber, werden sie schnell einig sein.« Dieser Idealismus entspricht genau meinen damaligen Wunschträumen.

»Der 31. DDR-Lehrgang und der 22. Internationale Lehrgang der Jugendhochschule Wilhelm Pieck sind eröffnet«, deklamiert ein Redner. Die 150 internationalen Studenten hören mit per Kopfhörer, eingesteckt in Buchsen an den Stühlen. Die Jugendhochschule besitzt die modernste Simultan-Dolmetsch-Anlage der DDR, weshalb sie in ihrer Geschichte ein einziges Mal für die Außenwelt geöffnet wird: Als Bundeskanzler Helmut Schmidt 1981 die DDR besucht, hält er hier seine Pressekonferenz ab.

Nach den Reden tanzen unsere Mitstudenten aus Äthiopien auf der Bühne ein kriegerisches Gleichnis über den revolutionären Befreiungskampf in Afrika. Studentinnen aus Vietnam bewegen sich graziös zu einem Lied über Ho Chi Minh. Im Saal sitzen auch Mitstudenten von der PLO aus Palästina und vom ANC aus Südafrika, Sandinistinnen aus Nicaragua und Angehörige von Befreiungsbewegungen aus Angola und Namibia, Verfolgte des Militärregimes aus Chile und bärtige Männer aus Afghanistan, Linke aus kapitalistischen Ländern wie Finnland und sogar Japan. Ich fühle mich als Teil einer großen internationalen Bewegung.

Dazu kommen die 300 Studierenden aus der DDR selbst, in ihren blauen FDJ-Hemden. Es gibt keinen anderen Ort, an dem DDR-Jugendliche so intensiv mit Gleichaltrigen aus derart vielen

Ländern zusammenleben wie hier. In ihren besten Zeiten sind an der Jugendhochschule 53 Länder vertreten. Auch ich als westdeutscher Abiturient habe zwar bis dahin schon Italiener und Spanier kennengelernt, aber noch keine Menschen aus Afrika, Lateinamerika und Asien. Wobei die Seminare nach Sprachen und Ländern getrennt ablaufen, nur bei großen Vorlesungen und Veranstaltungen kommen alle im Lektionssaal zusammen.

Wir studieren in einem Seminarraum, klein wie eine Wäschekammer, mit brauner Velourstapete und grauem Linoleum auf dem Fußboden. Unsere westdeutsche Gruppe sitzt im Viereck statt frontal wie in den DDR-Klassen üblich. Die erste Stunde widmet sich dem Fach »Wissenschaftlicher Kommunismus«. Bürgerlich und vereinfacht ausgedrückt ist dies die Politiklehre des Marxismus, im Unterschied zur Philosophie (»Dialektischer und historischer Materialismus«) und zur Wirtschaftslehre (»Politische Ökonomie des Kapitalismus und des Sozialismus«). An der Jugendhochschule Wilhelm Pieck ist es aber nicht angesagt, die Dinge bürgerlich oder gar vereinfacht auszudrücken. Es wird großer Wert darauf gelegt: Der Marxismus ist nicht einfach eine Idee, wie man die Welt sehen kann; er ist eine Wissenschaft, die die Gesellschaft erklärt; und er ist die einzige wissenschaftliche Erklärung der Gesellschaft. Weitere Studienfächer sind »Geschichte der internationalen Arbeiterbewegung« und »Theorie und Praxis der Jugendarbeit«.

Den wissenschaftlichen Kommunismus unterrichtet Rainer Hille, der mit seinem verschmitzten Lächeln wie ein großer Lausejunge wirkt. Mit etwa 30 ist er jünger als die meisten anderen Dozenten an der Jugendhochschule. Zum Einstieg sagt er: »Ich habe eine Drushba-Trasse mitgebracht.« Aus seiner abgenutzten Wildledertasche packt er einen länglichen Karton aus und aus dem länglichen Karton eine Flasche Rostocker Klarer. Schnapsgläser verstecken sich hinter den Gesammelten Werken von Marx und Engels. Rainer sagt: »Lasst uns auf die Freundschaft anstoßen!« Als Genossen duzen wir uns und sprechen die Lehrer mit Vornamen an. »Drushba-Trasse«, so nennt sich das Projekt einer 2750 Kilometer langen Erdgasleitung in der Sowjetunion, an der auch Jugendliche aus der DDR mitarbeiten. Im Gegenzug bekommt die rohstoffarme DDR Erdgas. Junge Tiefbauer und Lkw-Maschinisten aus der DDR reizt nicht nur das Geld, sondern auch das Abenteuer im Ausland. Was der Rostocker Klare mit der Drushba-Trasse zu tun hat, kann auch der gut geschulte Dozent für wissenschaftlichen Kommunismus nicht erklären. Das ist vielleicht eher etwas für die Philosophiestunde ...

Nach dem Freundschaftstrunk wendet sich der Unterricht seiner wissenschaftlichen Bestimmung zu. Dozent Rainer referiert die Dimitroff'sche Faschismus-Definition, »aus aktuellem Anlass, die Neonazis erheben in der BRD ihr Haupt«. Auf Karteikarten notieren wir das Zitat des bulgarischen Kommunisten Georgi Dimitroff, der 1933 im Reichstagsbrand-Prozess den Naziführer Göring der Lüge überführte: »Der Faschismus an der Macht ist ... die offene, terroristische Diktatur der reaktionärsten, am meisten chauvinistischen, am meisten imperialistischen Elemente des Finanzkapitals.« Ich bin mit diesen Ideen vertraut, weiß über das enge Verhältnis der Nazis zu Großunternehmern wie Thyssen und Flick Bescheid, über Hitlers Rede vor dem Düsseldorfer Industrieclub 1932, die den Nazis Wahlkampfspenden und schließlich die Macht brachte. Als Hausaufgabe müssen wir einen Abschnitt in Lenins Werk *Der Imperialismus als höchstes Stadium des Kapitalismus* lesen, wichtige Stellen unterstreichen und »konspektieren«, also schriftlich zusammenfassen.

Ein wissenschaftliches Studium ist das nicht. Wir benutzen keine Originalquellen außer den marxistischen »Klassikern«. Die werden gebüffelt und auswendig gelernt. Anders als die FDJler führen wir in unserer Seminargruppe kontroverse Diskussionen. Doch dabei geht es nicht darum, ohne Vorurteile zu neuen Erkenntnissen zu gelangen. Vielmehr sollen uns die Dozenten von den Positionen der DDR-Staatspartei SED überzeugen.

Ein weiteres Gebäude der Jugendhochschule ist das »Kulturhaus«, mit der Kantine im Erdgeschoss und Klubräumen im Obergeschoss. Die Kneipe auf der Balustrade nennt sich »Rue«, aber französische Weine werden nicht serviert. Das Angebot ist landesüblich reduziert, die Speise- und Getränkekarte Makulatur. Was mich nicht stört, denn ich verachte die Konsumgesellschaft. Es gibt Club-Cola, ein braunes, süßes Wasser, das aussieht wie Cola, und DDR-Bier vom Fass aus Krügen, an denen man sich die Lippen schneidet, weil Glas abgesplittert ist. Das kann den Geist der internationalen Solidarität und Freundschaft nicht trüben.

In inoffiziellen Meetings an den Abenden lebt dort ein Spiel wieder auf, das entstanden ist in einem Freundschaftslager von SDAJ und FDJ am Scharmützelsee, einer jährlichen Werbe-Show der DDR für West-Jugendliche. Die Regeln sind für Genossen aus aller Welt leicht zu verstehen, unabhängig vom kulturellen Hintergrund: Das Bier aus zerdepperten Krügen muss mit der linken Hand getrunken werden. Wer versehentlich in alter Gewohnheit die rechte nimmt, muss eine Runde ausgeben und außerdem fünf DDR-Mark in die Solidaritätskasse spenden. Angeblich wird das Geld für Krankenhäuser in Vietnam und Schulen in Nicaragua verwandt. Das Spiel nennt sich »Teddy-Klub«.

Man kann gegen dieses Spiel alles Mögliche einwenden, insbesondere dass es den Alkoholismus fördert. Einige Wochen später verbietet die Hochschulleitung den »Teddy-Klub« – allerdings mit einer eigenartigen Begründung: »Es ist eine große Errungenschaft der Jugend der DDR: Seit 1946 haben wir eine einheitliche Jugendorganisation – die Freie Deutsche Jugend. Deshalb können wir eine spalterische Organisation wie den Teddy-Klub nicht zulassen.« Das ist natürlich albern, schließlich handelt es sich bei dem Teddy-Klub nicht um eine Organisation, nur um ein Spiel. Doch es zeigt uns: Die DDR sieht jede Art von spontaner Betätigung außerhalb der Kontrolle des Staats als gefährlich an. Mit solchen Erlebnissen lernen wir in dem Jahr, wie gewünscht, die DDR kennen, allerdings nicht mit den erhofften Resultaten.

»Die Ersten im Weltall, die Ersten auf der Erde« – unter diesem Motto kündigt sich die nächste Explosion an der Kaderschmiede an: ein Besuch von Sigmund Jähn, dem ersten Fliegerkosmonauten der DDR und ersten Deutschen im Weltall. Mir ist er gut bekannt, denn das DDR-Fernsehen feiert ihn in einer Art Endlosschleife.

Ich lerne ein weiteres ostdeutsches Wort: »Spalierbildung«. Ein Spalier zu bilden heißt: Alle 300 Studenten des DDR-Lehrgangs und alle 150 Studenten des internationalen Lehrgangs reihen sich an beiden Seiten des Wegs zum Lektionsgebäude auf. Alle klatschen frenetisch, um einen wichtigen Gast zu begrüßen, und rufen: »Hoch, hoch, hoch«, auch dann schon, wenn der Gast sie noch gar nicht hören oder sehen kann, auch dann noch, wenn der Gast sie längst nicht mehr hören oder sehen kann.

Wir kommen aus der West-Linken, sind eher antiautoritär drauf. Hier in der DDR erleben wir Rituale, wie wir sie aus der Bundesrepublik gar nicht mehr kennen: Fackelmärsche, Antreten zu Appellen, endloses Beifallklatschen und Bejubeln von irgendwelchen Parteiführern. Das schockiert uns. Auf der anderen Seite erleben wir, wenn wir mit den Studierenden aus der DDR sprechen: Da sind kritische Leute dabei. Die sagen wie wir: Vieles muss sich ändern in der DDR, sie braucht mehr Freiheit, mehr Offenheit.

Heute also bilden wir so ein Spalier für Sigmund Jähn. Er hält einen Vortrag, und am Abend quetsche ich mich in den Empfang für ihn im Kulturhaus. Rotkäppchen-Sekt wird ausgeschenkt. Ich stoße mit Jähn an, einem bescheiden wirkenden Mann. Er habe »die totale Glückseligkeit« erlebt, als er die Erde von oben sah, sagt er.

Der Weltraumfahrer Jähn ist nicht der einzige DDR-Prominente, der die Jugendhochschule besucht. Auch Künstler treten dort auf wie etwa die Puhdys *(Alt wie ein Baum)*, City *(Am Fenster)* und Karat *(Über sieben Brücken musst du gehen,* das Original, Peter Maffay spielt später eine Coverversion davon).

Zum Studium an der Jugendhochschule gehören auch Exkursionen in verschiedene Teile der DDR, um »den realen Sozialismus kennenzulernen«. Real wie in Bernburg an der Saale. Wir kämpften gegen die Umweltverschmutzung in der Bundesrepublik, deren Ursache für uns auf der Hand lag: die Gier der Konzerne, die sich nicht um Mensch und Natur scheren. Sie klären Abwässer nicht und filtern auch nicht die Abgase, weil sie sparen, um ihren Profit zu steigern. Aber so etwas wie die Saale in der DDR haben wir noch nie gesehen. Es fließt kein Fluss – es schäumt eine Seifenlauge. Nur am Rand der weißen Brühe rinnt ein ungefähr ein Meter schmaler Streifen Wasser.

Wir treffen die Sekretäre der FDJ-Kreisleitung und sprechen sie darauf an. Sie tun so, als wüssten sie nicht, von welchem Problem die Rede ist. Gleichzeitig bekunden sie »ihr volles Vertrauen in die Partei, alles zu tun für das Wohl des Volkes, auch in Fragen der Umwelt«. Ein FDJ-Funktionär, der in Berlin studiert hat, meint: »Wir haben uns daran gewöhnt, für uns gehört es zu unserer Heimat. Immer wenn ich nach Bernburg zurückkomme und die Saale rieche, fühle ich: Ich bin wieder zu Hause.«

Am meisten beeindrucken mich in dem Jahr an der Jugendhochschule die jungen Frauen und Männer aus fernen Ländern. Sie engagieren sich in ihrer Heimat für eine bessere Welt, etwa gegen das Apartheidregime in Südafrika oder gegen die Militärdiktatur in Chile. In ihren Kämpfen geht es um Leben und Tod. Bei manchen von ihnen sieht man in der Gemeinschaftsdusche oder beim Schwimmen die Narben, die von der Folter herrühren. Sie beeinflussen mein Leben entscheidend, spornen mich an, diese Länder später selbst kennenzulernen. Und sie sind ein Grund, warum wir damals über die DDR zwar sarkastische Witze reißen, uns aber nicht klar gegen das System dort auflehnen, trotz der Mauer, der Verfolgung politisch Andersdenkender und eben auch der Umweltzerstörung: »Bei allen noch bestehenden Problemen«, wie wir verharmlosend sagen, haben wir das Gefühl, auf der richtigen Seite zu stehen »im Kampf für eine gerechte Welt«, gegen die reichen Länder, die die armen ausbeuten. Gut gemeint, aber das führt nicht immer zu richtigen Schlüssen. Zu viel Moralismus kann verblenden.

Da dieses Studium so streng geheim ist, können wir fast keinen Austausch pflegen mit Leuten zu Hause. Internet und Handys gibt es damals ohnehin nicht, aber wir dürfen auch nicht von einem Festnetz telefonieren oder Briefe mit der Post senden, weil es heißt: Das ist viel zu gefährlich, dann kriegen die westdeutschen Geheimdienste heraus, wo ihr seid. Die Adresse darf keiner wissen. Es gibt nur einen Weg, um zum Beispiel mit den Eltern Kontakt zu halten: Die können Briefe schicken an den Bundesvorstand der Sozialistischen Deutschen Arbeiterjugend in Dortmund. Wenn dann irgendwann jemand vom Bundesvorstand in die DDR fährt, nimmt er sie mit. Es dauert zwei, drei Monate, bis ein Brief ankommt, und in umgekehrter Richtung dauert es genauso lang.

So irre vieles war, was wir damals politisch vertreten haben: In keiner Sekunde meines Lebens habe ich es bereut, diese hochinteressante Erfahrung gemacht zu haben. Und die gelernten marxistischen Formeln werden später für mich einen praktischen Nutzen bekommen, nämlich in China, wo bis heute das gleiche politische System herrscht, auch wenn seine Wirtschaft ganz anders funktioniert als die der DDR.

Während ich diese Zeilen schreibe, ist meine Tochter gerade zu einem Auslandssemester nach Hongkong geflogen. Das scheint nicht in die Zeit zu passen: Wegen der Pandemie-Bestimmungen muss sie dort zunächst drei Wochen im winzigen Zimmer eines Quarantänehotels verbringen. Außerdem hat Chinas Regierung dort gerade die letzten Reste von Demokratie erstickt. Doch auch meine Tochter wird dabei Erfahrungen sammeln, von denen sie in ihrem weiteren Leben zehren wird.

Merkzettel

- Studieren im Ausland bereichert das Leben enorm, sei es für ein paar Jahre oder zumindest für ein, zwei Semester.
- Es geht dabei nicht nur oder nicht einmal in erster Linie darum, wie nützlich die Lehrinhalte für das weitere Studium sind. Es muss auch nicht die nach irgendwelchen Rankings beste Uni sein. Viel wichtiger ist das Land mit seinem Ambiente, sind die interessanten Erfahrungen, die man dort machen kann.
- Lass dich dabei nicht abschrecken von bürokratischen Vor-

bereitungen. Und erwarte nicht, dass alle Details des Auslands-
studiums vorher klar sind. Je spannender das Projekt, desto
mehr Überraschungen wird es geben.

- Gehe nicht dahin, wo alle hingehen. Ein Aufenthalt in einem
  verpönten Land kann dir mehr bringen, weil du dann etwas
  entdeckst, was nur wenige kennen. Du musst ja deshalb nicht
  das politische System befürworten, das dort herrscht.
- Beim Auslandsstudium kannst du meist nicht wohnen wie in
  Deutschland. Vielleicht teilst du ein Zimmer mit anderen. Die
  Wohnheime können nach Geschlechtern getrennt sein oder um
  23 Uhr die Pforten schließen. Macht nichts!
- Buche schlechte Erlebnisse als positive Erfahrungen ab.
- Je internationaler die Hochschule ist, desto besser! Meide die
  Leute aus deinem Land oder die, die deine Sprache sprechen,
  mische dich unter die anderen. Dann hast du mehr davon.
- Je jünger man ist, desto sicherer glaubt man zu sehen, was
  moralisch gut und was moralisch verwerflich ist. Doch viele edle
  Wunschträume haben mit der Realität wenig gemein. Sei offen
  für das, was du erlebst, und sei bereit, deine eigenen (Vor-)Urteile
  über Bord zu werfen.
- Erkunde die Geschichte des Orts, an dem du studierst. Nicht
  alles, was wichtig ist, sticht einem sofort ins Auge.
- Begeisterung für das Fremde und kritische Distanz müssen
  einander nicht ausschließen.
- Wer mit 20 kein Aktivist ist, hat kein Herz. Wer mit 30 noch Aktivist ist, hat keinen Verstand. Mit guten Leistungen in deinem Job
  kannst du am meisten zu einer besseren Welt beitragen.
- Wer das Böse bekämpft, gehört nicht automatisch zu den Guten.
  Wer den Guten hilft, handelt vielleicht nur nach dem Grundsatz:
  Die Feinde meines Feindes sind meine Freunde.
- Das Internet macht es heute sehr einfach, aus der Ferne Kontakt
  mit Kumpeln und Familie zu Hause zu halten. Aber: Sei nicht ver-
  zweifelt, wenn es mal Schwierigkeiten mit dieser Verbindung gibt.
  Im Gegenteil: Reduziere den Kontakt zur Heimat – sonst kommst
  du niemals richtig in deinen neuen Landen an.

Verfolge deinen Traumberuf, egal was die anderen sagen

Wenn du Schauspielerin werden willst oder Balletttänzer, Schriftstellerin oder Soulsänger, werden dich deine Eltern warnen: Damit fährst du im späteren Leben Taxi oder beziehst Hartz IV. Ähnlich geht es mir, als ich davon träume, Journalist zu werden. Doch die schlimmste Zurückweisung kommt nicht aus der Verwandtschaft, sondern von einem meiner Idole: Doro Peyko, Chefredakteurin des linksgerichteten Jugendmagazins *Elan,* das ich damals lese. Als Gymnasiast schon schreibe ich ihr einen Brief und bitte sie um Tipps, wie ich meinen Berufswunsch verfolgen soll. Sie schickt mir eine zweiseitige Antwort, mit der Schreibmaschine getippt. Bei einem meiner vielen Umzüge habe ich diesen Brief verloren, aber an den Inhalt erinnere ich mich noch genau.

Der Beruf des Journalisten sei gar nicht so toll, wie ich mir das vorstelle, behauptet sie. Die meisten würden in Lokalzeitungen über Schützenvereine berichten oder als Pressereferenten die Skandale ihrer Unternehmen vertuschen. Einige bekämen gar nicht erst eine Stelle und seien arbeitslos. Warum ist Doro dann selbst Journalistin geworden? Auf diese Frage geht sie nur indirekt ein: Es gebe nur wenige Zeitschriften, die engagiert und kritisch berichten. Die hätten selten Stellen zu vergeben, es sei Illusion, einen solchen Weg zu planen. Und *Elan* als Arbeiterjugend-Magazin rekrutiere seinen Nachwuchs aus politisch und gewerkschaftlich aktiven Jugendlichen, die eine Berufsausbildung abgeschlossen haben.

Ich ignoriere den Rat und beginne nach dem Jahr in der DDR ein Magisterstudium an der Westfälischen Wilhelms-Universität Münster, Publizistik im Hauptfach, Geschichte und Politik als Nebenfächer. Ein ausgesprochenes Journalistik-Studium gibt es damals nur in Dortmund, doch ich bin mit einem Abiturdurchschnitt von 2,1 knapp zu schlecht, um dort aufgenommen zu werden. Das Publizistik-Studium in Münster jedoch, so stellt sich bald heraus, hat ein Problem, unter dem nicht nur ich leide: Fast alle wählen es, um in den Journalismus zu gehen. Doch darauf bereitet es nicht vor, es ist eine rein theoretische Beschäftigung mit Kommunikationswissenschaft.

So breche ich das Studium nach drei Semestern ab. Das ist damals nicht unehrenhaft, sondern Standard in der Medienbranche. Fast alle großen Kollegen, mit denen ich später zu tun habe, brachen ihr Studium ab oder begannen gar nicht erst eins: Gerd Ruge und Stefan Aust, Günther Jauch und Dieter Lesche, der langjährige Chefredakteur von RTL, und viele mehr. Na ja, beim Fernsehen mag das ja gehen, wendest du vielleicht ein, aber in der sonstigen Wirtschaft? Auch dort fällt mir der eine oder andere Studienabbrecher ein, der es zu etwas gebracht hat: Bill Gates, Mark Zuckerberg, Steve Jobs, Ferdinand Alexander Porsche, Heike Makatsch, Wolfgang Joop, Alice Schwarzer, Carsten Maschmeyer...

Trotzdem würde ich heute dazu raten, ein Studium abzuschließen. Aber nicht, weil man es braucht, um Reporter oder Auslandskorrespondentin zu werden. Die Art, wie an Unis geschrieben wird, mit Fremdwörtern und Schachtelsätzen, ist das Gegenteil von journalistischer Sprache. Für sie gilt, was Martin Luther sagte: »dem Volk aufs Maul schauen«. Oder wie er genauer ausführte: »Man muss nicht die Buchstaben in der lateinischen Sprache fragen, wie man soll Deutsch reden, wie diese Esel tun, sondern man muss die Mutter im Hause, die Kinder auf den Gassen, den gemeinen Mann auf dem Markt darum fragen und denselbigen auf das

Maul sehen, wie sie reden.« Sinn eines Studiums kann es sein, sich ein Fachwissen anzueignen, sei es Jura oder Volkswirtschaft, Chinesisch oder Physik. Das bringt für die journalistische Arbeit mehr als ein Journalistik- oder gar Publizistik-Studium. Und, das wäre für mich das Hauptargument: Man bekommt mehr Wahlmöglichkeiten, wenn man später doch nicht in die Medien möchte oder diese wieder verlassen will.

Ich hingegen erinnere mich an den Rat von Doro Peyko und mache eine Berufsausbildung zum Groß- und Außenhandelskaufmann beim linken Schallplattenverlag Pläne, der damals unter anderem die Musik von Hannes Wader veröffentlicht. Dank sehr guter Leistungen in Firma und Berufsschule und weil ich das Abitur habe, kann ich die Lehre bereits nach eineinhalb Jahren mit Prüfung vor der Industrie und Handelskammer zu Dortmund erfolgreich abschließen. Journalist bin ich deshalb aber immer noch nicht.

Doch dafür habe ich zwei weitere Eisen im Feuer: Die *Westfälischen Nachrichten* in Münster suchen einen Lokalredakteur, laut Anzeige sind Seiteneinsteiger mit anderer Berufserfahrung ausdrücklich willkommen. Eine elitäre Ausbildung bietet die Hamburger Journalistenschule von Gruner + Jahr und der *Zeit* (später Henri-Nannen-Schule), die Praxis in Redaktionen wie *Spiegel* und *Stern* einschließt. Für beide Wege bewerbe ich mich.

Bei der Journalistenschule muss ich eine Reportage und einen Kommentar einreichen. Die sind offenbar gut, denn ich komme in die engere Auswahl und werde zu Tests nach Hamburg eingeladen: Unter Zeitdruck eine Reportage verfassen, in jenem Jahr zum Thema »Auf dem Arbeitsamt«. Wir fahren gemeinsam dorthin und müssen direkt danach schreiben. Dann folgen ein Bildertest (bekannte Gebäude und Personen der Zeitgeschichte erkennen), ein Wissenstest, eine Redigieraufgabe und ein Vorstellungsgespräch.

Auch die *Westfälischen Nachrichten* laden mich ein. Da bin ich skeptisch, schließlich stehe ich in jener Zeit weit links, die Zeitung ist damals stockkonservativ. Doch Chefredakteur Werner Giers ist von meinem Zeugnis begeistert: Baden-Württemberg führte als letztes Bundesland die Oberstufenreform ein, und mein Jahrgang war der letzte, der noch in allen Fächern das Abitur gemacht hat, von Chemie bis Latein. »Das ist die Allgemeinbildung, die uns heute verloren geht«, schwärmt Giers. Für die ausgeschriebene Stelle käme ich nicht infrage, da suchten sie jemanden, der älter ist und in Münster verwurzelt. Aber sie würden mir ein Volontariat anbieten, eine zweijährige und ordentlich bezahlte Journalistenausbildung.

Von Wolf Schneider, bekannt durch Bücher wie *Deutsch für Profis* und Leiter der Hamburger Journalistenschule, erhalte ich einen Brief: »Sie waren die Nummer 44 unter den 100 Besten aus 1500 Einsendern, hätten also nach den Maßstäben einer Industrie- und Handelskammer die Befähigung zum Journalisten bestätigt bekommen – wie dies nun durch Ihr Volontariat geschehen ist.« Die Schule hat aber nur zwanzig Plätze.

So bin ich jetzt also bei den *Westfälischen Nachrichten,* wo ich das journalistische Handwerk erlerne in der Zentralredaktion in Münster und in den Lokalredaktionen Telgte und Warendorf. Politisch bleibt das schwierig für mich. Ich nehme privat am Ostermarsch Münsterland der Friedensbewegung teil, der auch durch Telgte führt. Tausende Demonstranten sind für den Ort mit nicht einmal 20 000 Einwohnern ein großes Ereignis, doch in den *Westfälischen Nachrichten* darf nur eine kurze Meldung erscheinen: Am Wochenende führte ein Ostermarsch zu Verkehrsbehinderungen. Im Lokalen darf über die Grünen nur einspaltig berichtet werden, über die SPD nur zweispaltig, für die CDU sind es dann drei Zeitungsspalten aufwärts.

Bei langen Gemeinderatssitzungen und anderen Terminen lerne ich die Studentin Ulrike Posche kennen, die als freie Mitarbeiterin für das Konkurrenzblatt *Münstersche Zeitung* schreibt. Nach einem Reitturnier bin ich der einzige Pressevertreter beim Bürgermeister von Telgte, als sich der Dressur- und Vielseitigkeitsreiter Reiner Klimke ins Goldene Buch der Stadt einträgt. Der Bürgermeister nennt einige Prominente, die sich darin verewigt haben, darunter Günter Grass. Der spätere Literaturnobelpreisträger hat eine Erzählung geschrieben *Das Treffen in Telgte*. Klimke sagt allen Ernstes: »Mit Grass möchte ich nicht in einem Buch stehen.« Darauf der Bürgermeister: »Aber Otto von Habsburg steht auch drin.« Der Sohn des letzten Kaisers von Österreich schwafelte auch schon mal von einem »mit Juden besetzten« Verteidigungsministerium in den USA.

Die *Westfälischen Nachrichten* würden damals weder Habsburg noch den Bürgermeister von Telgte und schon gar nicht Klimke angreifen. Doch anschließend treffe ich zufällig Ulrike Posche auf der Straße und erzähle ihr von dem Vorfall. Am nächsten Tag steht eine Glosse von ihr darüber in der *Münsterschen Zeitung* – und alle fragen sich, wie sie davon erfahren hat, wo sie doch gar nicht bei dem Termin war. Später arbeiten Ulrike und ich gemeinsam beim *Stern,* sie als eine Art Chefreporterin, ich als Asien-Korrespondent mit Sitz in Peking.

Bei der *Zeit* arbeitet heute Thomas Kerstan als Bildungspolitischer Korrespondent und Herausgeber von *Zeit Campus.* Doch damals ist er Chefredakteur der linken Jugendzeitschrift *Elan* – genau, er ist der Nachfolger von Doro Peyko. (Deren Vorgänger Gero von Randow ist heute ebenfalls bei der *Zeit.*) Eines Nachts besucht mich Thomas in Münster und sitzt in meinem engen WG-Zimmer auf dem Bett. Er wolle die *Elan* professionalisieren und deshalb neben politisch bewährten Jungarbeitern auch jemanden mit einer journalistischen Ausbildung in die Redaktion holen. Und da habe er an mich gedacht.

So bin ich ab 1985 Redakteur bei der Zeitschrift, deren vormalige Chefredakteurin mir meinen Berufswunsch noch ausreden wollte! Die Redaktion mit Sitz in Dortmund ist sehr klein, besteht nur aus fünf Leuten. Das hat auch Vorteile, weil man gleich viel mehr machen kann und muss. Ich werde zum Zuständigen für »Internationales« ernannt und reise als rasender Reporter durch die Welt, insbesondere die sozialistische: Vietnam, Nicaragua, Sowjetunion.

1986 komme ich so ein erstes Mal als Journalist in die Volksrepublik China. In Peking besuche ich die Verbotene Stadt, die jetzt für alle offen ist, also den Kaiserpalast mit 890 Einzelpalästen und 8886 Räumen. Ich besteige die Chinesische Mauer, das längste Bauwerk der Erde. In Shanghai werde ich auf der Straße überall von Jugendlichen angesprochen, die ihr Englisch praktizieren wollen. Weiter geht es nach Guangzhou (Kanton) und in die Sonderwirtschaftszone Shenzhen, die neue Stadt, die gerade an der Grenze zu Hongkong aus dem Boden gestampft worden ist.

Formal gesehen, ist China damals weniger offen als heute. Ausländer müssen mit einem extra für sie eingeführten Ausländergeld bezahlen. In den großen Hotels essen Chinesen und Ausländer in unterschiedlichen Sälen. Andererseits erlebe ich eine Stimmung des Aufbruchs und der Neugier der Chinesen auf das Fremde. Ein paar Tage darf ich mich ohne Aufpasser bewegen, reise mit dem Zug in der Hartsitz-Klasse von Peking in die 230 Kilometer entfernte Stadt Chengde, die zur Provinz Hebei gehört. Familien packen kleine Teigbällchen aus. Mütter öffnen die Blusen, um ihren schreienden Babys die Brust zu geben. Schnarchen übertönt das Lachen von Bauernjungen, die um Mitternacht noch Karten spielen. Kleine Mädchen mit Zöpfen und grauhaarige alte Frauen liegen auf dem Boden zwischen Kisten, Körben und Säcken. Der Geruch von Schweiß und Zigarettenrauch mischt sich mit dem von Äpfeln und Gemüse. In Chengde besuche ich alleine Parks mit Seen und Pagoden. Ich quartiere mich dort in ein Hotel ein, obwohl ich damals noch kein Chinesisch spreche und niemand dort Englisch. Es funktioniert mit Händen und Füßen.

Zurück in der Hauptstadt Peking, miete ich ein Fahrrad der Marke »Nördliche Gans«. Wie alle Fahrräder im China jener Zeit hat es weder Licht noch Gangschaltung. Ich radele in den Fahrradstau auf der vielspurigen Straße Jianguomen Dajie. Autos gibt es damals in der Volksrepublik nur wenige.

Merkzettel

- »Ich mach mein Ding, egal was die andern labern.«
  (Udo Lindenberg)
- Lass dir deinen Traumberuf nicht ausreden! Wahrscheinlich wirst du in den nächsten Jahrzehnten jede Woche fünf Tage mindestens acht Stunden bei der Arbeit verbringen. Willst du dich dort langweilen und nur die kurze Zeit am Abend deinen wahren Interessen widmen?
- Nach Tipps zu fragen ist gut, aber lass dich nicht von einem einzigen Ratschlag beeinflussen. Mag die Person noch so erfahren sein, sie kann trotzdem falschliegen. Zumindest kann es für dich falsch sein, was sie empfiehlt.
- Im ersten Anlauf gelangt fast niemand ans Ziel. Versuche es erneut, wenn du eine Absage bekommst. Informiere dich über alle möglichen Zugangswege. Heute ist das leichter als früher, weil du auch im Internet recherchieren kannst. Das ersetzt aber nicht persönliche Gespräche mit Menschen, die dir weiterhelfen können.
- Gerade für die interessanteren Berufe gibt es oft keine formale Einstiegsvoraussetzung. Ein Hochschulstudium ist deshalb nicht unbedingt ein Muss. Wenn du schon in deiner Lieblingsbranche bist, lohnt sich ein Zurück zur Uni vielleicht nicht. Aber ein Studienabschluss kann dir später mehr Wahlmöglichkeiten eröffnen.
- Auch eine qualifizierte Berufsausbildung kann ein guter Start ins Leben sein. Die Erfahrungen nutzen dir selbst dann, wenn du später etwas ganz anderes machst.
- Unternehmen stehen oft für bestimmte Werte. Kannst du nur dort arbeiten, wenn du diese Werte teilst? So eng würde ich das nicht sehen, besonders wenn du am Beginn deiner beruflichen Laufbahn stehst. Du solltest dich eher fragen: Was bringt das für deine Entwicklung?
- Es muss nicht (gleich) ein bekanntes Markenunternehmen sein, wo du arbeitest. Oft bieten kleine Firmen Berufseinsteigern mehr

Chancen, Verantwortung und spannende Aufgaben zu übernehmen.

- Scheue dich auch als Berufsanfänger nicht, dich für große
Projekte und ferne Dienstreisen vorzuschlagen.

Etwas anderer Urlaub

Auf Kuba Orangen ernten oder in Kansas im Gefängnis

Als Angestellter habe ich mich immer wieder in der Gewerkschaft engagiert, insofern bin ich grundsätzlich dagegen, dass du deinen Urlaub für die Arbeit nutzt und damit die Firma, die dir nicht gehört, aus deinen Ersparnissen bezuschusst. Etwas anderes ist es, wenn du in jungem Alter ins Berufsleben einsteigst und da etwas Besonderes machen möchtest, was dir verwehrt bliebe, wenn du darauf warten würdest, bis dich die Chefin auf eine solche Aufgabe anspricht. Vielleicht sprengen die Kosten auch das Reisebudget des Unternehmens beziehungsweise das, was darin für Nachwuchskräfte vorgesehen ist. Ich jedenfalls habe als Jugendlicher gute Erfahrungen gemacht mit solchen »Investitionen in die Zukunft«. Sie haben sich für mich später nicht nur doppelt und dreifach ausgezahlt, sondern gleich hundertfach – zusätzlich zu dem Fun-Faktor.

Zwar reise ich als *Elan*-Redakteur schon damals nicht wenig, zumindest gemessen an meinem jungen Alter. Da die Redaktion die besten Beziehungen in den Osten hat, geht es vor allem dorthin. Ich möchte aber noch mehr. Und auch mal in den entfernteren Westen.

So fliege ich als junger Journalist in die USA – im Urlaub und auf eigene Kosten. Ich spreche das mit meiner Redaktion ab, die sich natürlich freut, Geschichten aus der Ferne zu bekommen, ohne etwas dafür zu bezahlen. Bei der amerikanischen Botschaft beantrage ich korrekt ein Journalistenvisum. Egal ob es um diese oder um eine andere Arbeit geht – wer der Einfachheit halber wie ein Tourist einreisen will, darf den neugierigen Grenzpolizisten auf keinen Fall etwas davon erzählen, was er vorhat, weil die sonst die Einreise verweigern. Erzählst du das eine und machst dann in den Staaten etwas anderes, gehst du ins Risiko, zumindest wenn du dort mit Behörden zu tun hast. Und das ist bei mir der Fall. Denn ich will ins Gefängnis. Nicht in irgendeines, sondern in das Bundesgefängnis Leavenworth, damals ein Maximum Security Prison.

Schon die Idee erscheint verrückt: in einen Hochsicherheitstrakt zu gehen, und das ausgerechnet in den USA. Damals gibt es noch kein Internet, selbst Faxgeräte sind noch nicht verbreitet. Deshalb rufe ich von einem Münzfernsprecher in New York bei der Auskunft an, bekomme dort die Nummer des Gefängnisses und stelle mich dort als deutscher Journalist vor, der gern den Strafgefangenen Leonard Peltier interviewen möchte. Mit einem einzigen Anruf ist es nicht getan, ich muss mich mehrmals dort melden, aber schließlich erhalte ich die Erlaubnis. Hartnäckigkeit siegt!

Leonard Peltier ist ein Anführer des »American Indian Movement« (AIM), also der Bewegung der amerikanischen Ureinwohner. Um ihn im Gefängnis sprechen zu können, muss er mich als Besucher einladen. Dazu nehme ich Kontakt zu seiner Familie und zu Aktiven dieser Organisation auf.

Ein Taxi bringt mich vom Flughafen zu dem Gefängnis, das in der 35 000-Einwohner-Gemeinde Leavenworth im Bundesstaat Kansas liegt. Auf dem Wachtturm patrouilliert ein bewaffneter Polizist. »Weiterfahrt ohne ausdrückliche Aufforderung verboten«, warnt ein Schild. Mein Taxifahrer tritt in die Bremsen. »Wen führen Sie mit sich?«, fragt ihn eine Stimme aus einem Lautsprecher.

Vor dem Besucherraum durchsuchen zwei Polizisten gründlich meine Tasche. Eine Radarschranke muss ich gleich mehrmals passieren. Immer wieder heult eine grelle Sirene auf, weil sich noch irgendein Metallteil an meinem Körper befindet. Erst als ich auch Brille und Schuhe abgelegt habe, bin ich »sicher« genug. Mittlerweile kennt man ähnliche strikte Kontrollen von den Flughäfen. Doch damals, viele Jahre vor den Anschlägen des 11. Septembers, ist das für mich eine fremde Welt.

Ein Polizist fragt noch einmal nach meinem Namen und dem Zweck meines Besuchs, spricht eine Nummer durchs Telefon. Er drückt mir einen Stempel auf die Hand, der keine sichtbaren Spuren hinterlässt. Was der Stempelaufdruck soll, wird mir im Besucherraum klar. Ein dicker Aufseher führt meine Hand unter ein Strahlengerät. Die Nummer wird sichtbar. »Nehmen Sie Platz, und warten Sie.«

Der Aufseher thront auf einem Podest am einen Ende des Besucherraums. Der Raum sieht aus wie die Wartehalle eines sehr kleinen Bahnhofs: zwei einander gegenüberstehende Bankreihen, ein Cola-Automat, vier Grüppchen von jeweils zwei bis drei Menschen, die sich unterhalten.

Nach zehn Minuten ist es so weit: Ein großer, schlanker Mann mit Schnauzbart und schulterlangem schwarzem Haar wird hereingeführt. Er begrüßt mich mit einem freundlichen Lächeln: »Ich bin Leonard.« Das ist er also – Leonard Peltier vom Stamm der Sioux, in der Führung des American Indian Movement verantwortlich für internationale Angelegenheiten, seit 1976 im Gefängnis.

Ich erinnere mich an die Flugblätter, die ich gelesen habe und die »Freiheit für Leonard Peltier« forderten, ich denke an die Unterstützungs-Erklärungen für ihn von Politikern und Kirchenvertretern aus aller Welt. »Es gibt nur einen Grund, warum ich hier einsitze«, sagt mir Leonard, »weil ich mich für die Rechte meines Volkes, für die Rechte der Indianer einsetze. Meine Landsleute sollen eingeschüchtert werden.« Ich weiß, dass manche in Deutschland das Wort »Indianer« für nicht politisch korrekt halten, aber Leonard nennt sich so (auch in heutigen Texten), und ich möchte ihn nicht verfälscht wiedergeben.

In den USA leben heute 2,5 Millionen *Native Americans*. Die

Weißen haben die Mehrheit der Ureinwohner des Landes ausgerottet. »Wir sind heute die Ärmsten der Armen«, sagt mir Leonard Peltier, damals 41 Jahre alt. »Achtundachtzig Prozent der Menschen in den Siedlungen für die Indianer, den Reservaten, sind arbeitslos.« Ureinwohner in den USA würden im Durchschnitt nur 45 Jahre alt. Ein Viertel der männlichen Bevölkerung sei alkoholsüchtig.

»Minderheiten wie wir Indianer haben hier in den USA sehr wenig Rechte«, sagt Leonard, während der Aufseher von seinem Podest kritisch herüberblickt. »Nach den mit uns geschlossenen Verträgen müssten wir Millionen Hektar Land verwalten als unabhängige Völker. Doch dieses Recht wird uns vorenthalten. Ein Beispiel: Mit einem Indianerstamm hat der Staat vor fünfzig Jahren einen Vertrag abgeschlossen über den Bau eines Kraftwerks und eines Staudamms auf dem Gelände von dessen Reservat. Danach sollten diese Anlagen nach fünfzig Jahren automatisch Eigentum der Indianer werden. Der Vertrag ist vor einem halben Jahr abgelaufen. Nun sagt der Staat, die Indianer seien unfähig, diese Anlagen zu bedienen, und würden sie deshalb nicht bekommen.«

Ein doppeltes System von Ungerechtigkeit gibt es laut Leonard Peltier in den Strafprozessen. »Wenn ein Nicht-Indianer einen Indianer umbringt, bekommt er eine Geldstrafe. Das passierte etwa vor zwei Jahren im Bundesstaat South Dakota, als ein Mann einem Indianermädchen den Kopf abschlug. Er musste eine Geldstrafe von 225 Dollar monatlich bezahlen. Wenn dagegen umgekehrt ein Indianer ein Gewaltverbrechen gegen einen Weißen begeht, wird er in neunundneunzig Prozent aller Fälle ›lebenslänglich‹ bekommen.«

Leonard Peltier verbüßt eine Strafe von zweimal »lebenslänglich« – allerdings ohne ein Gewaltverbrechen begangen zu haben. »Als 15-Jähriger begann ich, an den Kämpfen für die Rechte der Indianer teilzunehmen. Die Regierung wollte unser Reservat beseitigen. Sie stellte uns vor die Wahl, entweder in die Städte überzusiedeln oder keine Sozialhilfe mehr zu bekommen. Als ein kleines Mädchen an Unterernährung starb, begannen meine Landsleute

zu protestieren und zu demonstrieren. Das waren die ersten Kund-
gebungen und Treffen, an denen ich teilnahm.«

Vom Jahr 1969 an reiste er als Organisator für das American
Indian Movement durch das Land, besuchte Reservate, leitete
Untersuchungen über Verletzungen der Rechte der Indianer. 1976
überfiel die Polizei das Reservat Pine Ridge in South Dakota unter
dem Vorwand, den Diebstahl von Cowboystiefeln aufzuklären.
Ein Indianer und zwei FBI-Agenten kamen dabei ums Leben.
»Obwohl ich damit nichts zu tun hatte, wurde ich verhaftet. Man
schob mir die Ermordung der beiden FBI-Agenten in die Schuhe –
mit an den Haaren herbeigezogenen ›Beweisen‹ So führten sie ein
Mädchen vor, das behauptete, meine Freundin zu sein und den
Mord bezeugen zu können. Einen Monat später wurde bewiesen,
dass sich diese Frau am Tag der Schießerei nicht einmal in dieser
Gegend aufhielt.« Der Anklagevertreter gab später zu, dass sie eine
von der Polizei gekaufte Zeugin war.

»Vor Gericht behaupteten die Ankläger, ein Sturmgewehr vom
Typ AR-15 sei die Mordwaffe gewesen, und diese Waffe habe mir
gehört. Später fielen uns Untersuchungen in die Hände, die der
Polizei zum Zeitpunkt des Prozesses bereits bekannt waren. Ergebnis dieser Untersuchungen war, dass die Schüsse aus einer anderen Waffe abgegeben wurden. Beispiele für solche gefälschten
›Beweise‹ ließen sich viele anführen.«

Ich, damals als Journalist noch ein Berufsanfänger, bin scho-
ckiert: So etwas passiert in den USA, die bei uns als Land der
Freiheit und der Menschenrechte gelten? Die Unschuld Leonard
Peltiers wird von vielen Seiten bestätigt. 55 Abgeordnete des US-
Kongresses haben in einer Erklärung seine Freilassung gefordert.
Die Nationale Vereinigung der Strafrichter in den USA spricht
von einem Fehlurteil. Trotzdem treffe ich ihn im Hochsicherheits-
trakt – einen politischen Gefangenen im demokratischen Amerika.
Das Unglaubliche: Noch heute, vier Jahrzehnte später, sitzt er im
Gefängnis. Eine Haftentlassung ist jetzt für den 11. Oktober 2040
vorgesehen. Leonard Peltier wäre dann 96 Jahre alt.

Ich frage ihn nach seinen Haftbedingungen. »Ich kenne viele

Häftlinge, die geschlagen werden. Bei mir halten sie sich zurück, weil viele Menschen meinen Fall beobachten. Einmal wurde mir ein Arm gebrochen. Polizisten schlugen mich ohne Grund, es hatte keine Auseinandersetzung vorher gegeben. Sie hörten auf, als ein Vorgesetzter reinkam und sagte: ›Das ist Leonard Peltier, lasst die Hände von ihm, der verursacht Probleme, wenn wir ihn verletzen.‹«

Weil das Gefängnis so weit von Leonards Heimatreservat entfernt ist, konnte sein zuckerkranker Vater ihn seit Jahren nicht mehr besuchen. Seine Tochter Maiquetta, damals zwölf, und sein Sohn Wahacanka, damals zehn, dürfen ihn nur zweimal im Jahr sehen. Leonard will noch etwas von seiner Familie erzählen, doch der Aufseher unterbricht ihn: »Die Zeit ist abgelaufen!« Bevor er abgeführt wird, gibt mir Leonard die Hand: »Viele Leute im Ausland glauben, die USA seien ein freies Land. Doch wenn du hier einer Minderheit angehörst und wenn du arm bist, dann hast du vor den Gerichten keine Chance. Die große Freiheit gibt es hier nur für die Reichen.«

Die Lust auf Abenteuer vermischt sich bei mir mit der Neugier, politisch etwas über die Welt zu erfahren. Ich entscheide mich in diesem Urlaub für einen weiteren Inlandsflug in den USA – nach Las Vegas. Ja, es geht in ein Kasino, ins Sahara – aber nur um dort zu übernachten, die Roulette-Tische und die Einarmigen Banditen lassen mich kalt. Ich sehe es mehr von der praktischen Seite: Hotels und Restaurants in Las Vegas sind vergleichsweise günstig, weil die Betreiber darauf setzen, dass man am Ende Geld im Kasino lässt. Ich hingegen habe mich als angeblicher konservativer Journalist aus West Germany zu einem Söldnertreffen angemeldet, also zu einer Versammlung von Leuten, die sich für Geld anheuern lassen, in den Kriegen anderer Länder zu schießen.

»Tötet die Kommunisten«, ruft der Sprecher vor dem Sahara Hotel. »Tötet sie«, brüllen 800 Männer im Kampfanzug. Nervös blicke ich um mich. Ich schaue in die Gesichter der berufsmäßigen Killer, die sich hier versammeln zum Jahrestreffen ihrer Zeitschrift *Soldier of Fortune* (wörtlich »Glückssoldat«). Manche tragen Abzeichen mit den Namen der Länder, in denen sie gewütet haben: Nicaragua, El Salvador, Angola, Afghanistan …

Rauch steigt auf über der Wüste von Nevada. »Ausgezeichnet, die Handgranaten der Firma ›Action‹«, meint mein uniformierter Nebenmann. Wir sind mit einem Kleinbus von Las Vegas hier rausgefahren. *Soldier of Fortune* hat einen Pendelverkehr organisiert, damit die Killer außerhalb der Stadt trainieren können: zum Beispiel Fallschirmspringen, Nahkampf mit dem Messer, Zielschießen oder gedecktes Vorgehen bei einem Feuerangriff.

Mein Nebenmann möchte noch etwas sagen, doch das Geknatter der Maschinengewehre übertönt seine Worte. Nur ein Mitglied der Veranstaltungsleitung kann sich mittels Lautsprecher Gehör verschaffen: »Wollt ihr mehr Feuer? Wollt ihr mehr Zerstörung?«, fragt er. »Ja, ja«, johlen alle. Der Sprecher brüllt: »Zielt genau – ihr müsst euch vorstellen, die Zielscheibe sei der Kopf von Jane Fonda.« Die bekannte amerikanische Schauspielerin hat sich für den Frieden eingesetzt, als die USA ihren Angriffskrieg gegen Vietnam führten.

Angeekelt verlasse ich das Schießgelände. Einige Hundert Meter weiter stehen Männer mit Gasmasken um eine Hütte, die sie zu Übungszwecken aufgebaut haben. »Überzeugen Sie sich selbst«, schwärmt einer von ihnen, »wir können ein Gebäude vergasen, ohne Sachen darin zu beschädigen. Nur den Menschen passiert etwas.«

Am Abend des gleichen Tages, bei einem Festessen im Sahara Hotel. Ein bärtiger Mann mit Pumphose, Kampfanzug-Jacke und Mütze tritt ans Mikrofon: »Ich war diesen Nachmittag bei dem Manöver, das war wirklich begeisternd. Ich hoffe, dass wir diese schönen Gewehre, diese schönen Geschosse in unseren Händen haben werden, um damit in unserem Krieg zu schießen.«

Der Mann heißt Habibullah Mayar. Er ist Vorsitzender der »Afghanischen Gemeinschaft in Amerika«. Das ist die offizielle USA-Vertretung der Mudschaheddin, also der bewaffneten islamischen Gruppen. Sie kämpfen gegen die Regierung Afghanistans, die von der Sowjetunion gestützt wird. Diesem Kampf schließt sich damals auch ein gewisser Osama bin Laden an. Zu jener Zeit gelten sie im Westen noch als »Freiheitskämpfer«.

»Wir kämpfen für die Interessen der ganzen westlichen Welt«, sagt Habibullah Mayar in Las Vegas. Dankbar schüttelt er die Hand von Robert K. Brown, hier Bob genannt, der sich zum Festessen eine schwarze Uniform angezogen hat. Brown war in Vietnam als Angehöriger einer Spezialeinheit an Einsätzen gegen die Zivilbevölkerung beteiligt. Jetzt ist er Herausgeber der Söldnerzeitschrift *Soldier of Fortune*. Brown antwortet seinem afghanischen Kumpan, erinnert an die langjährige Zusammenarbeit: »Im September 1980 haben wir unser erstes Ausbilder-Team nach Afghanistan geschickt, um die Widerstandskämpfer zu trainieren.«

Was sind das für »Ausbilder«? »Werde Söldner – mach's für Profit«, tragen einige in Las Vegas ihre Lebenseinstellung auf dem T-Shirt. Kein Freund von großen Sprüchen ist Dana Drenkowski, ein gebildeter Mensch mit guten Manieren – doch das macht ihn nicht weniger gefährlich. Der damals 39-Jährige erzählt mir etwas über seinen Beruf: »Ich kämpfe in verschiedenen Ländern, um damit ein Einkommen zu verdienen. Beteiligt war ich bisher an Kriegen in Südostasien, in Nord-, Süd- und Zentralafrika und in Mittelamerika. Es geht uns ›Glückssoldaten‹ aber nicht nur ums Geld – wir kämpfen für Auffassungen, von denen wir überzeugt sind.«

In einer Halle des Sahara Hotels sind Stände aufgebaut, an denen ich mir ein Bild machen kann von diesen »Auffassungen«. »Kill sie alle – lass Gott sie aussortieren«, steht auf einem T-Shirt, das verkauft wird. Ein Totenkopf ist darauf abgebildet. Auf Aufklebern und Ansteckern finden sich Sätze wie »Ich würde jetzt lieber Kommunisten umbringen«, »Besuche den Libanon – hilf den Syrern, Allah zu treffen«, »Ich liebe den Geruch von Napalm am Morgen«, »Jagt ihnen eine Atombombe in den Hintern und nehmt ihr Öl« oder »Rettet Südafrika, tötet Tutu« (den schwarzen Bischof und Friedensnobelpreisträger).

Die meinen das ernst. Bestandteil des Killertreffens ist ein großer Waffenmarkt, der sich über eine ganze Messehalle erstreckt. Das äußere Bild gleicht einem Flohmarkt. Doch angeboten werden nicht alte Möbelstücke oder Spielzeug, sondern alles, womit man Menschen umbringen kann: Pistolen, Karabiner, Sturmgewehre, Maschinengewehre, Sprengstoff.

Als Jahrzehnte später Donald Trump zum US-Präsidenten gewählt wird, erinnere ich mich an dieses Jugenderlebnis. Ja, sie gehören zum harten Kern seiner Unterstützer, solche Rassisten und Waffennarren – und das sind gar nicht so wenige in den USA. Aber in diesem Moment damals mischt sich die Wut mit dem Adrenalinstoß: Ich habe es geschafft, da reinzukommen, und werde darüber schreiben.

Nicht alles, was ich in diesem arbeitsreichen Urlaub in den USA versuche, ist ein solcher »Erfolg«. Ich habe mir vorgenommen, den Soul- und Pop-Sänger Stevie Wonder zu interviewen – und gelange irgendwie an die Telefonnummer seines Managers. Auch ihn rufe ich von der Straße aus an, »Telefonzelle« wäre das falsche Wort, denn die Münzfernsprecher sind offen. Ich schreie gegen das New Yorker Grundrauschen an, Verkehrslärm und Sirenengeheul der Krankenwagen. Der Manager ist freundlich, das werde was, ich solle einfach eine Stunde später wieder anrufen, dann morgen noch einmal, da heißt es: besser nächsten Mittwoch... Dieses Spiel setzt sich fort, bis mein USA-Trip vorbei ist. Es bleibt bei einem *I just called to say I love you*. Jahre später werde ich dann Stevie Wonder tatsächlich interviewen, in einem Hotelzimmer in München.

Eine andere Urlaubsreise bringt mich nach Kuba, in dem wir rebellierende Jugendliche damals das Fanal sehen für ein Lateinamerika frei von Elend und Ausbeutung. Natürlich möchte ich mich nicht (nur) als Tourist an den Strand legen, deshalb spricht mich folgender Aufruf an: »Geschwisterliche Grüße aus dem Cubanischen Institut für Völkerfreundschaft (ICAP). Wie in jedem Jahr freut sich das ICAP, die Freunde aus dem europäischen Kontinent einzuladen, dass sie an der Europäischen Brigade der Freiwilligen Arbeit und der Solidarität mit Cuba ›José Marti‹ teilnehmen mit dem Ziel, die Realität unseres Volkes kennenzulernen und durch die freiwilligen Arbeitseinsätze zur landwirtschaftlichen Entwicklung unseres Landes beizutragen. Das Programm umfasst

Besuche an Orten, die historische, ökonomische, kulturelle oder soziale Bedeutung haben.« Ich zitiere das so ausführlich, weil es solche Programme weltweit gibt, auch wenn sie in keinem Reisekatalog stehen und nicht von Vergleichsportalen angeboten werden. Ich selbst habe auch an »Friedenscamps« in der Sowjetunion, Ungarn und Polen teilgenommen. Andere gehen nach Israel in einen Kibbuz. Natürlich ist das immer auch eine Art Propaganda, die Veranstalter versuchen ihren eigenen Staat positiv darzustellen. Doch du bekommst deutlich mehr mit, auch von den Problemen des Landes, als wenn du ein Hotel buchst.

Ich arbeite also drei Wochen als Freiwilliger in der Brigada José Marti, benannt nach dem kubanischen Poeten und Nationalhelden, der im Unabhängigkeitskrieg gegen die Spanier fiel. Von ihm stammen Verse des Liedes *Guantanamera*. Wir, einige Hundert Freiwillige, leben in einem Camp auf dem Land, 45 Kilometer von der Hauptstadt Havanna entfernt. *Guantanamera* ist oft von Lautsprechermasten zu hören, die auf dem Gelände stehen. Fünf Leute teilen sich einen Schlafraum. Gemeinsame Sprache ist Englisch (Spanisch lerne ich erst später in Mexiko). Wenn wir morgens um 7 Uhr im Bus sitzen, der uns zur Arbeit bringen soll, krächzt aus denselben Lautsprechern die Behauptung: »The buses are leaving right now.« Sie fahren aber noch nicht los, weshalb die Durchsage eine halbe Stunde lang wiederholt wird. Meine erste Begegnung mit der entspannten lateinamerikanischen Mentalität.

Wir ernten Orangen und bauen eine Schule, schleppen Ziegelsteine und tapezieren Wände. Wir besuchen Krankenhäuser und erfahren dort, dass Kuba das beste Gesundheitssystem in Lateinamerika habe, was wahrscheinlich stimmt, zumindest damals, als das Land von der Sowjetunion unterstützt wird und wirtschaftlich gut dasteht. In Schulen beklatschen uns die Kinder, wie in allen sozialistischen Ländern tragen sie rote Pionierhalstücher, in Kuba zusätzlich rote Röckchen die Mädchen und die Jungs rote Shorts. Die Revolution hat eine Alphabetisierungskampagne gestartet, alle können lesen und schreiben, anders als woanders in Lateinamerika – auch das stimmt. Die unbegrenzte Macht von Partei und Staat erfahren wir bei unseren Busfahrten übers Land. Polizisten auf Motorrädern drängen entgegenkommende Autos von der Straße und zwingen sie zum Anhalten, obwohl wir auch ohne das auf den fast leeren Straßen gut vorankommen würden. In Havanna bestaunen wir das ikonische Wandbild von Che Guevara auf dem Platz der Revolution, das sich über zehn Stockwerke am Gebäude des Innenministeriums erstreckt. Darunter steht »Hasta la victoria siempre« – »bis zum Sieg für immer«, ein Zitat aus dem Abschiedsbrief von Che Guevara an Fidel Castro, bevor Che als Revolutionär in den Kongo und nach Bolivien ging, wo er ermordet wurde.

Ja, da war schon eine Menge politischer Fanatismus dabei. Manches heute bei Fridays for Future oder Extinction Rebellion erinnert mich daran. »Die gute Sache ist wichtiger als der Einzelne«, meinen die Eiferer. »Man muss individuelle Ansprüche zurückstellen.« Das finde ich mittlerweile falsch. Denn Ziel kann nur das persönliche Glück sein. Und das finde ich vor allem in immer neuen Erfahrungen, oft in der Ferne. Auch du kannst deinen Urlaub nutzen, um dich in anderen Ländern zu engagieren und dabei fremde Welten kennenzulernen.

Merkzettel

- Lehne es nicht »aus Prinzip« ab, spannende und globale Arbeitsprojekte auch im Urlaub anzugehen, insbesondere als Berufsanfänger. Vielleicht wird es der interessanteste Urlaub deines Lebens.
- Informiere dich über die Einreisebestimmungen des jeweiligen Landes, wenn du im Urlaub auf eigene Faust etwas tun willst, was nicht touristisch motiviert ist. Das bedeutet aber nicht, dass du in vorauseilendem Gehorsam alle deine Pläne anmeldest, das kann mehr schaden als nutzen. Es hängt von dem Land ab und von der Art der nicht touristischen Beschäftigung, ob die Vorschriften streng gehandhabt werden oder ob keinem etwas auf-

fällt. Am besten im Bekanntenkreis fragen oder googeln, wer so etwas dort schon einmal gemacht hat, und dann mit einer solchen Person reden.

- Hartnäckigkeit führt nicht immer zum Erfolg – oft aber schon. Ich kann es verstehen, wenn du aufgeben willst, nachdem du zweimal abgeblitzt bist. Doch umso größer wird deine Freude sein, wenn es im dritten oder vierten Anlauf klappt. Vieles erscheint nur deshalb unmöglich, weil es kaum einer versucht.
- Geht nicht gibt's nicht. Das galt schon in Zeiten, als man Informationen in Bibliotheken beschaffen und Behörden per Telefon kontaktieren musste. Heute ist dank Internet noch sehr viel mehr möglich.
- In Deutschland gilt es als politisch nicht mehr korrekt, »Indianer« zu sagen. Amerikanische Ureinwohner verwenden den Begriff weiterhin. Auch dabei helfen Auslandsaufenthalte: heftig geführte politische Debatten nicht nur durch die deutsche Brille zu sehen.
- Das *First Amendment*, der erste Zusatzartikel zur US-Verfassung, garantiert die freie Rede. Das meinen die wörtlich, es gilt für alle Meinungsäußerungen, auch die von Nazis und Spinnern. Das kann man gut finden oder auch nicht, auf jeden Fall ist das bei den Amis so. Das *Second Amendment* garantiert übrigens das Recht, Waffen zu tragen.
- Das macht die USA noch lange nicht zu einem Land der Freiheit für alle. Man kann zwar nicht wegen seiner Meinung verurteilt werden, dafür aber für Verbrechen, die man nicht begangen hat. Amerikanische Ureinwohner und Schwarze sind hier besonders gefährdet.
- Wenn es in Lateinamerika heißt, dass der Bus »jetzt« abfährt, ist das nicht wörtlich gemeint.
- Wenn du im Urlaub ein Land kennenlernen willst, bieten freiwillige Arbeitseinsätze einen ungewöhnlichen Zugang. Auf Reiseportalen stehen die nicht, du musst gezielt danach suchen. Veranstalter sind oft Regierungen, politische oder religiöse Gruppen. Die haben auch Propaganda im Sinn. Behalte das im Hinterkopf, aber lass dich davon nicht abschrecken.

Zur richtigen Zeit
am richtigen Ort sein

Wind of Change in Moskau

Egal, in welchem Beruf du arbeitest: Es gibt Zeiten und Orte, wo es gerade besonders aufregend ist. Für eine Programmiererin bietet das Silicon Valley mehr Möglichkeiten als das Erzgebirge. Wenn in einer Stadt ein neues Hafenviertel geplant wird, könnte es für einen Architekten reizvoll werden, dorthin zu ziehen. Bei dem Satz »Zur richtigen Zeit am richtigen Ort sein« denken die meisten an einen glücklichen Zufall. Doch vieles lässt sich voraussehen, und so kann man das eigene Schicksal in die Hand nehmen. Die Olympischen Spiele in Peking 2008 und in Rio de Janeiro 2016 waren für mich mit ein Grund, in jenen Jahren als Auslandskorrespondent in diese Metropolen zu wechseln. Es müssen aber nicht nur Großereignisse sein. Wer die Nachrichten verfolgt und mit Entwicklungen in seiner Branche vertraut ist, bekommt eine Ahnung davon, wo es interessant werden könnte.

Ende 1989 ist für mich klar: Der spannendste Ort der Welt ist jetzt Moskau. In Berlin fiel gerade die Mauer. Auch in anderen Ländern Osteuropas stürzten die Bürger das bisherige Regime. Möglich wurde das alles durch *Perestroika,* Umgestaltung, und *Glasnost,* Offenheit. Diese Veränderungen leitete der sowjetische Partei- und Staatschef Michail Gorbatschow ein, den die Deutschen liebevoll »Gorbi« nennen. Die Scorpions besingen diesen Wandel in ihrem Song *Wind of Change*. Sänger Klaus Meine wurde dazu in einer Nacht im Moskauer Gorki-Park inspiriert, nachdem die Band bei einem Friedensfestival im Lenin-Stadion vor 300 000 Fans aufgetreten war. Die große Frage ist jetzt: Wie geht es in der Sowjetunion weiter? Übernimmt sie einfach das westliche kapitalistische System? Oder entsteht dort ein »Sozialismus mit menschlichem Antlitz«, wie ihn Gorbi vertritt? Vielleicht entwickelt sich etwas ganz Neues, auch in Kunst und Kultur? Ich möchte es vor Ort miterleben und darüber berichten.

Damals bin ich kein bekannter Journalist, der sich seinen Standort aussuchen kann. (Übrigens können meist auch die das nicht, sie müssen sich ebenfalls dafür ins Zeug legen.) Ganz im Gegenteil, ich bin Redakteur bei einem kleinen linken Jugendmagazin, das gerade seinen Betrieb einstellt. Nach mir fragt keiner, schon gar nicht entsendet mich jemand an den damals begehrtesten Ort für Auslandskorrespondenten. In der Erwartung, dass es schon irgendwie klappen wird, belege ich in diesen Monaten die Russisch-Intensivkurse am Landessprachinstitut der Ruhr-Universität Bochum.

Ansonsten handele ich so, wie jeder in einer solchen Situation handeln sollte: besinnen auf das, was man bisher getan hat, und auf das so entstandene Netzwerk. In meinem Fall gehört dazu: Ich habe damals schon drei Bücher veröffentlicht, zwei in einem linken Kleinverlag, das dritte bei S. Fischer, gemeinsam mit Tatjana Suworowa, einer Moskauer Journalistin. Es ging um Sexualität in der Sowjetunion in Zeiten des Wandels. Das Thema war in die Schlagzeilen geraten, als in einer »Fernsehbrücke«, quasi einer internationalen Talkshow, mit Menschen aus Boston und Leningrad eine Sowjetbürgerin behauptete: »Bei uns gibt es keinen Sex, und wir lehnen ihn kategorisch ab.« Das Buch sollte *Sex und Perestroika* heißen, das klang dem Verlag nicht seriös genug, sodass der Titel dann weniger spektakulär lautete: *Liebe steht nicht auf dem Plan*. Das Buch war eine Koproduktion mit dem Moskauer Progress-Verlag, der es auf Russisch veröffentlichte. So weiß ich, dass dieser Verlag Bücher nicht nur in seiner Landessprache herausbringt, sondern in allen Sprachen der Erde, darunter auch auf Deutsch.

Bei der Frankfurter Buchmesse besuche ich den Stand des Verlages. Ich spreche Mischa Kisseljow an, den Leiter des deutschen Lektorats. Und frage ihn, ob ich in dem Verlag nicht deutsche Bücher lektorieren könnte. »Das haben bisher nur Leute aus der DDR gemacht«, sagt er. »Außerdem sind alle Stellen besetzt.« Ich lasse mich nicht abwimmeln. Vielleicht gibt es in Zukunft eine Chance? Bis er entnervt sagt: »Sie können ja mal unseren Verlagsdirektor Alexander Avelichev fragen – wenn Sie an ihn rankommen.«

Der sitzt im Hinterzimmer des Stands von Progress und trinkt grusinischen Cognac. Ich warte, bis er nach einer halben Stunde heraustritt, schon etwas beschwipst. »Sie sind doch der, der das Buch über Sex geschrieben hat, nicht wahr?«, sagt er kichernd. »Natürlich können Sie bei uns arbeiten.«

»Wann wird denn etwas frei?«

»Sie können anfangen, wann Sie wollen.«

Per Handschlag vereinbaren wir einen Arbeitsbeginn im Januar 1990, also in wenigen Wochen.

Ich reise mit dem Zug von Dortmund nach Moskau! Das dauert damals anderthalb Tage. Am Grenzbahnhof in Brest werden die Waggons der Reihe nach angehoben und die Fahrgestelle gewechselt, von westeuropäischer Normalspur auf sowjetische Breitspur. Dabei darf man im Zug sitzen bleiben, aber ich schaue es mir vom Bahnsteig aus an. So bekomme ich das Gefühl dafür, in eine andere Welt zu wechseln.

Ich beziehe ein Apartment in Moskau, *uliza akademika Anochina, dom 30, korpus 4, wchod 3, 12. etasch, kwartira 809*, Straße des Akademikers Anochina, Haus 30, Gebäude 4, Eingang 3, 12. Etage, Wohnung 809. Unter dieser Adresse vermittelt mir der Progress-Verlag eine Wohnung. In Moskau meint »Haus« einen ganzen Block von Hochhäusern, die meist nicht in einer Reihe stehen, sondern im Kreis. Jedes Gebäude dieses »Hauses« trägt eine separate Nummer. Was in den meisten anderen Ländern als Hausnummer zählen würde, bezeichnet in Moskau nur einen von mehreren Eingängen dieses Gebäudes. Das führt zu langen Adressen mit vielen Nummern, *koordinati,* Koordinaten, wie die Russen sagen, und hat einen Nachteil: Man sucht lange nach den Häusern, genauer gesagt Gebäuden, genauer gesagt Eingängen.

Gebaut ist das Haus aus Platten im Stil der Breschnew-Ära, so wie sie einheitlich zwischen Wladiwostok und Marzahn zu finden sind. Es ist weiß bemalt mit blauen Streifen, der Putz blättert, Risse haben Spinnennetze hineingezogen, die sich über mehrere Etagen erstrecken. Die Geländer der Balkone sind aus Wellblech. Um die Holztür am Eingang des Gebäudes zu öffnen, muss man einen Code eintippen, ein vergesslicher Hausbewohner hat die geheimen Ziffern mit Kugelschreiber auf den Kasten geschrieben. Eine kahle Betontreppe führt an der *deschurnaja* vorbei, der »Diensthabenden«, einer 70-jährigen Concierge sowjetischen Typus. Sie wacht über sozialistische Sicherheit und Sauberkeit, nicht aber über Sauberkeit im Sinn von Hygiene. Im Lift stinkt es nach Urin. Nach verfaulten Äpfeln, totem Fisch und lebenden Ratten riecht es aus grünen Müllschluckern auf den Etagen, in denen alle Abfälle nach dem Plumpsklo-Prinzip durch einen Schacht in die Tiefe stürzen.

Die Zweizimmerwohnung sieht nicht schön aus mit ihrem Linoleumboden und der grünen Blumentapete. Aber sie ist möbliert, sogar ein Schwarz-Weiß-Fernseher mit unscharfem Bild gehört dazu. Und sie ist preisgünstig. Entsprechend dem Umrechnungskurs damals beträgt die Miete zehn amerikanische Cents im Monat – warm! Ich bin rundum zufrieden. Ich lebe nun wie ein echter Sowjetbürger, was für Ausländer ansonsten in dieser Zeit fast unmöglich ist. Sie wohnen abgeschottet in Ausländergettos mit Milizionär vor der Tür, wie in der Sowjetunion die Polizisten heißen.

Die sowjetische Einheitsbauweise hat, wie ich später erfahren soll, auch Vorteile. Während es die gleich aussehenden Häuser erschweren, jenes zu finden, das man sucht, so erleichtern sie es wiederum, sich innerhalb der Wohnungen zurechtzufinden – die sehen nämlich ebenfalls alle gleich aus. Man muss nicht peinlich fragen wie in anderen Ländern, etwa: »Entschuldigen Sie, wo befindet sich die Toilette?« Der Architekt, der den Schnitt für meine Wohnung entworfen hat, hat es gleich für ein Sechstel der Erde mit übernommen.

Ich arbeite nun bei Progress, dem damals größten Verlag der Erde. Allerdings verstehe ich die Begriffe »Größe« und »Arbeit« bald auf sowjetische Weise.

Der Progress-Verlag gilt damals als der weltweit größte, weil er 1500 Mitarbeiter beschäftigt. Auch veröffentlicht er Bücher in mehr als 100 Sprachen. Schon vor anderen Medienunternehmen setzt Progress auf Diversifikation. So liefert das Haus Verpackungspapier für indische Fischmärkte. Im Nachhinein kann man aber fragen, ob es sinnvoll war, dieses Papier erst zwischen Buchdeckel zu pressen, mit den gesammelten Reden von Parteichef Breschnew zu bedrucken und diese in Hindi zu übersetzen.

Die große Mitarbeiterzahl hängt auch damit zusammen, dass Progress die Zwei-Tage-Arbeitswoche einführte, lange bevor westliche Gewerkschaften die 35-Stunden-Woche forderten. Die anderen Tage werden »Bibliothekstage« genannt. Die Mitarbeiter verbringen sie in Schlangen vor Lebensmittelgeschäften.

Mein Job besteht darin, Fehler zu korrigieren in Übersetzungen russischer Texte ins Deutsche. Die Fehler rühren von einer nicht ganz effizienten, aber politisch korrekten Arbeitsweise her. Bei Progress übersetzen nicht, wie sonst üblich, Muttersprachler in die Sprachen, in denen die Bücher erscheinen, etwa Arabisch oder Deutsch. Denn solche Muttersprachler sind keine Sowjetbürger und damit politisch unzuverlässig. Deshalb übersetzen Russen in die Fremdsprache, und »Stillektoren« wie ich merzen die Fehler aus. Damit alles seinen sozialistischen Gang geht, sind dahinter aber noch einmal russische, politisch zuverlässige »Korrekturlektoren« geschaltet, die die Fehler wieder einfügen. Etwa zehn Lektoren arbeiten so ein halbes Jahr an einem Buch.

Von Stress sind die Mitarbeiter im Moskauer Verlag weitgehend befreit. Eine gewisse Monotonie lässt sich jedoch nicht leugnen. Die beginnt schon, wenn ich morgens zum Dienst erscheine, so um zehn oder halb elf, genau nimmt man es damit nicht. Ich begrüße Mischa, den russischen Leiter des deutschen Lektorats, jedes Mal mit »*Kak djela?*«, wörtlich »Wie (gehen die) Dinge?«. Er antwortet immer: »*Djela idut, kontory pischut*«, »Die Dinge gehen, die Kontore schreiben«. Russen neigen zu Übertreibungen. Die Dinge gehen nämlich gerade nicht, und in den Kontoren schreibt niemand. Korrekt beantwortet der Lektoratsleiter meine zweite Frage: »Welche Arbeit liegt an?« – »Bisher noch keine. Warte ein bisschen, vielleicht kommt am Nachmittag etwas rein.« Die russischen Übersetzer, »Oberlektoren«, »Hauptlektoren«, »Korrekturlektoren« und »Hilfslektoren« beeilen sich nicht.

Lethargie mischt sich mit Zynismus. Der Sinn dieser Arbeit im Progress-Verlag ist nur schwer zu ergründen. Vor allem aber wird sie so gut wie nicht bezahlt. Ich verdiene umgerechnet acht Dollar im Monat und gehöre damit zur höchsten Gehaltsklasse. Die Gehälter sind nicht geheim. Sie werden in bar ausbezahlt, die Buchhalterin zählt die Scheine ab vor einer Schlange, in der sich alle Mitarbeiter anstellen. Ich lerne den realen Grundsatz des realen Sozialismus kennen: Die tun so, als würden sie uns bezahlen – und wir tun so, als würden wir arbeiten.

Ich setze mich also zu den russischen Kollegen und trinke Tee. Bald ist es auch schon wieder Zeit, sich in der Kantine für das Mittagessen anzustellen. Bis man die Kasse erreicht, dauert es etwa zwei Stunden, weshalb die Abteilung immer zwei Leute vorschickt. Leider machen das die Abteilungen für Bücher auf Französisch, Japanisch und Suaheli auch so, weshalb 500 Leute vor einem warten und nicht nur die 50, die man sieht. Nachmittags »kommen« dann gelegentlich ein paar Seiten zum Redigieren, manchmal auch nicht.

Während sich der Westen und ich für Gorbatschow begeistern, zügeln die Menschen in der Sowjetunion ihren Überschwang, auch meine Kollegen beim Progress-Verlag. Gorbatschows *Glasnost,* Offenheit, bringt Keime von Pressefreiheit, über die Verbrechen Stalins oder die Mafia darf geschrieben werden. Gorbatschow hat die DDR und die Völker Osteuropas in die Freiheit entlassen. Doch innerhalb der Sowjetunion reformiert er das marode sozialistische Wirtschaftssystem kaum, wenige halbherzige Schritte verschlimmern das Leben sogar. Es funktioniert nichts mehr. Die Russen sagen: *Perestroika,* der Umbau der Gesellschaft, gleiche der schrittweisen Einführung des Linksverkehrs auf den Straßen – wir fangen mit den Lastwagen an. Zynisch reagieren die Leute auf Gorbatschows Pathos, die Perestroika bringe *bolsche sozialisma,* mehr Sozialismus. Alle stöhnen: »Was? Noch mehr?«

Die Lebensmittelgeschäfte gehören ausnahmslos dem Staat. Sie sehen aus, als wären sie für eine antikommunistische Satire eingerichtet beziehungsweise gerade nicht eingerichtet worden. Die riesigen, schmucklosen Hallen stehen leer. An manchen Tagen liegen zwei bis drei Waren verstreut in einem der Regale, ein paar Dosen Fisch oder eine Packung mit Haferflocken. Nur selten kommt etwas Essbares herein, eine Sorte Schwarzbrot, *smetana,* saure Sahne, oder *pelmeni,* mit Fleisch gefüllte Teigklößchen. Dann bilden sich Schlangen, manchmal mehr als hundert Meter lang, sodass sie sich in Spiralen durch den Laden quetschen. Manchmal wartet man Stunden in der Schlange, manchmal Tage! Die Schlangen entwickeln dafür eine Selbstorganisation, einige Wartende ergreifen die Initiative, legen Listen an, alle ein, zwei Stunden muss man dann vorbeikommen und sich melden, um den Platz in der Schlange nicht zu verlieren. Nicht immer geht es so organisiert zu. Immer öfter prügeln sich entnervte Kunden um ihren Platz. Auch ich reihe mich in die Schlangen ein, getreu meinem Prinzip, ich wolle wie ein Sowjetmensch leben. Ich meide die *berjoskas,* wörtlich »Birklein«, die Intershops, in denen Ausländer für Devisen einkaufen. Stundenlang für Milch, Brot oder einen Schreibblock anstehend, erwerbe ich mir ein Gut fürs Leben: Geduld.

Die Mangelwaren verschwinden durch den *tschjornyi chod,* den »schwarzen Eingang«, *po blatu,* über Beziehungen. Jeder reißt an sich, was er bekommen kann, und tauscht es bei Bekannten gegen andere Waren ein. Wie im Krieg hat die Regierung die Grundnahrungsmittel rationiert. Dazu gehört in Russland natürlich Wodka. Auch ich bekomme als sowjetischer Werktätiger *talony,* Coupons auf Papier, so dünn, dass es mir scheint, ich müsse sie nutzen, bevor sie sich in Luft auflösen. Mir steht eine Flasche Wodka pro Monat zu. Nun reichen mir aber die Wodka-Rationen aus, die ich als Gast bei russischen Freunden und Kolleginnen zwangsweise zu trinken bekomme. Lieber würde ich mal wieder eine Flasche Wein trinken, den gibt es in den Läden aber nicht zu kaufen. Mit einem Arbeitskollegen löse ich das Problem auf sowjetische Weise. Über einen Bekannten, der bei der Eisenbahn beschäftigt ist, bekommt er Weißwein aus Georgien. Er trinkt aber lieber Wodka. Der Kollege und ich entscheiden uns zum Tausch.

Das ist leichter gesagt als getan. Nachdem ich zwei Stunden in der Wodka-Schlange angestanden habe und meinen Coupon vorzeige, eröffnet mir die Verkäuferin, dass ich außerdem eine leere Flasche Wodka als Pfand abgeben müsse. Da ich noch keine besitze, kaufe ich mir eine leere Flasche auf dem Schwarzmarkt – zu einem Preis höher als für die volle im staatlichen Laden. Damit stelle ich mich wieder in der Schlange an ...

Ich nehme es mit Humor. Das Skurrile im Alltag zu finden, ist für mich ein wichtiger Antrieb, die Welt kennenzulernen. So haben sich die Russen ein kompliziertes System ausgedacht, um berufliche und private Treffen zu organisieren. Das nennen sie *soswonitsja,* »sich zusammentelefonieren«. Niemals machen Russen einen festen Termin aus. Planen sie am Dienstag ein Treffen für Donnerstagabend, vereinbaren sie: »Lass uns am Donnerstagmorgen um 8 Uhr zusammen telefonieren.« Bei diesem Telefongespräch legt man einen nächsten Telefontermin für Donnerstagabend um 18 Uhr fest. Bei dem wird dann das eigentliche Treffen für 20 Uhr festgesetzt, nicht ohne die Bitte: »Ruf noch mal an, wenn du bei unserer Metrostation ankommst.«

Dieses Verfahren wäre selbst heute, wo wir Handys haben, umständlich. Was es in dieser Zeit, in der es nur Festnetz gibt, absurd macht: Die Telefone in der Sowjetunion funktionieren oft nicht. Die meiste Zeit sind sie besetzt, innerstädtische Telefongespräche kosten nichts, Leute unterhalten sich stundenlang am Telefon, und oft nutzen mehrere Mietparteien gemeinsam einen

Apparat. Erreicht man schließlich jemanden, eine Stunde nach dem vereinbarten Telefontermin, ergibt sich ein weiteres Problem: In der Sowjetunion ist die Sitte unbekannt, Arbeitskollegen oder Mitbewohnern etwas auszurichten. Ist die gesuchte Person gerade aus dem Haus oder nur kurz aus dem Zimmer, hört man ein barsches »Ist nicht da!«, und der Hörer wird aufgeknallt.

In einer Zeit, in der die meisten Russen nicht viel zu arbeiten haben, beschäftigen sie sich mit einem Geflecht aus Telefonterminen, um ein paar private Treffen zu vereinbaren. Ich kritzele meinen Kalender voll mit solchen Telefonterminen.

Gleichzeitig denke ich mir, nach einem Jahr Progress-Verlag: Es wäre mal wieder Zeit, richtig zu arbeiten, am besten in meinem Beruf als Journalist. Zunächst stelle ich mich da vor, wo es für mich als ehemaligen Redakteur eines linken Jugendmagazins naheliegend erscheint, bei der *taz* und der *Frankfurter Rundschau*. Beide Korrespondentinnen empfangen mich freundlich, geben mir aber die gleiche Antwort: Sie hätten schon einige Russen, die für sie arbeiten, und die seien ohnehin günstiger.

Da kommt mir eine andere Idee, die aber von vornherein als aussichtslos erscheint: Ich rufe im Moskauer ARD-Studio an und bitte um ein Gespräch mit dem legendären Auslandskorrespondenten Gerd Ruge. Schon für den nächsten Tag bin ich eingeladen. In seinem bekannten Nuschelton sagt er, ich spräche ja Russisch, er habe ein Buch von mir gelesen – und bietet mir an, als Producer auf Honorarbasis für ihn zu arbeiten. Ich könne ihn bei Drehs begleiten und auch allein mit dem Kamerateam zu Drehs herausfahren und ihm die Bilder und Interviews zuliefern. Zum ersten Mal arbeite ich fürs Fernsehen – und das gleich bei dem Starkorrespondenten Gerd Ruge, in Moskau, dem damals aufregendsten Ort der Erde! Neben ihm und mehreren russischen Mitarbeitern arbeitet Gabriele Krone-Schmalz als weitere ARD-Korrespondentin in dem Studio, sie wird später zahlreiche Bestseller über Russland schreiben. In dem Jahr löst Thomas Roth sie ab, bekannt auch als Moderator der *Tagesthemen*. Mehrmals eingeflogen kommt der sehr nette und engagierte Kollege Hans-Josef Dreckmann. Ina

Ruck, die heutige ARD-Korrespondentin in Moskau, absolviert damals Teile ihres Volontariats im Moskauer ARD-Studio.

In einem Beitrag, mit dem ich betraut werde, soll es um die Kindererziehung in der Sowjetunion gehen: Werden die Kinder anders erzogen infolge von Gorbatschows Reformen? Mein russischer Freund Sascha studiert Pädagogik und arbeitet in den Semesterferien als Betreuer in einem Pionierlager, wie die Ferienlager für Kinder heißen. Sascha und ich vereinbaren die Filmarbeiten für den 19. August 1991. »Telefonieren wir uns noch einmal zusammen?«, fragt er in russischer Gewohnheit. »Nicht nötig«, winke ich ab und scherze: »Wir kommen auf jeden Fall – es sei denn, an dem Tag wird Gorbatschow gestürzt.« Sascha lacht.

Am Morgen des 19. August frühstücke ich bereits wenige Minuten nach sechs Uhr, denn ich will früh zum Dreh außerhalb Moskaus fahren. Wie immer höre ich Radio zum Frühstück. Der Sprecher erzählt etwas vom Kampf gegen Chaos und Anarchie. Der Verfall der Moral müsse gestoppt werden. Wahrscheinlich zitiert er aus einem Aufruf konservativer Schriftsteller, denke ich, die verfassen in letzter Zeit öfter solche Pamphlete. Mich wundert nur, dass diese Klagen heute nicht kritisch kommentiert werden. Plötzlich fügt der Sprecher mit drohender Stimme hinzu: »Ich erinnere daran, wir verlesen den Aufruf an das sowjetische Volk, verbreitet von der Nachrichtenagentur TASS.«

Mich beunruhigt: Warum fällt kein Wort darüber, von wem dieser Aufruf stammt? Warum wird er von der amtlichen Nachrichtenagentur verbreitet? Dann wird ein weiteres Dokument verlesen, ein Erlass des Vizepräsidenten der UdSSR. Es besteht aus einem einzigen bürokratischen Satz, der mich erschrocken zusammenfahren lässt: »Im Zusammenhang mit der krankheitsbedingten Amtsunfähigkeit von Michail Sergejewitsch Gorbatschow gehen gemäß Artikel 127, Absatz 7 der Verfassung der UdSSR die Vollmachten des Präsidenten auf den Vizepräsidenten der UdSSR, Gennadi Iwanowitsch Janajew, über. Gezeichnet: Gennadi Iwanowitsch Janajew.«

Ich springe zum Fernseher, denn ich will wissen, was dort

berichtet wird. Um diese Zeit moderiert gewöhnlich eine hübsche Journalistin aus einem Wohnzimmer heraus das sowjetische Frühstücksfernsehen. Doch das Programm ist abgesetzt. Stattdessen leiert ein Sprecher mit ausdrucksloser Miene seinen Text herunter: »Das Land geht unter im Strudel von Gewalt und Gesetzlosigkeit. Niemals in der Geschichte des Landes wurden Sex und Gewalt in solchem Ausmaß propagiert, mit der Folge, dass Gesundheit und Leben zukünftiger Generationen in Gefahr geraten. Millionen Menschen fordern Maßnahmen gegen die Hydra des Verbrechens und die empörende Unmoral … Wir rufen alle wahren Patrioten und Menschen guten Willens dazu auf, den Wirren unserer Zeit ein Ende zu bereiten. Wir fordern die Bürger der Sowjetunion dazu auf, ihre Pflicht gegenüber dem Vaterland anzuerkennen und das Staatskomitee für den Ausnahmezustand in der UdSSR bei seinen Anstrengungen, das Land aus der Krise zu führen, nach Kräften zu unterstützen.«

Das Fernsehen wiederholt diese Aufrufe von nun an den ganzen Tag, unterbrochen nur durch Szenen aus dem Ballett *Schwanensee* von Tschaikowski.

Ich stürze mich ans Telefon, rufe Thomas Roth an: »Gorbatschow ist gestürzt! Ein Putsch!« Er will es zuerst nicht glauben, sagt aber dann: »Komm sofort ins Studio! Ich rufe alle anderen an.«

Auf dem Weg ins ARD-Studio erlebe ich in der Metro, der Moskauer U-Bahn, eine gespenstische Atmosphäre. Fast niemand spricht, die Menschen weichen den Blicken ihrer Nachbarn ängstlich aus.

Stunden später besetzen Truppen die Stadt. Auf dem sechsspurigen Kutusowskij-Prospekt, an dem unser ARD-Studio liegt, rollen die Panzer auf die Brücke über die Moskwa zu. Die Putschisten verhängen einen Haftbefehl gegen den russischen Präsidenten Boris Jelzin, doch er entkommt. Seine Anhänger errichten Barrikaden, um das Weiße Haus zu verteidigen, den Sitz des russischen Parlaments. (Russland ist damals eine Teilrepublik innerhalb der Sowjetunion.) Mit dem Kamerateam gehe ich an den Panzern vorbei zu den Barrikaden. Unter den Protestierenden dort treffe ich zufällig auch Sascha, den Pädagogik-Studenten, mit dem ich ursprünglich heute in einem Kinderlager drehen wollte. Dann werde ich Augenzeuge eines historischen Moments: Boris Jelzin fährt vor, geht furchtlos auf die Soldaten zu und steigt auf einen Panzer. Vor den laufenden Fernsehkameras aus aller Welt, darunter auch unserer, hält er eine Rede: »Es geht um einen ›rechten‹, reaktionären, antikonstitutionellen Staatsstreich… Das alles veranlasst uns, das sogenannte Komitee, das die Macht ergriffen hat, für gesetzwidrig zu erklären. Folglich erklären wir alle Beschlüsse und Verordnungen dieses Komitees für ungesetzlich.«

Am nächsten Tag sammeln sich trotz des Verbots durch die Putschisten hunderttausend Menschen am Weißen Haus, demonstrieren gegen den Umsturz und für den russischen Präsidenten Jelzin. Die freie und spontane Atmosphäre und die lockere Kleidung der überwiegend jungen Leute erinnert mich an die Demonstrationen der Friedensbewegung in der Bundesrepublik. Die Demonstranten hier tragen die weiß-blau-roten Fahnen des alten, neuen Russlands. Sie rufen: »*Putsch nje proidiot«*, »Der Putsch kommt nicht durch«.

Am dritten Tag des Putsches beginnen die Panzer morgens um 0:30 Uhr mit dem Angriff auf die Anhänger Jelzins. Mein Kameramann Slawa filmt, wie sie vom Kalinin-Prospekt aus in Richtung Weißes Haus rollen. Plötzlich feuern die Panzer in die Luft, Slawa und ich ducken uns. Junge Männer versuchen die Panzer zu stoppen, stellen sich ihnen in den Weg, werfen Decken auf die Sehschlitze der Fahrer und springen auf die Panzer, um die Luken zu öffnen. Die Soldaten schießen um sich, überrollen einen Mann mit dem Panzer. Sie töten drei Demonstranten in dieser Nacht.

Einer von ihnen ist Dima Komar, 22 Jahre jung. Später interviewe ich für einen Filmbericht seine Eltern. Ihr Sohn wurde als Wehrpflichtiger nach Afghanistan geschickt, überlebte den Krieg. Nie hätten sie gedacht, er würde einmal auf Moskaus Straßen fallen. Sein Vater war selbst Major der Sowjetarmee – »nun schäme ich mich dafür, in dieser Armee gedient zu haben«. Die Eltern verlieren in dieser Nacht nicht nur ihren Sohn, sondern auch den Glauben an die Sowjetunion und den Sozialismus. Die Mutter weiß nicht, dass Dima auf den Barrikaden kämpft, als sie in der Nacht einen Anruf bekommt: »Ihr Sohn ist im Leichenschauhaus Nummer 67.«

»Was macht er da?«, fragt sie verwirrt.

»Tot ist er«, faucht der Beamte und knallt den Hörer auf die Gabel. Als ich die Familie besuche, sehe ich Dimas Motorradhelm. Dima hat von einem Motorrad geträumt und dafür gespart. Sein Leben hat nicht gereicht, diesen kleinen Traum zu verwirklichen.

In dieser Nacht schließt die erregte Menge die Schützenpanzer ein. Nach einigen Stunden befehlen die Offiziere den Rückzug. Sie erkennen: Ein Kampf ums Weiße Haus würde Tausende Menschenleben kosten. Sie verweigern der alten Garde der Partei den Gehorsam. Der Putsch ist zusammengebrochen.

In diesen Tagen erlebe ich die Genialität von Gerd Ruge. Eine Sondersendung jagt die nächste, so bleibt oft keine Zeit, Texte zu den Beiträgen zu schreiben. Er spricht frei zu den geschnittenen Bildern. Dabei kommen brillante Sätze heraus wie: »Die Mitglieder der sowjetischen Regierung, soweit sie nicht bereits verhaftet sind, wurden heute entlassen.«

Vier Monate später hört die Sowjetunion auf zu existieren. Vor Ort habe ich die Ereignisse miterlebt, die den Lauf der Weltgeschichte veränderten.

Merkzettel

- Ob du zur richtigen Zeit am richtigen Ort bist, hängt nicht vom Zufall ab, sondern von deiner Planung. Die Nachrichten zu lesen hilft dabei.
- Welche Orte zu dir passen, hängt von deinem Beruf und deinen Wünschen ab – ob du es dorthin schaffst, von deiner Entschlossenheit und Hartnäckigkeit.
- Warte mit den Sprachkursen für den Auslandsaufenthalt nicht,

bis du den Arbeitsplatz hast. Sie bringen dir zusätzliche Motivation, es auf jeden Fall durchzuziehen. Auch erweitern sie deine Beziehungen in den Kulturkreis und zu anderen, die ebenfalls dorthin wollen.

- Gehe dein Netzwerk durch: Welche Kontakte aus früheren Projekten können dir helfen, an deinen Traumort zu gelangen?
- Wenn du von jemandem eine Absage bekommst, dann wende dich an die nächsthöhere Ebene oder die noch bekanntere Firma.
- *Do as the locals do* – das gilt bei der Arbeit im Ausland auch für die Unterkunft: Wohne so, wie die Einheimischen wohnen.
- Die Arbeit im Ausland unterscheidet sich möglicherweise gewaltig von der Arbeit zu Hause – das ist ja der Grund, warum du im Ausland arbeitest.
- Politik und Gesellschaft deines Gastlands lernst du erst richtig kennen, wenn du dort lebst. Vergiss wieder, was du vorher in den Nachrichten darüber gelesen hast. Und begrabe die Vorurteile, mit denen du gekommen bist.
- Wer in der Schlange eines deutschen Supermarkts ungeduldig wird, hat noch nie in der Schlange eines Supermarkts anderswo gestanden.
- Manches in deiner neuen Heimat findest du nur deshalb komisch, weil es anders ist, als du es kennst. Anderes ist vielleicht tatsächlich unvollkommen. In jedem Fall solltest du dich nicht darüber aufregen, sondern es mit Humor nehmen.
- Wie man Termine organisiert und ob man sie einhält, unterscheidet sich von Land zu Land.
- Wenn deine Morgensendung im Radio ausfällt, hat möglicherweise das Militär geputscht oder ein Tsunami das Elektrizitätswerk überschwemmt. Speziell für Russland: Zeigt das Fernsehen den ganzen Tag *Schwanensee*, ist der Präsident tot oder entmachtet.
- Was unterscheidet die Allgemeinen Geschäftsbedingungen einer Internet-Plattform von einem Erlass (Ukas) der sowjetischen Regierung? Die Ersten bestehen aus vielen Seiten Blabla, das

Zweite ist oft nur ein einziger Satz, der es aber in sich hat, zum Beispiel: Der Präsident ist abgesetzt.

- Der Satz »Der Klügere gibt nach« gilt nicht für Umsturzversuche. Dort gilt: Wer nachgibt, hat verloren.
- Als Journalist solltest du da sein, wo Weltgeschichte gemacht wird. Als Unternehmerin da, wo es etwas zu gewinnen gibt. Die beiden Orte sind nicht immer identisch.

Sich in Gefahr begeben

Wer geht schon freiwillig nach Tschetschenien und Tschernobyl?

Die Sowjetunion zerfällt in fünfzehn Staaten, von denen Russland der bei Weitem größte ist. Dessen Präsident Boris Jelzin erlaubt seinen Bürgern per Erlass, alles zu verkaufen, was sie wollen, an jedem beliebigen Ort. Das klingt banal, stellt aber die bisherige sowjetische Lebensweise auf den Kopf. Denn bis dahin durfte nur der Staat etwas verkaufen, alles andere galt als »Spekulation« und war eine Straftat. Die Russen nehmen diesen Erlass wörtlich. Innerhalb von einem Tag verwandelt sich das Land in einen großen Basar. Waren, die jahrelang gehortet wurden, kommen zum Verkauf. Die Gehwege werden zu Supermärkten. Jugendliche und Rentnerinnen bieten auf Kisten oder ausgebreiteten Zeitungen T-Shirts und Schokoladenriegel an. Sofort ist alles zu haben, was es bisher nicht gab. Das Einzige, woran es den Leuten jetzt mangelt, ist Geld. Jeder versucht, mit allen Mitteln reich zu werden oder zumindest zu überleben. Mafia, Mord und Prostitution, die vorher schon zum russischen Alltag gehörten, breiten sich explosionsartig aus. Der »wilde Osten« ist geboren.

Andre Zalbertus, der Moskau-Korrespondent von RTL, wirbt mich für seinen Sender ab. Selbst Gerd Ruge, der die Privaten hasst, kann meine Entscheidung verstehen. Bei den Öffentlich-Rechtlichen müsste ich in einem Landesstudio ein Volontariat absolvieren, um dann mit viel Glück und möglichst noch dem richtigen Parteibuch in die Programmgruppe Ausland etwa des WDR zu kommen. Dann müsste ich mit noch mehr Glück Auslandskorrespondent werden, und bestimmt nicht gleich an so einem wichtigen Ort wie Moskau. In Moskau aber bin ich ja ich bereits! Bei RTL kann ich sofort als Autor eigene Beiträge machen. Themen finden sich mehr als genug: Verarmte Ingenieure bieten radioaktives Material an; Makler entmieten mit Auftragskillern Wohnungen; eine Kindermafia kontrolliert die Autowäsche auf Moskaus Straßen ...

Mit Interesse beobachte ich auch die neue Sendung *Spiegel TV,* die ebenfalls auf RTL übertragen, aber von einer eigenen Redaktion gemeinsam mit dem Nachrichtenmagazin *Der Spiegel* produziert wird, unter Leitung von Stefan Aust. Der wird später selbst Chefredakteur des *Spiegel.* Bis dahin war er vor allem bekannt durch seinen Bestseller *Der Baader-Meinhof-Komplex* über die Terroristen der Rote Armee Fraktion (RAF), von denen er viele persönlich kannte. In meinem vierten Jahr in Moskau schicke ich ihm ein Fax (heute noch aus deutschen Gesundheitsämtern bekannt): »Andre Zalbertus erzählte mir, dass Sie mich mal kennenlernen wollen. Dieses Interesse beruht auf Gegenseitigkeit.« Es bedarf noch einiger Telefonate, aber nach einigen Wochen kommt ein Termin in Hamburg zustande.

Austs Interesse beruht darauf, dass ich für RTL viele Beiträge erstellt habe zu Themen, an denen auch *Spiegel TV* dran war. Etwa die Untersuchung der Gebeine der letzten russischen Zarenfamilie, von den Kommunisten 1918 in Jekaterinburg ermordet. Spannend daran war vor allem die Frage: Ist auch Prinzessin Anastasia dabei, die unter geheimnisvollen Umständen überlebt haben soll?

Ich sitze also Aust zum ersten Mal in den Räumlichkeiten von *Spiegel TV* im Hamburger Chilehaus gegenüber, neben ihm die Redaktionsleiter Gunther Latsch und Bernd Jacobs. Wie immer gebe ich ehrlich Auskunft über meinen Lebensweg, darunter auch meine weit links liegende Jugend. Stefan Aust wechselt sofort vom Sie zum Du: »Brauchst du gar nicht weiterzureden – sofort eingestellt!« Stefan stand nie so weit links wie ich, auch wenn er Personen wie Ulrike Meinhof aus ihrer gemeinsamen Arbeit bei der Zeitschrift *Konkret* kannte. Aber ihm gefällt die Kombination: Jemand kann quotenstarke Beiträge fürs Privatfernsehen produzieren und hat gleichzeitig eine solche politische Geschichte. So werde ich Redakteur bei *Spiegel TV* – dabei war das Treffen gar nicht als Vorstellungsgespräch geplant, sondern nur zum Kennenlernen.

Während es in den Magazinbeiträgen von RTL mehr um dramatische Einzelschicksale geht, will *Spiegel TV* einen tiefen und manchmal schrägen Blick auf aktuelle Ereignisse werfen. Da ich ein politisch interessierter Mensch bin, ist das ganz in meinem Sinne. Für mich kommen neue Themen hinzu. Eines davon ist der Krieg. Nun ist nicht jeder Journalist ein Kriegsreporter, die meisten sind es nicht. Auch bei *Spiegel TV* wird keiner zu solchen Einsätzen gezwungen. Ich bin dazu bereit. Die Gefahren liegen auf der Hand. Doch auch andere Berufe und mehr noch Hobbys bringen dich in Extremsituationen: Wer bei der Feuerwehr arbeitet, muss bereit sein, ins Feuer zu gehen. Wer mit einem Boot die Welt umsegelt, riskiert sein Leben. Auch Motorradfahren ist nicht ungefährlich. Trotzdem machen Menschen so etwas. Dass dabei Adrenalin ausgeschüttet wird, gehört dazu, ist aber nicht das einzige Motiv. Ohne Berichte über Kriege blieben diese im Geheimen, es gäbe mutmaßlich noch mehr Gräuel.

Sich bewusst in Gefahren zu begeben, ist nicht mit Leichtsinn gleichzusetzen. Das gilt für Kriegsreporter ebenso wie für Fallschirmspringer. Man bereitet sich auf die Situation vor und versucht die Risiken zu minimieren. Um bei meinem Beispiel zu bleiben: Entgegen der landläufigen Vorstellung rennen Kriegsberichterstatter nicht mitten in eine Schlacht hinein. Wir sind bestrebt, diese zu umgehen. Stattdessen wollen wir mehr erfahren über die Hintergründe und die Motive der Beteiligten.

Mein erster Kriegseinsatz für *Spiegel TV* führt mich nach Tschetschenien. Die Kaukasusregion gehört als autonome Republik zu Russland, möchte aber unabhängig werden. Am 11. Dezember

1994 befiehlt Präsident Jelzin eine militärische Intervention. Damit beginnt der Erste Tschetschenien-Krieg.

Mit dem amerikanischen Kameramann Ian Cartwright und seinem Assistenten Christopher Hiles lande ich in der Stadt Chassawjurt. Sie gehört zur russischen Teilrepublik Dagestan, die an Tschetschenien grenzt. Dorthin fliegen keine Passagierflugzeuge mehr, die Hauptstadt Grosny liegt in Trümmern. Wir heuern Achmed an, im Zivilberuf Fahrer von Kamas-Lastwagen. Er chauffiert jetzt Kämpfer und Korrespondenten.

Wir haben freie Fahrt ins Kriegsgebiet. Die Siegespropaganda des russischen Militärs, es hätte Tschetschenien vollständig eingekreist, erweist sich als Lüge. Auf dem Weg nach Gudermes in Tschetschenien gibt es nur einen russischen Kontrollpunkt. Achmed umfährt ihn, ein Umweg von lediglich sechs Kilometern. Auf der Ausweichstrecke haben die Russen zwar eine Brücke gesprengt. Doch der Bach ist so flach, dass der Lada problemlos durchkommt. Wir fahren auf matschigen Wegen, vorbei an dreckverschmierten Überlandbussen, die stehen geblieben sind.

Plötzlich hören wir Schüsse, nähern uns vorsichtig an. Es sind Partisanen, die im Hinterland trainieren. Der Widerstand der Tschetschenen lockt auch Verrückte und Fanatische an die Waffen – so den Russlanddeutschen Hans Berger. Der 36-Jährige trägt Bart und hat krause Locken. Mit seiner AK-47 schießt er Löcher in den Außenputz des Erholungsheims für Kinder, das er eigentlich als Hausmeister instand halten soll. Ein kleiner Junge in Wollmütze schreit, hat Angst um sein Leben. Zusammen mit Berger ballern fünf seiner tschetschenischen Freunde herum. Wie die meisten hier kann Berger kein Deutsch mehr, aber er hat sich seine deutschen Vorbilder bewahrt.

»Adolf Hitler war ein hervorragender Mensch«, sagt er uns, sein Gewehr geschultert. »Er hat sich standhaft der roten Pest widersetzt. Er kämpfte gegen die Roten, also gegen die, die uns hier hinter Stacheldraht eingesperrt haben. Er war damals das einzige Gegengewicht zu der roten Gefahr.«

Einer aus der Truppe hebt die Hand zum Nazigruß. Er heißt

Mussah, gehört zum örtlichen Sicherheitsdienst. Er sagt: »Wir bedauern sehr, dass Hitler den Krieg nicht gewonnen hat. Hätte Hitler gesiegt, dann würden die Menschen jetzt viel besser leben. Die Russen hätten uns nicht zwangsumsiedeln, nicht in Konzentrationslager einsperren und nicht töten können, wie es unter Stalin passierte. Die klugen Tschetschenen haben schon während des Zweiten Weltkriegs erkannt: Die Faschisten, die Deutschen bringen uns Freiheit. Viele Tschetschenen haben gemeinsam mit den Deutschen gekämpft – gegen Russland.«

Unheimliche Traditionen, an die Berger gern anknüpfen möchte: »Wir brauchen die Symbole der SS. Alles Übrige treiben wir hier selbst auf, Waffen und das ganze Kriegsgerät. Aber wir brauchen deutsche Symbole – schwarze Uniformen, gut geschnitten. Unsere Soldaten müssen perfekt aussehen, damit diese Rotzjungen dort begreifen, mit wem sie es hier zu tun haben.« Seine Kampfgefährten johlen laut.

Hans Berger ist nicht der einzige Deutsche hier. Wir fahren im Dorf einige Kilometer weiter und kommen zur Familie Steinmetz. Wie bei Berger stammt auch ihre Bindung an Tschetschenien aus der Weltkriegszeit: Stalin verbannte Russlanddeutsche und Tschetschenen gemeinsam in die kasachische Steppe. Man heiratete untereinander. Die Mitglieder der Familie Steinmetz haben sich sogar noch gebrochene Kenntnisse der deutschen Sprache bewahrt.

Mit einem Dutzend Angehörigen der deutschen Großfamilie sitzen wir im Wohnzimmer. Wie bei den Tschetschenen tragen die Frauen Kopftücher, die Männer Bärte. Die gemeinsame Verbannung schweißte zusammen. »Deutsche und Tschetschenen haben hier immer freundschaftlich zusammengelebt«, sagt Hans Berger auf Russisch. »Wie Brüder und Schwestern«, ergänzt die 70-jährige Sofie Steinmetz auf Deutsch.

Ein lautes Knallen, dann zittern die Scheiben. Ein Flugzeug hat die Schallmauer durchbrochen. Da das einstöckige Backsteinhaus der Familie Steinmetz keinen Luftschutzkeller hat, rennen alle aus dem Haus. Am Himmel sehen wir die russischen Kampfbomber.

Die Einschläge der Bomben sind als fernes Grummeln zu hören. Es hat die tschetschenische Hauptstadt Grosny getroffen, 20 Kilometer von hier. Die Anflugschneise der MiG-Bomber führt direkt über das Haus der Familie Steinmetz. Die russische Aggression nährt hier den Glauben, Opfer einer unheimlichen internationalen Verschwörung zu sein.

Vorbei an patrouillierenden tschetschenischen Panzern, Kriegsbeute der Partisanen, fahren wir in die Stadt Gudermes. Dort treffen wir Albert Weisert, 64 Jahre alt, einen alteingesessenen Deutschen, der eine Gebetsmütze trägt. Er steht auf seinem Bett, murmelt und verbeugt sich immer wieder gen Mekka. Dort ist er schon zweimal gewesen, weshalb die Tschetschenen ihn Mohammed-Hadschi nennen. Weisert trat 1950 zum Islam über, der Religion der Tschetschenen. Seine tschetschenische Frau Asla, hinter ihm auf der Schlafstätte, betet ihm nach. Sie haben sich während der gemeinsamen Verbannung in Kasachstan kennengelernt. Drei Enkelkinder sitzen auf dem Bett. »Die russische Regierung, das sind doch alles Juden«, meint Weisert. »Die haben nur ihre Familiennamen geändert, damit man das nicht merkt. Auch Jelzin wird gewöhnlich als Jude bezeichnet.«

Sohn Hassan, 33, kommt gerade von einem Einsatz aus Grosny zurück. Dort kämpft er mit der Kalaschnikow gegen die Russen oder, wie er glaubt, gegen die jüdische Verschwörung. Nazi-Ungeist mischt sich mit muslimischem Antisemitismus. Es wird dunkel, wir begleiten ihn und seine Freunde bei der Nachtwache. Als Partisanen tragen sie keine Uniform, aber beigefarbene Kampfanzugsjacken mit Fellkragen. Hassans Trupp spürt bei der Nachtwache vermeintliche »Volksschädlinge« auf.

Während des Rundgangs frage ich ihn: »Fühlen Sie sich noch als Deutscher?«

»Natürlich fühle ich mich als Deutscher. Ich bin oft zu anderen Deutschen in verschiedenen Regionen Russlands gereist. Es gibt eine große Seelenverwandtschaft. Zu achtzig Prozent sind wir uns ähnlich. Wir haben die gleichen Gewohnheiten.« Da es im Kriegsgebiet kein Hotel gibt, übernachten wir im Haus der Russlanddeutschen. Fremde so etwas zu fragen ist hier, anders als in München oder Düsseldorf, kein Problem. In den Gefahren des Kriegs hilft man sich gegenseitig.

Die rechtsradikalen Russlanddeutschen sind nicht die einzigen Blut-und-Boden-Kämpfer, die das Leiden der Tschetschenen zum Vorwand nehmen für den »Endkampf« gegen das Judentum. Am nächsten Tag besuchen wir die tschetschenische Kommandozentrale in Schali, einem Ort mit 50 000 Einwohnern. Die Russen haben Schali bisher nur aus der Luft angegriffen und das Kinderkrankenhaus bombardiert. Bodentruppen wurden noch nicht gesichtet. Auf dem einzigen Panzer, der durch die Stadt rollt, weht die grüne Fahne des Propheten. Munition scheinen sie reichlich zu haben, begeistert schießen die Kämpfer vor der Fahrt an die Front in die Luft.

Vor der ehemaligen Stadtverwaltung, in der jetzt der Krieg verwaltet wird, tummeln sich bärtige Männer mit Gewehren in der Hand, darunter auch ukrainische Faschisten. »Das ist der Kampf der Völker für die Freiheit, gegen das gottlose Moskau«, sagt uns einer von ihnen. »Ob unter zaristischem, rotem oder demokratischem Mantel – Moskau war immer von den Juden beherrscht. Von dort aus wird das Blut von Christen und Moslems vergossen.« Er bekreuzigt sich, küsst sein Gewehr und murmelt: »Gott ist mit uns.« Gottvertrauen hilft, die Gefahren des Krieges leichter zu ertragen.

Das gilt auch für eine bewaffnete tschetschenische Kämpferin, Sweta, 22 Jahre jung, mit rotem Haar und grünem Stirnband. Sie steht ebenfalls vor der Kommandozentrale. Mit ihrem burschikosen Auftreten wirkt sie eher wie eine westliche Studentin als wie eine Gotteskriegerin. »Russland wollte uns das Fürchten lehren«, meint sie mit spöttischem Gesicht. »Aber sie haben das nicht geschafft. Im Gegenteil, sie haben sich selbst in den Abgrund gestürzt. Wir hingegen leben und sind gesund, wie Sie sehen. Wir sind stolz darauf, dass sie den Krieg gegen uns angefangen haben. So konnten wir ihnen beweisen, dass wir unsterblich sind. Noch niemals hat jemand die Kräfte von Allah besiegt. Sie können Allah nichts entgegensetzen.« Solche Töne braucht man für die Berichte über den Krieg, denn sie zeigen, wie die Menschen ticken, die ihn führen. Sie sagen viel mehr aus als die offiziellen Zahlen der Militärsprecher. Aber solche Eindrücke bekommt man nur, wenn man sich in Gefahr begibt.

Und nur so stößt man auf bizarre Begebenheiten. In der tschetschenischen Kommandozentrale ist Bill Bradt eingetroffen, 19, schlaksige Zwei-Meter-Figur mit rotem, jesuslangem Haar. Wie durch ein Wunder schaffte es der Baptist aus den USA, die er vorher nie verlassen hatte, bis hierher. »Ich habe die Bilder des Todes und der Zerstörung im Fernsehen gesehen«, erklärt er. »Da habe ich erkannt, dass ich nicht mehr ohne Scham in den Spiegel schauen könnte, wenn ich den sterbenden Menschen den Rücken zudrehen würde.«

Da Bill den ihm angebotenen Waffendienst verweigert, wird er der Erste-Hilfe-Brigade zugeteilt. Ein Gotteskrieger bildet die Krankenschwestern aus. Erste Lektion: Wie man sich verteidigt. Die jungen Frauen mit Kopftuch ergreifen lächelnd das Gewehr, laden und entsichern es. Bill sitzt entgeistert daneben. Die tschetschenischen Männer reden auf ihn ein:

»Du wirst mit uns schießen.«

»Lass uns gemeinsam auf die russischen Schützenpanzer feuern.«

Bill: »Nein, nein.«

»Was heißt hier nein?«

»Das bringen wir ihm bei! Der möchte doch selbst.«

Bill: »Ich helfe medizinisch, bin gegen Gewalt.«

Sie lassen sich nicht abwimmeln, legen ihm eine Kalaschnikow auf den Schoß. »Hier hast du ein Sturmgewehr.«

Bill rührt es nicht an, hält ihnen abwehrend seine Hände entgegen: »Nein, nein, bitte.«

»Nimm, was wir dir geben!«

In der Kommandozentrale geht es lässig zu. Chef der »Staatssicherheit« ist Abu Masajew, ein bärtiger Mittdreißiger im Kampfanzug. Wer ein Anliegen hat, schaut bei ihm herein: Da braucht jemand Handgranaten; ein Volksliedkünstler möchte für die Partisanen singen. Vor dem Gebäude steigen Männer und auch ein paar Frauen auf die Ladefläche eines Lastwagens. Fast stündlich fährt der Kriegs-Shuttle Freiwillige aller Länder ins Gefecht. 20 Kilometer weiter kann man kämpfen, Mann gegen Panzer. Die Aussichten auf den Heldentod sind gut. Sechs Tage sind wir in dem Kriegsgebiet unterwegs. In eine gefährliche Situation geraten wir, als uns mitten auf der Straße einige bärtige bewaffnete Männer anhalten. Das Problem, auch für unseren Fahrer Achmed: Er weiß nicht, zu welcher Gruppe sie gehören. Entgegen der vereinfachten Vorstellung, da würden die Tschetschenen gegen die Russen kämpfen: Auch innerhalb der Tschetschenen gibt es verschiedene Stämme und Fraktionen, die einander nicht grün sind. Zum Teil bekämpfen sie die Russen, zum Teil kooperieren sie mit ihnen. Wir betonen, dass wir neutrale Berichterstatter sind. Bis zum Schluss wissen wir nicht, wer uns da festhält. Aber nach einer Stunde dürfen wir weiterfahren.

Andere Einsätze als Kriegsreporter führen mich nach Georgien. Dort, wie auch schon in Tschetschenien, kann ich die Gefahren relativ gut einschätzen, da ich Russisch spreche und die Mentalität der ehemaligen Sowjetvölker kenne. Schwieriger ist es für mich im Krieg in Jugoslawien – und da begehe ich prompt einen schweren Fehler.

Mit Kameramann Jochen Blum und seiner Assistentin Bianca Joester fliege ich in die serbische Hauptstadt Belgrad. Nur dort können wir eine journalistische Akkreditierung beantragen für die Republik Serbische Krajina, da dieser Kleinstaat auf dem Gebiet Kroatiens von niemandem anerkannt wird außer von Serbien. Die ersten Tage haben wir es also nur mit nerviger Bürokratie zu tun. Im Belgrader Hotel sitzt Wolf Blitzer von CNN am Nebentisch, allerdings mit vielfach größerem Team als ich. Offiziell ist die Serbische Krajina zu diesem Zeitpunkt eine UN-Schutzzone, mit sehr viel russischen Soldaten, von denen es heißt, dass sie mit den Serben kungeln und krumme Geschäfte machen. Um das zu untersuchen, wollen wir diese Russen begleiten. Sie haben bereits zugestimmt.

Als wir endlich die Akkreditierung bekommen, wird uns einge-schärft, wir müssten uns in der Serbischen Krajina bei der Presse-stelle dieser »Republik« noch einmal anmelden. Wir fahren mit unserem Mietwagen an die angegebene Adresse, doch die »Presse-stelle« entpuppt sich als einfaches Wohnhaus, in dem ein besoffe-ner Mann mittleren Alters sitzt. Wir müssten auf seinen Chef war-ten, sagt er, aber niemand wisse, wann der komme. Der Mann lädt mich ein, mit ihm Sliwowitz zu trinken, ich lehne ab. Ein Fehler. Als nach zwei Stunden sein Chef immer noch nicht da ist, fahren wir weiter zur UN-Kaserne, wo die Russen schon lange auf uns warten. Ein zweiter Fehler. Denn hätte ich mit dem Mann getrun-ken und auch auf seinen Chef gewartet, hätte ich vielleicht eine Beziehung zu ihnen aufbauen können – und die nächsten Tage wären anders verlaufen.

Die Russen nehmen uns freundlich auf, wir dürfen in der Kaserne übernachten. Am nächsten Tag beginnen wir die Dreh-arbeiten in der Stadt Vukovar. Sie wurde im Krieg völlig zerstört, Ruine reiht sich an Ruine. Es sieht aus wie in Berlin 1945 oder wie in Mariupol 2022 (aber davon können wir damals noch nichts ahnen). Während er uns durch die apokalyptische Landschaft steuert, interviewe ich den russischen Fahrer. Kameramann Jochen schwenkt dabei gelegentlich nach außen, damit man die Bilder nachher schneiden kann und damit man sieht, wovon die Rede ist. Eine übliche Technik beim Fernsehen.

Plötzlich halten uns Soldaten der Serbischen Krajina an. Wir müssen aussteigen, sie bringen uns zu einem Polizeihauptquartier. Die russischen UN-Soldaten in dieser »UN-Schutzzone« können uns zwar dorthin begleiten, aber nicht viel tun, um uns zu schüt-zen. Die Serben verhören uns über unsere Absichten und durch-suchen uns. Bianca muss sich bis auf den Slip ausziehen. Nach einigen Stunden wird uns mitgeteilt: Unsere Kamera und unsere 20 Kassetten sind beschlagnahmt, unsere Pässe konfisziert – und wir stehen bis auf Weiteres unter Hausarrest, den wir in der russi-schen UN-Kaserne verbringen müssen.

Dort warten wir in den nächsten Tagen, ohne zu wissen, wie es weitergeht. Die russischen Offiziere versuchen im Hintergrund zu vermitteln. Nach vier Tagen werden wir zu einem Gespräch mit dem serbischen Geheimdienst eingeladen. Die Russen begleiten uns dorthin. Ein serbischer Geheimdienst-Offizier eröffnet uns: Es hätte etwas gedauert, da sie unser Filmmaterial in Belgrad sichten mussten. Damals wird noch nicht digital gedreht, sondern auf Betacam-Kassetten, die sich nur in professionellen TV-Studios abspielen lassen. Die Untersuchung habe unzweideutig ergeben: Wir seien kein Fernsehteam, sondern Spione für Deutschland und Kroatien. Zum Schein hätten wir einen Fahrer interviewt, in Wahrheit sei es uns nur darum gegangen, unauffällig Militäranlagen der Serbischen Krajina am Wegesrand zu filmen. Wir erklären, dass das nicht stimmt. Es geht hin und her. Stundenlang.

Um den Druck zu verschärfen, behauptet der Vernehmungsoffizier plötzlich: Wir hätten ihnen nur 19 Kassetten gegeben, es seien aber zwei Pakete à 10, also 20 Kassetten gewesen. Auf der zwanzigsten müssten also ganz schlimme Aufnahmen sein. »Wo haben Sie die versteckt? Wenn Sie die Kassette nicht herausrücken, ist das eine sehr ernste Angelegenheit.« Wir versichern: »Nein, wir haben alle Kassetten übergeben.« Der Offizier bezichtigt uns der Lüge, verstärkt seinen Psychoterror. Das Gespräch dreht sich im Kreis.

Nach etwa fünf Stunden sagt er: »Juristisch ist der Fall klar. Sie haben gegen uns spioniert, und darauf steht nach unserem Kriegsrecht die Todesstrafe. Doch leider halten ein paar mächtige Leute ihre schützende Hand über Sie.« Wie wir später erfahren, meint er damit das serbische Militär, bei dem sich das russische Militär für uns eingesetzt hat. »Deshalb lassen wir Gnade vor Recht ergehen. Sie haben jetzt eine halbe Stunde Zeit, die Serbische Krajina zu verlassen. Wenn Sie bis dahin nicht an einem Grenzübergang angekommen sind, schreiben wir Sie zur Fahndung aus.«

In ein Gefahrengebiet ganz anderer Art führt mich ein Einsatz für *Spiegel TV* im April 1996. Zum zehnten Mal jährt sich die Atomkatastrophe von Tschernobyl. Ich soll die Todeszone um das Kraftwerk und sogar den Reaktor selbst besuchen.

Eine Fahrt in ein totes Land. An einem Schlagbaum beginnt

die verstrahlte 30-Kilometer-Zone um das Atomkraftwerk Tschernobyl. Menschen ist der Zutritt streng verboten, es sei denn, sie haben hier zu arbeiten und können dies durch ein Dokument belegen, das vom ukrainischen Staat abgestempelt ist. Als Journalist habe ich eine solche Ausnahmegenehmigung bekommen, ebenso mein Kamerateam. Wie an einem Grenzübergang werden unsere Dokumente kontrolliert.

Am 26. April 1986 explodierte Reaktor Nummer 4 von Tschernobyl, nach einem menschlichen Fehler bei einem Routinetest. 4000 Todesopfer bringen die UN damit in Verbindung. Zehn Jahre später arbeiten die Reaktorblöcke 1 und 2 wieder nach Plan, direkt neben dem Beton-Sarkophag, der die strahlende Ruine umhüllt. Am Eingang wacht weiter Lenin, steht seine Statue. Das AKW Tschernobyl bekam seinen Namen verliehen, weil es als eines der besten in der Sowjetunion galt. Darauf ist man noch immer stolz.

Stolz ist man auch darauf, dass es heute in Tschernobyl weniger Unfälle gibt als in anderen Reaktoren der ehemaligen Sowjetunion. Darüber wacht drinnen ein bewährtes Kollektiv in der Kontrollstelle für Reaktorsicherheit. Ein Ingenieur führt uns in diesen Schaltraum. Alle tragen hier weiße Arztkittel und weiße Kochhauben. Anders als vor zehn Jahren, so heißt es, habe man heute alles im Griff. »Ich kann sagen, die Strahlendosen, die wir in der gegenwärtigen Etappe auf unserem Gelände messen, lassen uns unbesorgt«, sagt der Ingenieur. »Es gibt keinen Grund, von einer Verschlechterung zu sprechen.«

Wir gehen über das Reaktorgelände und messen dabei mit unserem Geigerzähler. Tatsächlich ist die Strahlendosis bei einer Stunde Aufenthalt hier nicht höher als bei einem dreistündigen Flug in einem Passagierflugzeug. Doch wenig vertrauenswürdig wirkt der technische Zustand der Anlage. Es rosten die Stangen, an denen die Armaturen befestigt sind. Im Alarmsystem, das neue Katastrophen verhindern soll, fehlen einige Glühlämpchen. Ich spreche einen jungen Mitarbeiter darauf an.

»Ja, die fehlen, aber das sind nur Reservebuchsen«, stammelt er.

»Und wann werden die Reservebuchsen gebraucht?«, frage ich.
»Nun, bei irgendwelchen Spezialarbeiten, die bisher nicht vor-
gekommen sind. In einer Ausnahmesituation. Dann werden sie
vielleicht gebraucht.«
»Und warum fehlen die Glühlämpchen?«
Der AKW-Mitarbeiter schmunzelt verlegen:»Weil sie nicht
gebraucht werden.«
»Aber sie sind doch mal dran gewesen?«
Er lächelt.»Wahrscheinlich waren sie mal dran. Bei uns gibt es
ein Hin und Her zwischen den verschiedenen Schichten. Hierfür
ist nicht unsere Brigade verantwortlich. Darum kann ich nichts
dazu sagen.«
Selbst das Öffnen der Türen bereitet bei der Führung durch den
Reaktor gelegentlich Probleme. Wir kommen aus einem Raum
nicht mehr hinaus, ein Ingenieur versucht es mit seinem Woh-
nungsschlüssel, ohne Erfolg. Nach zwei Minuten öffnet eine Kollegin von außen. Bleibt zu hoffen, dass sie auch bei der nächsten
Atomkatastrophe gerade vorbeikommt. Um das Pannenrisiko zu
vermindern, werden Ersatzteile innerhalb des Atomkraftwerks auf
Handkarren transportiert – eine seit Jahrtausenden bewährte Technik.
Neben dem Atomkraftwerk arbeitet in der verstrahlten Zone
das Forschungszentrum Tschernobyl. Achtzig Wissenschaftler
erkunden die Folgen der Katastrophe für Boden, Pflanzen und
Tiere. Die Expedition ins Niemandsland leitet der Radioökologe
Nikolaj Archipow, der einen militärischen Tarnanzug trägt.»Wir
haben mehrere lokale Labors in unseren Außenstellen innerhalb
der Sperrzone«, sagt er.»Dies hier in Tschernobyl ist das Hauptla-
bor.« Im Laboratorium werden Proben kontaminierter Erde gela-
gert und analysiert. Vor dem Atomunfall war in diesen Räumen
eine Schule untergebracht.
Die Gründer sehen strahlende Perspektiven für ihr Forschungs-
projekt. Denn dank der Besonderheiten radioaktiver Verschmut-
zung wird ihnen in den nächsten Jahrtausenden das Material nicht
ausgehen.»Plutonium hat eine Halbwertszeit von 24 000 Jahren«,

sagt Archipow.»Sein Gehalt im Boden hat sich in den letzten Jahren praktisch nicht verändert, nur die Form verändert sich.« Ein Mitarbeiter erläutert anhand einer Schaukurve:»Wir stellen fest, wie viel Plutonium in den Erdproben enthalten ist. Mithilfe von Kurven verfolgen wir, wie sich der Austritt von Plutonium entwickelt.«

Finanziert wird die Forschung im Versuchsfeld Tschernobyl aus Geldern der Europäischen Union. Auch Fernost kooperiert. In einem Nebenraum treffen wir japanische Biologen.»Unser gegenwärtiges Interesse ist es, die Folgen eines möglichen Atomreaktorunfalls vorauszusagen«, sagt einer von ihnen.»Deshalb ist Tschernobyl für die Forschung besser als Hiroshima.«

Ein anderer Raum steht voll mit Käfigen, in denen sich Hunderte von Ratten tummeln. Da ein Versuch am Menschen aufgrund der Zwangsevakuierung weitgehend ausscheidet, untersuchen die Forscher die Radioaktivitätsfolgen bei den Nagetieren. Mit verstrahlter Nahrung wird nachgeholfen.»Wir geben ihnen Fisch, der weist schlechte Messergebnisse auf«, sagt eine Mitarbeiterin. Sie trägt einen Eimer voller Fische.»Sie sind stark mit Radionukliden belastet. Wir fischen sie direkt hinter dem Reaktorblock.«

»Die Partei Lenins führt uns zum Triumph des Kommunismus«, steht in Riesenbuchstaben auf einem Hochhaus, die Farbe blättert ab. Es erhebt sich am Eingang der Stadt Prypjat, die bei der Atomkatastrophe am stärksten verstrahlt wurde. Bis zum 26. April 1986 hatte sie 50 000 Einwohner, die alle in Bussen evakuiert wurden. Darunter waren 15 000 Kinder, die Stadt der AKW-Mitarbeiter galt als besonders familienfreundlich. Heute wird die Einwohnerzahl offiziell mit 0 angegeben. Auch in der Geisterstadt blüht die Wissenschaft.»Hier ist die Radioaktivität besonders hoch«, sagt Forschungszentrum-Direktor Archipow.»Auf der einen Seite ist das schlecht, weil unser Personal verstrahlt wird. Auf der anderen Seite können wir hier besonders exakte, besonders glaubwürdige und besonders repräsentative Daten für die Radioökologie gewinnen.«

Die Forscher betreiben auch eine Tierfarm. Ein Ochse mit dem Namen Uran wird uns als Altersgenosse des Atom-GAUs vorgestellt. Diesem Umstand verdankt er, dass er nicht dem Schlachter, sondern der Wissenschaft zum Opfer fiel. Ein Mitarbeiter zieht mit piependem Geigerzähler über den Hof und erklärt uns dabei: »Wenn man näher an das Heu herankommt, vervielfacht sich der gemessene Beta-Zerfall. – Hier zeigt der Geigerzähler schon 80 an. – Hier beim Heu bereits 120.«

Im Stall sehen wir die drei Hauptversuchskühe Alpha, Beta und Gamma. Auch sie werden mit verstrahltem Heu gefüttert. Ihre Nachfahren, die Kälber nebenan, testen die Forscher außerdem genetisch. Die Milch wird nur fürs Labor gemolken.

»Die Untersuchung der Milch hat ergeben: Alle Radionuklide, die im Futter enthalten sind, gehen auch in die Milch über«, sagt der Biologe Sergej Gorschak. »Das heißt, im Prinzip können sie auch beim Menschen auf den Tisch kommen. Im Moment enthält die Milch vor allem radioaktives Cäsium und Strontium.« Die Tiere mutieren innerlich, andere Zellen, anderes Blut.

In einem weiteren Stall sollen verstrahlte Schweine mit gesunder Nahrung geheilt werden. Die Laborleiterin Lidija Logina hat auch schon an sich selbst experimentiert: »Da wir im Herbst alles essen, was in der Zone wächst, etwa Pilze und Äpfel, sammelten sich in meinem Inneren sehr viel Radionuklide an. Dann habe ich eine Kur dagegen gemacht, und innerhalb von einem Monat war alles wieder gut. Ich musste keine besonderen Anstrengungen unternehmen, nahm einfach viel Flüssigkeit zu mir, trank Säfte. Und die Normwerte stellten sich in meinem Körper wieder ein.«

Eher unbedachte Selbstversuche mit der Radioaktivität unternehmen auch Hunderte ehemalige Bewohner der Tschernobyl-Gegend, die illegal in ihre verlassenen Häuser zurückgekehrt sind. Waren es am Anfang vor allem alte Menschen, die auf ihrem eigenen Heimatboden sterben wollten, gehören jetzt auch ganze Familien mit Kindern dazu. Hier fühlen sie sich zu Hause, außerdem treibt in der Todeszone niemand die Miete ein. Wir besuchen die Familie Bondarenko, die aus drei Generationen besteht, in ihrem kleinen Holzhaus. »Gut, wir essen auch mal Pilze von hier, die ganze Familie zusammen aber nur ein oder zwei Gläser. Ist das so viel?«, sagt mir die Großmutter trotzig. »Wir kriegen doch dabei nicht so viel Radioaktivität ab, dass wir davon sterben. Außerdem stirbt jeder irgendwann mal, bei Ihnen wie bei uns. Alle Menschen werden krank, alle Menschen sterben. Fakt ist aber, dass wir die gute Laune nicht verlieren.«

Neben guter Laune und Heimweh sind es auch schlicht wirtschaftliche Zwänge, die Ukrainer in die Todeszone treiben – zur Arbeit sogar in die Geisterstadt Prypjat. »Wo sonst in der Ukraine sollen wir im Moment arbeiten?«, entgegnet uns eine Passantin. »So arbeiten wir halt hier.«

»Ist der Lohn hier besser als woanders«, frage ich.

»Natürlich. Nicht viel besser, aber etwas besser. Hier gibt es wenigstens eine gewisse Stabilität.«

Eine gewisse Stabilität ist in den letzten Jahren allerdings festzustellen. Auch der Rummelplatz von Prypjat steht noch genauso da, wie er am Tag der Atomkatastrophe von den Kindern verlassen wurde. Das Riesenrad verfällt, die Autoscooter parken kreuz und quer. Sogar ein Plüschbär liegt noch herum. Und mitten in der Geisterstadt ist das Hallenbad in Betrieb geblieben. Strom gibt es ja genügend in Tschernobyl. Zum Schwimmen kommen allerdings nur noch Mitarbeiter von AKW und Forschungsstätten.

Als wir die Sperrzone verlassen, müssen wir durch ein Tor, das äußerlich den Sicherheitsscannern an Flughäfen ähnelt. Bei uns zeigt es Grün an – für »nicht verstrahlt«. An der Zuverlässigkeit dieser Messung habe ich meine Zweifel. Trotzdem halte ich es für vertretbar, sich einen Tag innerhalb der 30-Kilometer-Zone von Tschernobyl aufzuhalten. Immerhin gibt es Wissenschaftler, die ständig dort arbeiten. Gut für die Gesundheit ist das nicht, genauso wenig wie die Arbeit von Flugbegleiterinnen, die durch die Höhenstrahlung ständig einer deutlich erhöhten Radioaktivität ausgesetzt sind. Auch sie haben sich in der Abwägung für diesen interessanten Beruf entschieden.

Merkzettel

- »Wer sich nicht in Gefahr begibt, der kommt darin um«, singt Wolf Biermann in einem Song. Zwar bezieht er sich hier auf die Gefahren des Widerstands gegen ein unfreies Regime, aber das lässt sich auch verallgemeinern: Wer auf alles verzichtet, was Risiken mit sich bringt, führt ein ziemlich ödes Leben. Und stirbt nachher trotzdem, aus Mangel an Lebensfreude vielleicht sogar früher als die anderen.
- Der Kick des Gefährlichen kann das Leben aufregender machen. Deshalb springen Menschen mit dem Fallschirm ab oder tauchen in die Tiefe, werden Bombenentschärferin oder Stuntman.
- Oft gehören Gefahren zu einem Beruf. Wer als Polizistin arbeitet, muss auch dorthin fahren, wo Gangster um sich schießen. Genauso kann ein Journalist nur berichten, wenn er zum Ort des Geschehens reist.
- Bewusst in eine Gefahr zu gehen, bedeutet nicht, leichtsinnig zu sein. Man setzt sich vorher mit den Risiken auseinander und versucht sie möglichst gering zu halten, ohne aber auf das Erlebnis zu verzichten.
- Offenheit über den eigenen Lebensweg hilft in Vorstellungsgesprächen. Wenn nicht, ist es vielleicht der falsche Beruf.
- In Kriegen gibt es nicht nur Schwarz und Weiß, Helden und Bösewichter. Solche gewaltsamen Konflikte ziehen auf allen Seiten Verrohte und Verrückte an. Sie bringen die schlechten Seiten zutage bei Menschen, die vorher ganz nett waren. Andere versuchen gleichzeitig, möglichst normal ihren Alltag weiterzuleben. In jedem Fall sind die Widersprüche komplexer, als es aus der Ferne erscheint, wenn man nur oberflächlich die Medien verfolgt.
- Gefahren lassen sich besser einschätzen, wenn du dich in einem Land auskennst und die Sprache sprichst.
- Sei als Deutscher nicht überrascht, wenn dich Leute mit ausgestrecktem rechtem Arm und »Heil Hitler« begrüßen. Dies passiert in vielen Ländern. Das heißt nicht unbedingt, dass alle diese Leute Nazis sind oder umgekehrt alle Deutschen für Nazis halten.

Oft wissen sie wenig über das Dritte Reich, weil sie in Teilen der Erde leben, die sehr weit von Deutschland entfernt liegen.

- Antisemitismus ist ein weltweit verbreitetes Phänomen. Während er bei uns aufgrund unserer Geschichte nur verschämt oder von tatsächlichen Rechtsradikalen geäußert wird, gehören in vielen anderen Kulturen leider offen antisemitische Sprüche zum Alltag.

- Um in die 30-Kilometer-Sperrzone von Tschernobyl zu gelangen, muss man heute nicht mehr beruflich dort zu tun haben. Auch organisierte Touristengruppen erhalten inzwischen die Sondergenehmigung für einen Tagestrip. In Kiew gibt es mehrere Firmen, die solche Touren anbieten, auch englischsprachige. Ihre Websites sind leicht zu finden. Man ist geneigt, sich über solche »Katastrophentouristen« lustig zu machen. Andererseits habe ich ein gewisses Verständnis dafür, auch ich wollte vor Ort mehr über Tschernobyl erfahren – und nicht jeder Mensch kann Journalist sein.

Den Job kündigen,
wenn er am schönsten ist

Redakteur bei *Spiegel TV* ist ein Job, der traumhafter ist als alles, was ich mir bis dahin zu wünschen wagte. Ich arbeite für eine weltbekannte und seriöse Marke. Wir sind dran an Themen, die mich stark interessieren. Und zumindest damals sind die Mittel nahezu unbegrenzt. Der Wochenablauf: Montag Morgen Redaktionskonferenz im Hamburger Chilehaus, Montag Abend oder Dienstag Morgen Abflug, meist geht es nach Moskau, dort sind wir untergebracht im historischen Hotel Metropol, nur 700 Meter vom Roten Platz entfernt; von dort dann oft Weiterflug zu Reportagen in andere Teile Russlands oder weitere Länder der ehemaligen Sowjetunion; Samstag Rückflug nach Hamburg, wenn im direkten Flieger nichts mehr frei ist auch mal über Paris oder London; sofort ins Hamburger Chilehaus, Material sichten und schneiden, bis in den Sonntagmorgen hinein, bei ein paar Gläsern Wein, dann wenige Stunden schlafen, Abnahme des Beitrags, Text schreiben; am Abend ist der Film in der Sendung, die Millionen Menschen sehen. Es geht mir dabei nicht um den Luxus, der damit verbunden ist. Sondern vor allem passen die Arbeitsbedingungen. Recherchieren ohne Orts- und Zeitbegrenzung. Kein »Erst mal ein Exposé schreiben, dann entscheiden wir in ein paar Wochen darüber«, sondern: einfach machen. Und schauen, was sich ergibt.

So entsteht ein typischer Beitrag von *Spiegel TV:* Mit Kameramann Dieter Herfurth und seinem Assistenten Andreas Klein filme ich in Moskau, angedacht ist ein Beitrag über die Stimmung dort zum Tschetschenien-Krieg. Unter anderem drehen wir in der Duma, dem russischen Parlament. Fragen diesen oder jenen Abgeordneten, die meisten unterstützen den Krieg. Da sehe ich (den inzwischen verstorbenen) Wladimir Schirinowski, den Vorsitzenden der rechtspopulistischen »Liberal-Demokratischen Partei Russlands«, die weder liberal noch demokratisch ist, aber bis heute zu den stärksten Parteien in Russland gehört. Schirinowski als »russischen Trump« zu bezeichnen, wäre verharmlosend: Schirinowski schlägt öffentlich schon mal vor, eine Atombombe auf Deutschland zu werfen, oder ruft seine Leibwächter in einer Pressekonferenz auf, eine schwangere Journalistin zu vergewaltigen.

Wir gehen im Foyer des Parlaments mit laufender Kamera auf Schirinowski zu, bei Politikern ist das während ihrer öffentlichen Tätigkeit natürlich auch in Russland gestattet. »Wer hat dir erlaubt, mich zu filmen, du Halunke«, schreit er Kameramann Dieter an. »Das nächste Mal poliere ich dir die Fresse, und zwar richtig. Warum schreitet der Sicherheitsdienst nicht ein? Weg mit der Fernsehkamera! Hier muss man um Erlaubnis fragen, habe ich dir eine erteilt? Verstehst du kein Russisch, oder was? Dann beschimpfe ich dich gleich auf Deutsch, du Schwein! Wenn du hier noch einmal mit der Kamera auftauchst, schmeiße ich dich raus, klar?«

Wir lassen uns nicht abwimmeln, folgen Schirinowski zum Aufzug, der zu den Abgeordnetenbüros führt. Meine Frage, warum er Jelzins Krieg in Tschetschenien unterstütze, lässt ihn die Presse wieder lieben. »Nicht ich unterstütze ihn, er hat sich unsere Position zu eigen gemacht«, sagt er. Wir drängen uns mit in den Aufzug hinein. »Wie würden Sie den Konflikt lösen?«, möchte ich wissen. Er antwortet: »So, wie er heute gelöst wird, es gibt nur zwei Wege, verhandeln oder schießen.« Mittlerweile sind wir in Schirinowskis Büro angelangt. Es ist der 13. Januar, nach dem alten russischen Kalender Silvester. »Wladimir Wolfowitsch«, spreche ich ihn an, wie in Russland üblich mit Vor- und Vatersnamen, »wie feiern Sie das ›alte Neue Jahr‹« (so wird es hier genannt). Er lacht: »Wollen Sie es sehen?« Er lädt uns ein, am Abend mit ihm zu feiern. Despoten sind launisch. Um 18:30 Uhr sollen wir vor dem Parlamentsgebäude warten.

Dieter, einer der besten und härtesten Kameraleute von *Spiegel TV*, ist nicht begeistert. Immerhin hat ihm Schirinowski gerade noch Schläge angedroht. Was die Laune nicht verbessert: Eine Viertelstunde nach dem vereinbarten Termin hat uns noch niemand abgeholt – und wir stehen in Schnee und Eis auf der Straße, bei minus acht Grad. Ich beharre darauf zu warten, die Chance, Schirinowski privat und exklusiv zu erwischen, ist es mir wert. Und tatsächlich, nach einer guten halben Stunde hält eine schwarze Limousine an, der Fahrer fragt: »Sind Sie das deutsche Fernsehteam?«

Nachdem wir den Moloch Moskau verlassen haben, fahren wir 20 Kilometer durch eine Birkenlandschaft. Das Fest Schirinowskis mit seiner Garde steigt außerhalb Moskaus im Datschengebiet Peredelkino, das in Sowjetzeiten Schriftstellern vorbehalten war. Auf Vorschlag von Maxim Gorki entstanden, wohnten hier unter anderem Boris Pasternak, Jewgeni Jewtuschenko und Andrei Wosnessenski in Häusern des Schriftstellerverbands der UdSSR. Jetzt feiert hier also Schirinowski in einer der Villen, ein Freund von ihm hat sie privatisiert.

Aber zunächst vergnügt man sich ohne uns, wir sitzen und warten in einem Eingangsraum. Wladimir Wolfowitsch, so erklärt uns eine Mitarbeiterin, sei mit »seinen Jungs« in der Sauna, und da dürften wir nicht rein. Das hätte auch gar keinen Sinn, da die Linse der Kamera sofort beschlagen wäre. Dieters Laune fällt auf den Tiefpunkt.

Eine weitere Stunde vergeht, doch schließlich werden wir nach unten gebeten, in einen Raum, in dem Schirinowski und ein halbes Dutzend etwa 25-jährige Jungs sitzen, um einen Tisch voll mit kulinarischen Köstlichkeiten und »sowjetischem Champagner«, wie der heimische Sekt hier genannt wird. Es gibt Kaviar satt, Schirinowski geht es gut. Schließlich regnet es Bomben auf Tschetschenien, das hebt die Stimmung. Die eigene Wodka-Marke »Schirinowski« tut das Ihre.

Da tanzt der Rassist sogar mit dem Roma-Ensemble, das jetzt für ihn auftritt. Wir sitzen inzwischen mit am Tisch. Es wird Sekt getrunken, auf den Krieg im Kaukasus. Am Rande von Moskau ist Patriotismus risikofrei. Schirinowski rangelt mit einem Kellner, der Kampf um die Flasche wird siegreich beendet. Entsprechend der alten russischen Weisheit, wonach Trinken ohne Trinkspruch Sauferei ist, setzt Schirinowski zu einem Toast an – alle erheben sich: »Lasst uns trinken, auf einen siegreichen Abschluss des Tschetschenien-Feldzugs! Es ist eine Anmaßung, wenn Leute dem russischen Präsidenten vorschreiben wollen, wo er seine Truppen hinschicken darf und wo nicht. Verteidigungsminister Gratschow muss zum Marschall befördert werden. Wir verneigen uns vor den gefallenen russischen Soldaten. Grosny wird fallen, und alle Unruhestifter kommen in Gewahrsam. Auf die zweite Unterwerfung des Kaukasus! Vor 150 Jahren haben wir das schon einmal geschafft. Wir werden alle einsperren, die sich Russland widersetzen und mit Waffen aufbegehren gegen unsere Ordnung. Lasst uns trinken auf den Sieg der russischen Waffen im Kaukasus!« Die Jungs rufen: »Hurra, hurra, hurra!«

Danach knallt es auch im Datschengebiet. Alle ziehen Pelzmäntel und Schapkas an und gehen raus in den Schnee, zünden Feuerwerkskörper. Auch dabei schwingt Schirinowski weiter Reden. »Russland ist groß und mächtig. Die Deutschen sind auch Prachtkerle«, meint er, an uns gewandt. »Machen wir es so: Die Deutschen bauen Mercedes-Limousinen – für uns. Wir verwandeln ganz Deutschland in eine Autofabrik. Die Franzosen machen Champagner und die Italiener Spaghetti. Und was überlassen wir den Briten?« Einer der jungen Männer sagt: »Die Museen.« Ein anderer wirft ein, die könnten Musik komponieren. Schirinowski entgegnet: »Das machen die Polen doch schon für uns. Und was sollen die Mongolen machen?« Einer meint: »Vieh züchten!«

Schallendes Gelächter, Schirinowski umarmt ihn. Es ist schön, unter Gleichgesinnten zu sein.

Ein Uhr morgens, das Fest nähert sich seinem Höhepunkt. Schirinowski lässt die Puppen tanzen: Ein Varieté-Ensemble aus Models in Glitzer-Bikinis wirft die Beine in die Höhe. Dann müssen die Tänzerinnen wie eine Soldatentruppe vor Schirinowski strammstehen. »Etwas mehr Sex – das muss richtig rundgehen«, befiehlt er. Er schreitet an der angetretenen Frauschaft entlang, streicht einer der Tänzerinnen über die Brust: »Das ist der Busen einer Frau, die einen russischen Jungen gebären muss. Einen mit blauen Augen. Er wird den anderen Völkern sagen: Ich bin gekommen, um euch zu unterwerfen und euch die Zivilisation zu bringen. Und dann werden wir mit unserem Ballett die ganze Welt erobern.« Der Abend endet mit zärtlichen Gesten, einem Hoch auf die russische Kunst und Kultur und besten Wünschen für das neue Jahr.

Alles empörend, aber für uns ist der Abend ein voller Erfolg. Wir haben einen der einflussreichsten russischen Politiker aus nächster Nähe beobachtet, waren als einziges Fernsehteam dabei. Schirinowski ist ein Clown, aber einer, der im russischen System bis zu seinem Corona-Tod im April 2022 die Funktion erfüllt, den Unmut der Bevölkerung ins System zu integrieren. Bei den russischen Parlamentswahlen 2021 wird Schirinowskis Partei erneut drittstärkste Kraft, nach Putins Bewegung »Einiges Russland« und den Kommunisten. Im selben Jahr verleiht ihm Putin den Vaterlandsverdienstorden I. Klasse, »für die Stärkung der russischen Staatlichkeit und die Entwicklung des Parlamentarismus«. Wladimir Putin wird am offenen Sarg von Schirinowski rote Rosen niederlegen, ihn als »brillanten Redner und Politiker« bezeichnen, der immer »eine patriotische Position« vertreten und »die Interessen Russlands verteidigt« habe.

Spiegel TV gehört zu den wenigen Medien, bei denen man solche politischen Begebenheiten lange beobachten und mit Ironie sowie einer Portion Sarkasmus darstellen kann, das gefällt mir gut. Auch ist die Sendung immer an den wichtigen Themen der Zeit dran. Oft sind unsere Teams früher da als alle anderen und auch dann noch, wenn die anderen schon wieder weg sind. Und wir bleiben immer flexibel. Wenn sich bei den Recherchen etwas anderes ergibt als erwartet, dann ändern wir das Thema. Wenn etwas Neues passiert, fliegen wir woandershin.

Das liegt vor allem an der Führung durch Stefan Aust, Vollblutjournalist mit Bauchgefühl für Geschichten. Eine bezeichnende Situation: Ich komme am Moskauer Flughafen Scheremetjewo an. Anders als in anderen Ländern üblich, geht man dort zuerst durch die Zollkontrolle, bevor man bei der Fluglinie eincheckt. Und diese Zollkontrolle ist eine zeitaufwendige Prozedur. Jeder Dollar und jede Mark muss in einem Formular angegeben werden, das Gepäck wird durchleuchtet und oft auch geöffnet. Als ich das hinter mir habe und am Schalter ankomme, mustert die Lufthansa-Mitarbeiterin meinen Pass und sagt: »Das ist er!« Ich schaue sie fragend an. »Wir haben eine Nachricht von Ihrer Firma *Spiegel TV*. Erstens: Sie sollen nicht fliegen. Zweitens: Rufen Sie schnellstmöglich in Ihrer Firma an.« Ich erledige die Zollprozedur noch einmal rückwärts, bis ich in dieser Vor-Handy-Zeit am Postamt des Flughafens ankomme. Dort melde ich ein internationales Ferngespräch zu *Spiegel TV* nach Hamburg an und erreiche Thomas Ammann, einen der Redaktionsleiter. Der sagt: »Stefan meint, in Moskau bahne sich etwas an, du sollst dortbleiben. Wahrscheinlich Quatsch. Fahr zurück ins Metropol und mach dir einen schönen Tag.«

Als ich wieder im Hotel ankomme, schalte ich das russische Fernsehen ein. Ich sehe die Nachrichten, nichts Besonderes. Während ich mich frisch mache, lasse ich das Gerät weiterlaufen. Plötzlich wird das Programm unterbrochen: »Eilmeldung – Präsident Jelzin hat den Sekretär des Sicherheitsrats, General Lebed, seines Amtes enthoben!« Alexander Lebed ist damals der zweitmächtigste Mann in Russland und wird als Nachfolger Jelzins gehandelt. In sowjetischen Zeiten war er Kommandeur in Afghanistan. Ich habe ihn mehrmals getroffen und erinnere mich vor allem an zwei seiner Bemerkungen in unseren Gesprächen. Einmal hatte er am Vorabend den deutschen Weltbeobachter Peter Scholl-Latour getroffen, der zu ihm sagte: »Ich habe alle Länder der Erde besucht, außer zweien.« Darauf antwortete Lebed: »Das ist ja interessant. Bei mir ist es genau umgekehrt. Ich habe nur zwei Länder besucht – die Sowjetunion und Afghanistan.« Bei einem anderen Gespräch sagte der General auf meine Frage, warum er keinen Wodka trinke: »In diesem besoffenen Land muss wenigstens einer nüchtern bleiben.« Jetzt kommt es also zum Showdown zwischen Jelzin und Lebed – und ich berichte dank Stefans kluger Vorahnung vom Ort des Geschehens. Später stürzt Lebed mit dem Hubschrauber ab und stirbt dabei.

Moskaus große Straßen haben seit Sowjetzeiten eine Mittelspur für Politiker, damit diese nicht im Stau stehen müssen. Schon Vizeminister werden in Wagen mit Blaulicht chauffiert. Dutzende schwarze Limousinen und Polizeimotorräder eskortieren Jelzin oder heute Putin. Vielleicht auch deshalb, weil es in Russland viele Attentate gibt. Aber es ist vor allem eine Machtdemonstration. Dieses Furcht einflößende Bild tut sich vor mir auf, als ich Boris Jelzin auf Wahlkampftour erlebe, in Jaroslawl an der Wolga. Er erscheint so zum Dialog mit dem Volk, zunächst mit Studenten an der örtlichen Militärakademie.

Die Truppe tritt vor ihm an. »Ich beglückwünsche Sie zum bevorstehenden Feiertag des großen Sieges, hurra!«, ruft Jelzin. »Hurra, hurra, hurra!«, schallt es ihm aus Hunderten Kehlen entgegen. Als er weiterzieht, gelingt es mir, in seine Nähe zu kommen, obwohl er gut abgeschirmt ist. »Boris Nikolajewitsch! Woher nehmen Sie die Gewissheit, dass Sie die Wahlen gewinnen«, frage ich ihn.

»Fragen Sie doch die Leute, fragen Sie!«, entgegnet Russlands Präsident. Er übernimmt das selbst und wendet sich an die Menge: »Wer ist dafür, dass Jelzin gewählt wird?« Viele Hände gehen nach oben. »Stimmen die Soldaten auch für mich?« Sie klatschen Beifall. »Wer ist dagegen?« Niemand meldet sich. Triumphierend blickt Jelzin zu mir: »Sehen Sie? Von daher habe ich meine Siegeszuversicht.«

Wir folgen ihm zur nächsten Station. Der Präsident redet in Jaroslawl weiter mit den Bürgern. Er verspricht, jeden Wunsch zu erfüllen, auch den der örtlichen Moslemgemeinde: »Beten Sie für mich! Wenn Sie für mich beten, dann bekommen Sie Ihr islamisches Kulturzentrum«, sagt er zu muslimischen Männern, die an ihn herangetreten sind. »Wenn die Kommunisten gewinnen, dann gehen Sie verloren. Ich werde Sie nicht den Kommunisten überlassen. Und umgekehrt sollten Sie mich unterstützen. Lassen Sie uns so verbleiben: Ich lasse das Kulturzentrum bauen. Haben Sie einen Entwurf dafür?«

Der Zar nimmt, der Zar gibt. Nächster Stopp ist das russisch-orthodoxe Frauenkloster von Jaroslawl. Eine Nonne im schwarzen Gewand übergibt Jelzin nach alter Sitte Brot mit Salz. Der Präsident hat das Kloster an die russisch-orthodoxe Kirche zurückgegeben – die Kommunisten hatten die Örtlichkeit in eine Strafkolonie für Kinder verwandelt. Wer an der Spitze Russlands steht, hat eben einiges zu sagen und kann viel Dank ernten. Darum ist der Posten so begehrt. Genießen lässt er sich allerdings nur, solange man an der Macht ist.

Bei einer Party zum Jubiläum des Moskauer *Spiegel*-Büros treffe ich mit einem Idol aus vergangenen Jahren zusammen: mit dem ehemaligen Präsidenten Michail Gorbatschow, der die Sowjetunion geöffnet und Osteuropa die Freiheit gebracht hat. Wir schütteln uns die Hand, und ich stelle mich vor. Ich erlebe ihn als einen frustrierten Mann, enttäuscht darüber, dass seine Landsleute ihn für den Zusammenbruch der Sowjetunion und das Chaos verantwortlich machen. Er sieht die Schuld dafür bei Jelzin. Wie bei Russen üblich, wählt er einen drastischen Vergleich: »Sollen sie mich doch aufhängen«, meint er. »Aber bitte nicht für das, was Jelzin anrichtet. Wenn sie mich aufhängen, dann habe ich schon jetzt eine Forderung: Mein Galgen soll weit von dem Galgen Jelzins entfernt stehen.«

Das sind einige Erlebnisse aus dieser Zeit. De facto bin ich der Moskau-Korrespondent von *Spiegel TV*. Doch so ehrenhaft und spannend das ist – es ist nicht das, was ich für immer bleiben möchte. Wegen meiner Sprach- und Landeskenntnisse werden mir fast immer die Einsätze in Russland und anderen ehemaligen Sowjetrepubliken zugeteilt. Aber ich möchte noch mehr von der Welt sehen. Dabei denke ich an China, wo ich 1986 schon einmal war. Aufgrund seiner wirtschaftlichen Entwicklung wird es immer wichtiger.

Andre Zalbertus, den ich als Moskauer RTL-Korrespondent kannte, hat mittlerweile eine Fernsehproduktionsfirma in Köln gegründet. Wir telefonieren gelegentlich. Als wir wieder einmal plaudern, erwähne ich am Rande meine Neugier auf China. Er sagt:»Oh, das passt ja gut. Ich möchte gerade ein Asien-Büro in Hongkong eröffnen und suche einen Leiter dafür.« Zwei Wochen später sitzen wir im Flugzeug dorthin. Auch sein Geschäftspartner Michael Keusgen reist mit, er ist gut vernetzt im internationalen TV-Business. Wir sehen uns vor Ort um, treffen uns mit Fernsehagenturen, bei denen ich schneiden und Beiträge überspielen kann. Zwei Monate danach ziehe ich nach Hongkong um – rechtzeitig zum Beginn des Jahres 1997, in dem Großbritannien die Kronkolonie aufgibt, die am 1. Juli zu China zurückkehrt. Wieder zur richtigen Zeit am richtigen Ort.

Ich fürchte mich davor, Stefan Aust meine Kündigung zu übergeben, habe Angst, ihn zu verärgern. Doch er zeigt volles Verständnis. Auch von Hongkong aus drehe ich weiter Beiträge für *Spiegel TV*. Und Jahre später werden wir gemeinsam zwei Bücher schreiben – über China.

Merkzettel

- Mit einer Arbeitsstelle ist es wie mit einer Party: Du solltest dann gehen, wenn es am schönsten ist. Dann behältst du den Job in angenehmer Erinnerung und erlebst noch einmal etwas ganz anderes.
- Scheinbares Gegenargument Nummer eins: Warum etwas aufgeben, wenn es gut ist? Weil es nicht immer gleich gut bleibt.

vielleicht muss die Firma Geld sparen, oder ein Idiot wird Abteilungsleiter. Und selbst wenn alles gleich bleibt: Sobald du ein paar Jahre daran gewöhnt bist, ist es für dich nichts Besonderes mehr.

- Scheinbares Gegenargument Nummer zwei: Jobwechsel schaden der Karriere. Wirklich? Meine Erfahrung beweist das Gegenteil (siehe den weiteren Verlauf dieses Buchs). Bleibst du bei demselben Unternehmen, erhöht sich dein Gehalt bestenfalls um ein paar Prozent. Wechselst du, sind große Sprünge möglich.
- Keine Angst vor Schurken, selbst wenn sie Prominente sind: Einfach auf sie zugehen! Lass dich auch nicht durch Beschimpfungen abschrecken. Meistens bellen sie nur und beißen nicht.
- Warten lohnt sich fast immer. Je ungewöhnlicher ein Treffen ist, desto höher steigt die Wahrscheinlichkeit, dass es verspätet losgeht.
- Angesichts der politischen Korrektheit in Deutschland (und vielleicht noch ein paar weiteren Ländern) übersieht man leicht: Anderswo auf der Welt wird alles andere als politisch korrekt geredet. Das kannst du mit gutem Recht schlecht finden, aber es ist eine Realität, die man vergisst, wenn man sich nur in seiner eigenen Blase bewegt.
- Darf man mit Tyrannen und Verbrechern reden? Zumindest als Journalist muss man es sogar – wie will man sonst aufzeigen, was ihre wahren Absichten sind?
- Auch wer ungern telefoniert ohne konkreten Anlass (ich gehöre zu den Menschen, die den Hörer am liebsten nur in die Hand nehmen, um einen Termin zu vereinbaren): Es lohnt sich manchmal, einfach nur zu plaudern. Dabei können sogar überraschende Jobangebote entstehen.
- Gute Chefs sind nicht sauer, wenn du weiterziehst, sondern ermutigen dich dazu. Und man trifft sich immer zweimal im Leben, meist noch öfter.

Kulturschocks in Hongkong und anderswo

Hongkong ist nicht mein erstes Ausland, und doch ist hier alles ganz anders. Das beginnt schon beim Anflug. Damals landen die Flugzeuge noch mitten in der Stadt, auf dem Kai-Tak-Flughafen. Er gehört zu den am schwersten anzufliegenden Flughäfen der Welt. Die Piloten brauchen dafür eine Sonderlizenz, denn sie müssen einen Weg finden zwischen den Wolkenkratzern. Von meinem Fensterplatz im Flieger aus kann ich Leuten in die Wohnzimmer schauen, sehe sogar das Flimmern der Fernseher.

In der Taxischlange am Flughafen stehen nicht Hunderte Fahrgäste an, sondern Tausende. Ich denke, ich müsste hier Stunden verbringen. Doch alles ist perfekt organisiert, Fahrer und Passagiere werden dirigiert von gestikulierenden Ordnern, die Leuchtwesten tragen. So sitze ich nach etwa zehn Minuten im Wagen.

Wie in allen Metropolen ist es auch in Hongkong nicht einfach, eine bezahlbare Wohnung zu finden. Typisch für das normale Wohnen in Hongkong: Es ist teuer, und die Wohnungen sind winzig, schließlich gehört Hongkong zu den am dichtesten besiedelten Städten der Erde. Weil es keinen anderen Platz dafür gibt, hängen viele Leute ihre Wäsche zum Trocknen außen vor ihre Fenster, was die Hochhäuser schön bunt aussehen lässt.

Glücklicherweise ist die Freundin des Büroleiters unserer Partnerfirma Worldwide Television News gerade bei ihm eingezogen und überlässt mir ihre Einzimmerwohnung als Untermieter. Das verbilligt zwar nicht die Miete. Aber ich muss jetzt wenigstens keine Wohnung suchen und auch nicht meine Kreditwürdigkeit beweisen, was an neuen Orten oft kompliziert ist, sondern gebe ihr einfach jeden Monat das Geld. Außerdem kann ich ihre Möbel nutzen.

Luxuriös ist das alles nicht, ein Apartment im zehnten Stock eines schmucklosen Hochhauses; der einzige Raum ist ungefähr drei Meter breit und zehn Meter lang, Schlafzimmer, Wohnzimmer und Küche in einem, mit einer winzigen Dusche. Ich dachte, ich wäre allein eingezogen, muss aber feststellen, dass das Zimmer bereits bewohnt ist. Nachts piept und raschelt es – Mäuse rennen am Bett vorbei. Riesenkakerlaken nähern sich geräuschlos, man entdeckt sie erst, wenn sie auf der Nase sitzen. Am meisten erschrecken mich die Eidechsen, sie klettern die Wände hoch, ihr Schuppenkleid leuchtet in der Nacht. Ich bestelle einen philippinischen Kammerjäger, der das Problem behebt.

Solche Tiere kreuchen und fleuchen natürlich nicht nur in Hongkong, sondern in allen großen Metropolen und in tropischen und subtropischen Gebieten. Kakerlaken kannte ich schon aus Moskau, da waren sie deutlich kleiner als hier, dafür kamen sie nicht als Einzelgänger, sondern gleich zu Hunderten. Später werde ich in New York leben, da sind Mäuse in den Wohnungen und Ratten in den U-Bahn-Stationen weitverbreitet. Aber hier in Hongkong erlebe ich erstmals eine solche Vielfalt von Ungeziefer.

Dafür liegt die Wohnung gut, in der *Hollywood Road,* die für ihre Antikläden bekannt ist. Meinem Haus schräg gegenüber befindet sich der bekannte taoistische Man-Mo-Tempel, 1847 erbaut. Die Gläubigen entzünden Räucherstäbchen, halten sie mit beiden Händen und verbeugen sich in ruckartigen Bewegungen vor dem Kriegsgott Mo Tai. In Fußnähe ist auch das Kneipenviertel Lan Kwai Fong. Und zur U-Bahn-Station Sheung Wan brauche ich nur fünf Minuten, von dort sind es lediglich drei Stationen bis nach Wan Chai, wo mein Büro liegt.

Die U-Bahn, die in Hongkong MTR heißt, *Mass Transit Railway*, ist für mich ein positiver Kulturschock. Wenn man in Deutschland in eine andere Stadt fährt, muss man sich jedes Mal neu orientieren in einem verwirrenden System von unterschiedlichen Preisen für verschiedene Strecken und zahlreichen Sonderkarten. In Hongkong gibt es schon damals, 1997, in den Stationen Touchscreens mit der Streckenkarte der U-Bahn. Da kann ich einfach anklicken, wo ich hinwill, dann werden mir Strecke und Preis angezeigt. Die MTR ist viel moderner, viel besser organisiert und viel sauberer als die U-Bahnen in deutschen Städten. Aus den Lautsprechern der Waggons tönen keine krächzenden Durchsagen, es erklingt klarer Sound in Englisch, Kantonesisch (dem in Hongkong gesprochenen Dialekt) und Mandarin (Hochchinesisch).

Ein anderes Beispiel für die Effektivität von Hongkong sind die Behörden. In Deutschland ändert sich das jetzt vielleicht langsam, aber damals ist es so, dass man viel Zeit mitbringen muss, wenn man etwa zum Einwohnermeldeamt will. Ganz anders in Hongkong: Ich muss mich dort bei der Einwanderungsbehörde anmelden. Ich frage die Hongkonger Kollegen, wie man das anstellt. Sie sagen: Ganz einfach anrufen. Ich wähle die Nummer, die sie mir geben, und erwarte ein Besetztzeichen oder bestenfalls die Warteschleife eines Callcenters. Stattdessen fragt eine freundliche Stimme vom Band, in welcher Sprache ich sie hören wolle. Ich mache die entsprechende Eingabe und klicke mich durch weitere Optionen durch, bis mir eine Computerstimme meinen Termin bei der Ausländerbehörde durchsagt. Heute lässt sich das in Hongkong selbstverständlich auch online erledigen, aber 1997 ist man mit diesem Telefonsystem anderen Städten der Erde weit voraus.

Eine kleine deutsche Fernsehproduktionsfirma kann sich in Hongkong kein eigenes Büro leisten, deshalb sitze ich als Untermieter am Katzentisch eines Schnittraums von Worldwide Television News (WTN, später in AP Television News aufgegangen). Diese Agentur liefert Sendern weltweit Nachrichtenbilder und bietet Kamerateams und Schnittplätze an, was ich als Einzelkämpfer beides nutze. Meine großartige Kamerafrau Katharina Geißler,

spätere Posth, ist zwar mit mir gekommen, aber bei WTN angestellt, um auch andere Drehs machen zu können. Als Praktikan-
tin kommt Nikola Sellmair hinzu, die ich Jahre danach beim *Stern*
wieder treffe. Die Räume liegen auf der 22. Etage des Hongkonger Telecom House – vom Flur aus nach innen. Daran muss ich
mich erst einmal gewöhnen: Fenster gibt es keine. So ist es immer
spannend, wenn ich raus zum Dreh oder Mittagessen und abends
nach Hause gehe: Herrscht Sonnenschein und pralle Hitze? Oder
stürmt es und prasselt ein subtropischer Regen nieder? Wer weiß
das schon von innen?

Zum Ausgleich hole ich mir den Ausblick an den Wochenen-
den – und was für einen! Mit dem Taxi oder der Standseilbahn
fahre ich auf den Victoria Peak, von den Hongkongern einfach nur
Peak genannt, die mit 552 Metern höchste Erhebung von Hong
Kong Island. Dort gehe ich den Peak Circle Walk, den 3,5 Kilometer langen Rundweg, von dem aus man unterschiedliche Perspektiven auf die Millionenstadt hat. Schon tagsüber ist das ein Erlebnis.

Nachts sieht man von hier Hongkong in seiner ganzen Pracht,
ein Weltall voller Lichter: die wechselnden Farben an den Spitzen
der Wolkenkratzer, die Leuchtreklamen in Chinesisch und Englisch, die Fenster von Hunderttausenden Wohnungen, die Lam-
pen der Boote auf dem Wasser. Ich erinnere mich an meine Jugend
in Staufen im Breisgau. Wir stiegen dort auf den Schlossberg und
tranken Gutedel, einige von uns brachten aus den Weingütern
ihrer Eltern ein paar Flaschen mit. Angeheitert blickten wir auf die
Stadt, die damals meine war, auf ein Dorf in Wahrheit, auch wenn
ihm im Mittelalter die Stadtrechte verliehen wurden. Wir sahen
die Giebeldächer und die Pflastersteine, das »Bächle« und die Pla-
tanen. Das war damals meine kleine Welt gewesen – jetzt lebe ich
in der Megametropole Hongkong!

Hier oben auf dem Peak wohnen keine Millionäre – nur Mil-
liardäre.

Glitzernder Reichtum und bittere Armut klaffen in Hongkong
weit auseinander. Als Fernsehjournalist komme ich mit beiden
Gruppen zusammen. So lerne ich die Galeristin Pearl Lam kennen.

Sie stammt aus einer der führenden Hongkonger Familien, ihr Vater war Immobilien-Tycoon und Besitzer eines Fernsehsenders, ihr Bruder ist Milliardär und gleichzeitig Chef der Hongkonger Tourismusbehörde. Als sie elf Jahre alt war, schickten ihre Eltern sie für die weitere Schulausbildung und das Studium in die USA und nach England – das ist üblich in superreichen Familien in Hongkong. Sie führt mich durch ihre schicke Villa, zeigt mir zum Beispiel eine Tischlampe, die sie »Kleopatra-Licht« nennt, da ihre Form der Frisur von Kleopatra entspricht, mit Lapislazuli-Halbedelsteinen an der Spitze. Geschaffen hat sie der britische Künstler Patrice Butler. Das erstaunt, denn Pearl Lam sagt angesichts der bevorstehenden Abkehr Hongkongs vom Vereinigten Königreich: »Die Kultur wird jetzt sehr wichtig hier. Die Briten hingegen sind kulturell schwach. In keiner ihrer Kolonien haben sie die Kultur gefördert. Wenn Sie nach Großbritannien schauen, da sehen Sie es ja auch: Kultur spielt dort keine große Rolle und wird kaum gefördert.«

Auch ein Kulturschock oder zumindest eine Überraschung, wenn man mit einem europäischen Blick nach Hongkong kommt: Das turbokapitalistische Hongkong fällt an das sozialistische China. Das ist, wie wenn Westberlin an die DDR angeschlossen worden wäre. Wenn man mit unserem Links-rechts-Denken aufgewachsen ist, denkt man, die Reichen würden sich dagegen wehren oder fluchtartig ihre Koffer packen. In Hongkong hingegen sehen die einfachen Leute den »Handover« skeptisch, Unternehmer wie Pearl Lam aber begrüßen ihn: »Wenn wir Hongkonger heute noch Angst vor dem Kommunismus hätten, dann würden wir doch nicht in China investieren«, sagt sie mir. »Es gibt sehr viele Unternehmer aus Hongkong, die jetzt in China investieren. Denn wir wissen: Wir gehen in ein Dritte-Welt-Land. Du investierst dort, weil da die Arbeitskräfte billig sind. Hier in Hongkong sind die Löhne so hoch, dass wir große Teile der Produktion nach China verlagert haben, vor allem die Textilindustrie. All das ist jetzt in China.« Sie profitieren auch davon, dass es dort keine freien Gewerkschaften gibt. Und ihre Produkte wollen sie auf dem großen chinesischen Markt mit 1,4 Milliarden Menschen verkaufen – und nicht nur an die siebeneinhalb Millionen in Hongkong. Ihre Hoffnung ist, dass sie dafür noch größere Möglichkeiten bekommen, wenn Hongkong und China eins werden – eine Hoffnung, die sich erfüllen wird. Deshalb sind in Hongkong die Kapitalisten für die Kommunisten. Auch weil die Kommunisten in China nicht mehr das sind, was man früher darunter verstand. Politisch haben sie sich ihre Diktatur bewahrt, aber wirtschaftlich setzen sie auf Markt und Profit, auf alles, was der wirtschaftlichen Entwicklung des Landes dient.

Ein anderes Hongkong sieht man sonntags in Parks und Unterführungen: philippinische Hausangestellte, die hier in großen Gruppen auf dem Boden sitzen und picknicken, ihren einzigen freien Tag genießen. Ab dem gehobenen Mittelstand aufwärts erledigen Hongkong-Chinesen ihre Hausarbeit nicht selbst, sondern beschäftigen dafür Filipinas. Deren Löhne sind so niedrig, dass sie sich normalerweise keine eigene Wohnung leisten können, sondern bei der Familie leben, für die sie arbeiten, dieser also 24 Stunden zur Verfügung stehen. Oft hausen sie in einem winzigen Abstellraum ohne Fenster. Ich treffe aber auch sehr arme Chinesen in Hongkong wie etwa die sogenannten »Käfigmenschen«, etwa 50 000 an der Zahl, die ebenfalls keine Wohnung bezahlen können und deshalb in Gemeinschaftsräumen einen Käfig anmieten, kaum größer als ein Hundezwinger. Ein Käfig reiht sich an den nächsten, oft sind sie sogar übereinandergestapelt. Diese Art des »Wohnens« entstand in den 1950er-Jahren, als viele Flüchtlinge aus China einwanderten.

Ganz andere Sorgen hat das Ehepaar Kai-Bong und Brenda Chau. Sie speisen in ihrer Villa von goldenem Geschirr, sogar das Telefon ist aus Gold. Vor dem Eingangstor, natürlich ebenfalls aus purem Gold, stehen zwei Rolls-Royce, einer goldfarben, der andere in Pink. Sie wählen, so erzählen sie mir, jeweils den, der am besten zu ihrer Kleidung passt. Später erzähle ich diese Geschichte einmal einer Freundin in Peking. Ich erwarte, dass sie sagt: Das ist ja absurd. Sie findet es aber ganz normal, sie mache das auch so – sie habe mehrere Handys in verschiedenen Farben und nehme immer das zur Kleidung passende.

Auch der Hongkonger Mittelstand ist sehr modern und markenbewusst. In den blitzblanken Shoppingmalls flanieren die Frauen damals in dunkelblauen oder schwarzen Kostümen, die Männer in Anzug und Krawatte. Ich komme mir in meinen T-Shirts und Jeans vor wie ein armer Westverwandter. Bald decke ich mich selbst mit neuen Anzügen und Hemden ein.

Selbstverständlich haben Hongkongs Kaufhäuser und Läden sieben Tage in der Woche geöffnet. In Deutschland galt bis 1996 noch: Geschäfte mussten montags bis freitags um 18:30 Uhr schließen, am Samstag um 14 Uhr, am Sonntag war alles dicht. Als ich den chinesischen Kolleginnen im Büro davon erzähle, sind sie schockiert. Eine fragt: »Was machen die Leute in Deutschland am Sonntag?« Damit meint sie nicht, was passiert, wenn man sonntags dringend ein Stück Rindfleisch braucht. Sondern: Wie verbringen die Leute in Deutschland am Sonntag ihre Freizeit? Denn Freizeit – das ist in Hongkong gleich Shopping. Die Hongkonger arbeiten viel, und wenn sie dann mal freihaben, beschäftigen sie sich damit, durch Kaufhäuser und Läden zu gehen. Shopping gehört woanders auch zum Leben. Aber für die meisten Hongkonger, insbesondere Hongkongerinnen, ist Shopping der Sinn des Lebens.

Was scheinbar gar nicht in diese moderne Metropole passt, ist der tief verwurzelte Glaube an Geister. Das wichtigste Kriterium bei Neubauten ist ihr Feng-Shui, wörtlich übersetzt »Wind und Wasser«. So heißt die Harmonielehre aus dem alten China, wonach beim Gestalten von Wohn- und Lebensräumen auf allerlei Aspekte geachtet werden muss, um die Geister nicht zu verärgern. Daran halten sich nicht nur private Bauherren, sondern auch die Regierung und Großkonzerne. Als ich in Hongkong lebe, wird besonders viel über den 1990 fertiggestellten Tower der Bank of China diskutiert. Also nicht über den wirtschaftlichen Einfluss dieser Bank, sondern über ihr Gebäude. Es wird oben dünner, erinnere so an einen Schraubenzieher, der den Wohlstand aus Hongkong herausbohre. Auch würde es Unheil bringen, weil es mit seinen scharfen Ecken und Kanten wie ein Messer sei, an dem sich die Geister schneiden können.

Was ich in Hongkong täglich erfahre (und später noch mehr in meinen Jahren in Shanghai und Peking): Das chinesische Essen hat nichts gemein mit dem Essen in deutschen Chinarestaurants. Süßsaure Speisen findet man in China nur selten. Hongkonger essen gerne Hühnerfüße, die vor allem aus Haut und Fett bestehen und für unsere Augen etwas unappetitlich aussehen – wie Hühnerfüße eben. Mehr nach meinem Geschmack ist Dim Sum, wörtlich übersetzt »das Herz berühren«, also kleine Gerichte, die das Herz berühren. Sie sind meist gedämpft oder frittiert. In den Hongkonger Dim-Sum-Restaurants schieben die Kellner einen Wagen an den Tischen vorbei, man zeigt einfach, was man will.

1997 befinden sich die Briten in Hongkong bereits auf dem Rückzug, aber ich kann weiter besichtigen, was die Kolonialzeit hinterlassen hat. In die fühle ich mich zurückversetzt, wenn ich das vornehme Peninsula-Hotel besuche mit seinem Springbrunnen am Eingang und seinen weiß gekleideten Pagen. 1928 wurde es eröffnet, Lady Di wohnte dort ebenso wie Elizabeth Taylor und Richard Gere. Ich nehme den Aufzug in die 28. Etage zur Felix-Bar, die schon allein wegen ihrer Luxustoilette eine Attraktion ist: Vor dem Pissoir aus Marmor stehend, blickt man durch eine Wand aus Glas auf die Skyline von Hongkong. Wenn sie die livrierten Toilettenmänner höflich fragen, dürfen auch Frauen hinein, um diesen Ausblick zu bestaunen.

In Hongkong erlebe ich erstmals für längere Zeit, was mir dann auch in Rio de Janeiro wieder begegnen wird: Je mehr man sich dem Äquator nähert, desto stärker werden die Klimaanlagen aufgedreht – mit der Folge, dass es draußen immer wärmer ist als drinnen. Jacken braucht man deshalb nur für die Innenräume, vielleicht tragen deshalb so viele Hongkonger Anzüge. Wenn ich ins Kino gehe, nehme ich immer eine Jacke mit.

Übrigens dauert es trotz des guten Telefonservices der Einwanderungsbehörde doch noch einige Zeit, bis ich mein Arbeitsvisum für Hongkong bekomme. Ohne Visum darf man als Deutscher nur neunzig Tage bleiben. Neben Hongkong liegt Macau, in jener Zeit noch portugiesische Kolonie, heute wie Hongkong eine Sonderverwaltungszone der Volksrepublik China. Wenn Hongkong als Wirtschafts- und Finanzzentrum das »New York Asiens« ist, dann ist Macau mit seinen Casinos das Las Vegas Asiens. Gegen Glücksspiel bin ich immun, deshalb profitiere ich in Macau wie in Las Vegas von den günstigen Hotels und Restaurants, alle darauf ausgerichtet, Leute zum Zocken zu bewegen. Ich reise knapp vor Ablauf der neunzig Tage zu einem netten Wochenende nach Macau und kehre dann wieder nach Hongkong zurück. So laufen die neunzig Tage visafreier Aufenthalt von Neuem. Dieses Vorgehen wird sogar auf der Website des regeltreuen deutschen Auswärtigen Amts empfohlen. Es kann so einfach sein.

Merkzettel

- Je weiter du von zu Hause wegziehst und je exotischer die Kultur deiner neuen Heimat ist, umso größer ist die Chance, einen Kulturschock zu erleben. Das sollte für dich ein Zeichen sein: Du bist am richtigen Ort gelandet.
- Nur wenn man sich von seiner eigenen Kultur entfernt, schafft man es, auf diese einen Blick von außen zu werfen.
- Zu Asien gehören so unterschiedliche Länder wie Israel und Myanmar, insofern lässt sich nichts pauschal sagen über diesen größten Kontinent der Erde. Sicher aber ist: In Asien befinden sich die Länder, die trotz Kolonialisierung am stärksten ihre eigenen Sitten und Gebräuche bewahrt haben.
- Beziehungen helfen immer, auch bei der Wohnungssuche in überfüllten Metropolen. Das müssen keine Beziehungen sein, die über viele Jahre entstanden sind. Du kannst sie auch ganz neu knüpfen. Leute, die du von der Arbeit kennst, können dir bei der Wohnung behilflich sein – umgekehrt gilt das ebenfalls. Anders als ich damals kannst du heute auch die sozialen Medien nutzen, um Kontakte herzustellen.

- Auch ich ekele mich vor Mäusen und Kakerlaken. Wenn du um die Welt ziehst, lässt es sich aber nicht vermeiden, dass du ihnen hier und da begegnest.
- Wer Deutschland für ein gut organisiertes Land hält, ist noch nicht weit gereist. Besonders bei Zügen und öffentlichen Verkehrsmitteln liegen wir unter Durchschnitt, wenn man es nach Schnelligkeit, Zuverlässigkeit, Häufigkeit des Fahrens, Pünktlichkeit, Übersichtlichkeit und Sauberkeit misst. Und in der Digitalisierung sind uns fast alle überlegen.
- Luxuriös sind hingegen unsere Büros, in denen man oft allein oder zu zweit sitzt. In den Großraumbüros woanders auf der Welt freut man sich, wenn man eventuell ein Fenster hat.
- Genieße gigantische Aussichten!
- Was als Hochkultur gilt und was als kulturell minderwertig, ist oft eine Frage des Standpunkts.
- Früher schien die Welt einfacher: hier links, dort rechts, hier Sozialisten, dort Kapitalisten. Heute passen diese Schubladen nicht mehr.
- Bei uns glauben einige Leute an die jungfräuliche Empfängnis und die Auferstehung von den Toten. Anderswo fürchten sie sich vor Geistern.
- Vergiss in heißen Ländern nie die Jacke. Du brauchst sie in den heruntergekühlten Innenräumen.
- Informiere dich genau über die Einreisebestimmungen der Länder, in die du aufbrichst – und gehe pragmatisch damit um.

Mit 37 Chinesisch lernen

In Hongkong wird Kantonesisch gesprochen. Das ist keineswegs, wie manche Expats dort glauben, die zweite Variante des Chinesischen neben dem Mandarin, sondern einer von vielen Dialekten. Jede Region, manchmal jede Stadt in China spricht ihren eigenen Dialekt, und diese Dialekte weichen so stark voneinander ab wie in Europa die verschiedenen Sprachen. »Auf Wiedersehen« etwa heißt in Peking *zai jian,* in Shanghai *zä wei* und in Hongkong *zoi gin.* Damit die Leute sich untereinander verständigen können, erklärte die Regierung das *putonghua,* wörtlich »allgemeine Sprache«, zur Staatssprache. Es gleicht dem Pekinger Dialekt und ist bei uns als »Mandarin« bekannt. Bis dahin waren die Schriftzeichen das Einzige, was alle Chinesen verband, weshalb sie auch als »zweite Chinesische Mauer« bezeichnet werden. Von daher ist es Quatsch, wenn jemand behauptet, ein Buch sei in Mandarin veröffentlicht worden. Das kann allenfalls ein Hörbuch sein. Denn nur die Aussprache ist unterschiedlich, die Schriftzeichen sind überall in China gleich – im Prinzip, mit einer kleinen Besonderheit: Auf dem chinesischen Festland vereinfachte nach der Revolution eine Rechtschreibreform die Schriftzeichen. In Hongkong und Taiwan dagegen werden weiter die traditionellen, noch komplizierteren Zeichen gepinselt.

Dies schicke ich voraus, um zu erklären, warum ich in Hongkong Privatstunden nehme, und zwar nicht in Kantonesisch (das nur in Hongkong und der benachbarten Guangdong-Provinz gesprochen wird), sondern in Mandarin und mit den vereinfachten Zeichen. Nicht weil sie einfacher sind (das »einfach« ist hier relativ), sondern weil ich damit die Sprache und die Schrift lerne, mit denen man in ganz China durchkommt. Zunächst macht es das für mich noch schwerer, denn ich lerne eine Sprache, die ich in meiner Umgebung nur eingeschränkt praktizieren kann – wie wenn man in Italien Spanisch lernen würde. Deshalb gehe ich schon in meiner Hongkonger Zeit im Urlaub für einen Intensivkurs nach Peking.

Dazu muss ich erst einmal meinen Namen ändern. Alle Ausländer, die sich länger in der Volksrepublik aufhalten, brauchen einen chinesischen Namen. Die Schriftzeichen werden in die Aufenthaltserlaubnis eingetragen. Sie ermöglichen es Chinesen, den Ausländer mit einem Namen anzureden, den sie auch schreiben können. Da in China jeder Name etwas bedeutet, werden positiv besetzte Schriftzeichen gewählt, die im Idealfall ähnlich klingen wie der westliche Name. Letzteres ist weit auszulegen, wie der Vergleich von »Geiges« und »Jia Jiesi« zeigt (ausgesprochen: Dsja Dsjese), dem Namen, den ich von meinem Hongkonger Lehrer bekomme. Die meisten Chinesen fühlen sich, wenn ich mich ihnen vorstelle, an die Zahnpasta Jia Jieshi erinnert (ausgesprochen: Dsja Dsjesche), so nennt sich die amerikanische Marke Crest in der Volksrepublik. Damit ist gleich für Gelächter und Gesprächsstoff gesorgt. Mein Chinesischlehrer findet den Namen dennoch passend. Denn »jia« heißt »ausgezeichnet«, »jie« »herausragend« und »si« »denken«, alles Dinge, die mich charakterisieren, zumindest nach seiner Meinung. Vor allem wird es auf Kantonesisch – und mein erster Lehrer ist ja aus Hongkong – »Gai Gesi« ausgesprochen. Das ist nun wiederum relativ nahe am Original und zeigt erneut die gravierenden Unterschiede zwischen den verschiedenen chinesischen Dialekten.

Dann bahnt sich eine überraschende Wende in meinem Arbeitsleben an: Für Andre Zalbertus und Michael Keusgen, meine Chefs in Köln, zählt meine Zeit in Hongkong vom Jahresbeginn bis zur Rückkehr der Stadt zu China am 1. Juli 1997 als Erfolg: Livegespräche zu den Veränderungen mit dem RTL-Frühstücksfernsehen, der Dokumentarfilm »Hongkong vor dem Handover« für *Spiegel TV,* News-Berichte über das letzte chinesische Neujahr unter britischer Herrschaft und die letzte Wahl einer Miss Hongkong, Reportagen aus Japan, Thailand, Kambodscha und Indonesien – die Kombination von aktuellen Hongkong-Beiträgen, innerhalb der einen Stadt ohne Reisekosten zu realisieren, mit Berichten aus ganz Ostasien hat funktioniert. Doch jetzt, nach dem 1. Juli 1997, bricht das Thema »Handover« weg. Wie es in den Medien oft passiert: Monatelang steht ein bestimmtes Land im Mittelpunkt, dann zieht die Karawane weiter. Im Fall von Andre Zalbertus nach Hannover, er hat dort eine Fernsehlizenz bekommen. Und möchte mich dorthin holen. Von Hongkong nach Hannover!? Das entspricht nicht meinem Naturell.

Stattdessen verfolge ich einen neuen Plan: Einen Monat habe ich schon Chinesisch in Peking studiert – das möchte ich jetzt ein ganzes Jahr machen. Ich frage Freunde und Verwandte nach ihrer Meinung, bin aber zum Glück beratungsresistent, wenn ich mir etwas in den Kopf gesetzt habe. Alle erklären mich für verrückt: Eine neue Sprache lernen im Alter von 37? Dazu noch eine so schwere wie Chinesisch? Manche finden: So etwas sei okay, wenn eine Firma das als Weiterbildung übernimmt, bei fortlaufendem Gehalt. Aber auf eigene Kosten? Die damals 2250 US-Dollar Jahresgebühr, die das Studium kosten wird, sind nicht das Problem. Doch ich werde ein Jahr nichts verdienen, muss in der Zeit etwas essen, eine Unterkunft mieten, nach Peking fliegen und eventuell dazwischen mal nach Deutschland. Muss dafür all meine Ersparnisse nutzen, Lebensversicherungen auflösen, auch um die laufenden Kosten auf ein Minimum zu senken. Bekloppt? Zumal ich nicht weiß, ob ich mit den Chinesischkenntnissen später etwas anfangen kann. Werden nicht junge Sinologen vorgezogen, die frisch von der Uni kommen? Ich entscheide mich, es zu tun, will etwas Neues lernen, meinen Horizont erweitern. Und ich will nach China, in das Land, in dem sich so viel verändert, das mit schnellen Schritten auf die Weltspitze zusteuert.

Ich studiere Chinesisch an der New Asia University in Peking. Die soll einmal, so sagt ihr Rektor, das »Harvard des Ostens« werden. Bis dahin ist allerdings noch ein langer Marsch zurückzulegen. Die Hochschule logiert auf dem Gelände einer Baufirma, das zwei Plastikblumen geringfügig verschönern. Auf dem Schulhof hängen frisch gewaschene Bettlaken zum Trocknen. Täglich hämmern und bohren Wanderarbeiter aus der chinesischen Provinz, sodass mit einem großen Sprung nach vorn zu rechnen ist. Daneben läuft der Unterricht. Zwanzig ausländische Studierende werden von ungefähr gleich vielen chinesischen Werktätigen betreut – von Direktoren, Dozentinnen, einer Managerin, Putzfrauen und einem Fahrer. Auch acht chinesische Studenten sind eingeschrieben, sie lernen Englisch. Sie träumen auch von Harvard, allerdings vom Original im amerikanischen Cambridge – sie haben wenig Lust zu warten, bis das Harvard des Ostens fertiggebaut ist.

Das mag sich kurios anhören. Aber für mich bietet die Sprachschule eine interessante Möglichkeit zum *xia hai,* »Eintauchen ins Meer« – so nennt man in China das Absteigen von ehemaligen sozialistischen Staatsbediensteten in die Tiefen des privaten Handels. Und so könnte man auch die Versuche von ausländischen Geschäftsleuten, Journalistinnen und Kulturinteressierten bezeichnen, Schätze zu bergen in einem Land mit fremdartigen Tönen und unbekannten Schriftzeichen.

Einer, der mit Erfolg ins Meer eingetaucht ist – und zwar in seinem eigenen Fachgebiet –, ist Lu Bisong, ein bekannter Linguist und einst Rektor der Beijing Yuan Xueyuan (Beijing Language Institute, heute Beijing Language and Culture University), der führenden staatlichen Hochschule für das Chinesisch-Studium von Ausländern. Er hat die New Asia University gegründet und betreibt sie als Privatunternehmen. Seine alten Verbindungen kommen ihm zugute. In einem Land, in dem Erziehung bis dahin Monopol des Staats war, haben ihm die Behörden die private Hochschule genehmigt. Er zieht einige der besten Lehrer der staatlichen Universität zu sich herüber. Für die geleistete Jahresgebühr bekomme ich zwanzig Stunden Unterricht pro Woche. Für zwölf US-Dollar pro Stunde nehme ich zusätzlich Einzelstunden.

Heute gibt es die New Asia University nicht mehr, dafür sind Dutzende ähnliche kommerzielle Sprachinstitute entstanden. Gegenüber den herkömmlichen Angeboten von Chinas staatlichen Hochschulen hat die Privatuni mehrere Vorzüge: Sie nimmt Bewerber unbürokratisch auf und gestaltet die Studienzeiten flexibel. Weltreisende, Hausfrauen, Generaldirektoren und Studentinnen sind gleichermaßen willkommen. Anfänger ohne Vorkenntnisse nimmt sie ebenso auf wie Sinologen oder Auslandschinesinnen, die zu Hause einen lokalen Dialekt sprechen und hier Mandarin lernen wollen. Jeder studiert in einer seinem Kenntnisstand entsprechenden Gruppe – falls nötig, wird eine neue gebildet.

Bei staatlichen Sprachkursen in China hingegen werden für längere Aufenthalte akademische Zeugnisse verlangt, Empfehlungsschreiben und die Garantieerklärung eines Sponsors für die Finanzierung. Die Studiengebühren sind an den staatlichen Instituten sogar geringfügig höher. Dabei werden dort gewöhnlich zwanzig Studierende in einer Klasse unterrichtet, an der neuen asiatischen Universität sind es nur drei bis sieben.

Für mich ist das ideal, so kann ich viel sprechen. Den Studienkolleginnen aus Japan und Südkorea fällt es leichter, die Schriftzeichen zu lernen, die für mich anfangs Kunstwerken gleichen. Außerdem erschlagen sie dich bereits mit ihrer Masse. Historisch sind in China über 100 000 Schriftzeichen entstanden, wobei man im Alltag »nur« 3000 bis 5000 braucht. Jedes Schriftzeichen steht für einen Begriff, sie entsprechen also eher unseren Wörtern als unseren Buchstaben. Die koreanischen und die meisten japanischen Schriftzeichen unterscheiden sich von den chinesischen, aber die Leute von dort verstehen das Konzept. Wenn sie ein Wort nicht sprechen können, imitieren sie mit einem Finger das Malen des Schriftzeichens auf die Hand, um sich so verständlich zu machen – ein Verfahren, das auch unter Chinesen üblich ist, wenn sie sich aufgrund unterschiedlicher Dialekte nicht verstehen. Mir hingegen, wie allen Europäern und Amerikanern im Chinesischkurs, fällt das Sprechen leichter als das Schreiben. Die Aussprache wird in China mithilfe des *pinyin* unterrichtet, der lateinischen Umschrift des Chinesischen. Auch chinesische Kinder lernen das hochchinesische Mandarin mithilfe unseres Abc, da die Schriftzeichen nur eingeschränkt etwas über die Aussprache aussagen.

Was mir wie anderen Ausländern die Aussprache des Chinesischen erschwert: Das Mandarin oder *putonghua* kennt vier verschiedene Töne, hoch und gleichbleibend, steigend, fallend-steigend und fallend. Die Silbe *ma* etwa kann je nach Aussprache »Mutter«, »Hanf«, »Pferd« oder »fluchen« bedeuten. Wer in China höflich sein will, muss die Töne korrekt aussprechen.

Nach einem Jahr Eintauchen ins kalte Wasser des Sprachinstituts kann ich mich, wie andere Absolventen, beruflich und privat ohne Dolmetscher verständigen. Das ist erstaunlich. Selbst Mao Zedong wurde von den meisten Chinesen nicht verstanden, weil es ihm an Kenntnissen des Mandarin mangelte, er sprach den Dialekt seiner Heimatprovinz Hunan. Erst heute beherrschen die meisten Chinesen die Staatssprache, dank besserer Schulen, vor allem aber, weil das Fernsehen Mandarin bis ins letzte Dorf bringt.

Da ich es geschafft habe, Chinesisch zu lernen, und außerdem, neben Englisch, auch Russisch, Portugiesisch und etwas Spanisch spreche, halten mich einige für sprachbegabt. Das bin ich aber nicht. Sprachbegabt sind Menschen, die im Unterschied zu mir musikalisch sind. Sie hören gut und können das Gehörte originalgetreu wiedergeben. In China habe ich Sängerinnen kennengelernt, die englische Lieder mit perfekter Aussprache singen, obwohl sie sich nicht auf Englisch unterhalten können. Ich hingegen habe in allen Sprachen einen starken Akzent. Mein einziger Vorteil beim Sprachstudium ist meine Hartnäckigkeit.

Chinesisch lerne ich nur deshalb so schnell, weil ich in China lebe. So bin ich täglich gezwungen, es zu sprechen, denn außerhalb der internationalen Unternehmen redet hier kaum jemand Englisch. Zwar büffeln alle Englisch in der Schule, aber mangels Praxis traut sich kaum einer, es zu sprechen. Dadurch wiederum habe ich viel Praxis, in den Läden, den Restaurants, in meinem zunehmend größeren chinesischen Freundeskreis. Heute fördert die chinesische Führung unter Xi Jinping ausländerfeindliche Ressentiments. In jener Zeit heißt man uns herzlich willkommen, die Chinesen sind neugierig auf uns. In anderen Ländern kenne ich Discos, in denen Frauen keinen Eintritt bezahlen müssen. In Peking gehe ich in eine Disco, an deren Eingangsschild steht: »Ausländer Eintritt frei«. Weshalb sie von umso mehr Chinesinnen besucht wird.

Alles hängt auch von dir ab. Grundsätzlich ist meine Erfahrung: Es wird immer die Sprache gesprochen, die für alle Beteiligten am bequemsten ist. Wenn du dich im Ausland mit Einheimischen umgibst, die gut Englisch oder gar Deutsch sprechen, wirst du deine Kenntnisse der Landessprache nicht entwickeln. Und mit Deutschen, Europäern oder Amerikanern abzuhängen, ist zwar bequemer, aber fürs Sprachstudium eine Katastrophe.

Deshalb gilt an der New Asia University – wie weltweit in allen guten Sprachinstituten – das Prinzip: Sowohl im Unterricht als auch in den Pausen wird nur die gelehrte Sprache gesprochen. Die Dozenten verstehen es, neue Vokabeln und Grammatik so zu erklären, dass sie auch von Anfängern verstanden werden – und bringen dabei eine Prise Landeskunde unter. Zum Beispiel bei dem Wort *taitai* für »Ehefrau«, das unter Mao verpönt war, jetzt aber wieder in Mode kommt. Dozent Zhang gehört nicht zu den linientreuen Kommunisten, ist aber in jener Epoche aufgewachsen und bekennt: An das Wort *taitai* könne er sich nicht gewöhnen, dabei müsse er immer an eine vornehme Frau mit Goldkette denken, gegen die man eine Revolution anzetteln sollte. Als das chinesische Fernsehen unseren Unterricht filmen will, sagt der schüchterne Zhang den Kameraleuten: »Gehen Sie zu meiner Kollegin Yu Heping, deren Mann ist Regisseur, die kann besser mit so etwas umgehen.« Die alte Dozentin Wang nimmt kein Blatt vor den Mund, wenn es um die Verbrechen während der Kulturrevolution und um das Massaker auf dem Platz des Himmlischen Friedens 1989 geht. Sie ist pensionierte Lehrerin der staatlichen Sprachenhochschule und meint, dass sie nichts mehr zu verlieren hat.

In der Nähe der New Asia University passiere ich damals oft ein Zweisternehotel, dessen Name auch das Motto der Schule sein könnte: »Booming City Hotel«. Wer ganz tief ins chinesische Meer eintauchen will, kann in der Schule selbst wohnen, für vier US-Dollar die Nacht (Doppelzimmer ohne Toilette). Ich lebe im Studentenhotel *Yujing Dasha,* »Reiches Hauptstadt-Hochhaus«, das mir das beste Preis-Leistungs-Verhältnis bietet: 10 Dollar die Nacht; das Zimmer mit Dusche, WC, Fernseher, Telefon, Klimaanlage und Kühlschrank wird jeden Tag geputzt; dazu gibt es einen kostenlosen Shuttlebus zum College. Gründer ist ein Jungunternehmer mit einer findigen Geschäftsidee: Chinas erste Studentenunterkunft mit Warmwasser rund um die Uhr, bei der nicht um elf Uhr nachts die Eingangstür verschlossen wird, wie sonst im Land üblich.

In allen Ländern, in denen ich länger lebe, lerne ich zuerst die Sprache. Ohne das ist meiner Ansicht nach weder eine erfolgreiche Arbeit noch eine erfüllte Freizeit möglich. Zwar gibt es Expats, besonders ausgeprägt in China, die außer *ni hao* nicht viel sagen können und sich ausschließlich auf ihr Englisch sprechendes Personal stützen. Doch dabei gehen die Zwischentöne verloren. Oft stimmen die Übersetzungen nicht, in China besonders gefährlich bei Mengenangaben, da dort in einem Zehntausender-System gezählt wird. Eine Million etwa sind *yi bai wan,* also einhundert Zehntausender. Beim flüchtigen Dolmetschen werden daraus schnell mal einhunderttausend. Oder die Übersetzerin lässt etwas weg, weil sie denkt, es könnte ihrem Chef peinlich sein oder es sei politisch problematisch.

Meine Russisch-Intensivkurse am Landesspracheninstitut der Ruhr-Universität Bochum erwähnte ich bereits. Danach hatte ich in Moskau Privatunterricht bei Nelly Alexejewna, einer vornehmen älteren Dame. Spanisch lernte ich in Mexiko, nutzte meinen Urlaub, um dort einen Kurs zu besuchen. Auch mein späteres Leben in Brasilien beginnt mit einem Sprachstudium. Im Internet vergleiche ich verschiedene Portugiesisch-Schulen in Rio de Janeiro.

Im Preis-Leistungs-Verhältnis am besten erscheint mir *Casa do Caminho*, wörtlich »Haus am Weg«, nahe dem Strand von Ipanema, mit einer Kursgebühr von umgerechnet etwas mehr als dreihundert Euro im Monat. Was meine Sympathie weckt: Betrieben wird die Schule von Freiwilligen, die 40 Kilometer von Rio entfernt ein Waisenhaus für vierzig Kinder unterhalten, Opfer von Gewalt, Missbrauch und Armut. Der Reinerlös fließt dorthin.

Das Schöne an solchen Kursen ist auch, dass sie dich immer mit interessanten Menschen zusammenführen. In Rio de Janeiro lerne ich mit drei bis zehn anderen Studierenden zusammen, die im fliegenden Wechsel kommen und gehen. Jeder hat sein eigenes Motiv. Der Deutsche Stefan Flothmann kümmert sich in der Greenpeace-Zentrale in Amsterdam um internationale Kampagnen, auch in Lateinamerika, und möchte deshalb sein Portugiesisch verbessern. Laurens aus den Niederlanden lebt hier mit seiner brasilianischen Freundin. Der Südafrikaner Chris hat gerade eine Brasilianerin geheiratet. Maria aus Griechenland arbeitet bei der Europäischen Union in Brüssel, zu der auch Portugal gehört. Die New Yorkerin Sophia besucht eine Freundin in Rio und lernt Portugiesisch zum Spaß. Aurélio aus Frankfurt möchte mit seinem angolanischen Vater in dessen Muttersprache reden. Die Norwegerin Marit folgte ihrem Ehemann nach Brasilien, der von seiner Firma hierher versetzt wurde und in der Tiefsee vor der Küste nach Öl bohrt.

Nach Russisch und Chinesisch ist Portugiesisch die dritte Sprache, bei der ich ins kalte Wasser geworfen werde – im Unterschied zum Englischen, das ich in vielen Schuljahren lernte. Eigentlich sollte man meinen, nach Mandarin könne mich nichts mehr erschüttern. Tatsächlich hat Portugiesisch den Vorteil, eine romanische Sprache zu sein. *Cultura, jornalista* oder *central* versteht man auch ohne Vorkenntnisse – im Chinesischen hingegen gleicht kein einziges Wort den unseren. Das Mandarin kennt vier verschiedene Töne, wie von mir oben beschrieben. Die portugiesische

Aussprache fällt mir auch schwer, doch selbst bei Fehlern wird man gewöhnlich verstanden.

Was im Portugiesischen eindeutig komplizierter ist als im Chinesischen: die Grammatik. Denn chinesische Wörter werden nicht gebeugt, es gibt also keine wechselnden Endungen, die man in vielen anderen Sprachen mühsam erlernen muss. »Ich werde morgen nach Peking gehen«, hört sich auf Chinesisch, wörtlich übersetzt, so an: »Ich morgen gehen Peking.« Die Grammatik der portugiesischen Sprache hingegen zeichnet sich beispielsweise durch zwei verschiedene Vergangenheitsformen aus, die nicht genau denen entsprechen, die wir aus dem Deutschen und Englischen kennen. Viele Verben plagen mich mit unregelmäßigen Formen.

Das brasilianische Portugiesisch unterscheidet sich in einigen wesentlichen Punkten von dem, das in Portugal gesprochen wird, was die brasilianische Variante zum Teil erschwert, zum Teil erleichtert. Einer deutschen Logik läuft zuwider, dass vieles anders ausgesprochen als geschrieben wird – und sich oft die Aussprache ändert, abhängig davon, welcher Buchstabe vorangeht oder folgt. So wird das d vor e und i wie »dsch« ausgesprochen, etwa *dia* (»Tag«) »dschia«. Entsprechend lautet das t manchmal »tsch«, immer vor i, außerdem wenn es am Wortende steht und ein e folgt, jedoch nur dann, wenn dieses e unbetont ist wie zum Beispiel in *noite* (»Nacht«) »noitsche«, das eher wie »noitschi« klingt. Das r wie in Rio spricht man als h, also »Hio«, während das h selbst gar nicht ausgesprochen wird, *hoje* (»heute«) lautet dann »oschi«. L am Wortende wird wie »u« gesprochen, *Brasil,* das Land selbst, nennt man also »Brasiu«. Dazu kommen regionale Unterschiede, das s am Wortende wird zu »sch«, etwa bei *dois* (»zwei«) – aber nur in Rio de Janeiro.

Erleichtert wird das Brasilianische dadurch, dass – anders als im ursprünglichen Portugiesisch – die Anrede »Sie« faktisch abgeschafft ist. Theoretisch besteht sie noch als *o senhor* bei Männern und *a senhora* bei Frauen. Benutzt wird das aber selten, am häufigsten hört man es, wenn Pförtner mit ihren Hausbewohnern reden – doch Brasilienbesucher arbeiten eher selten als Pförtner.

Die Klassenzimmer in meiner Schule heißen »Samba« oder

»Baile Funk«. Sie verlangt weniger Geld als andere und verzichtet dafür auf teure Möbel und Geräte, was mich nicht stört. Statt Tischen stehen in den meisten Räumen nur Schreibstühle, deren an der Lehne befestigte Arbeitsplatte durch einen Notizblock fast ausgefüllt wird. Die PCs, in jedem Klassenzimmer einer, stammen aus einem früheren Jahrtausend. Die Stärke von *Casa do Caminho* sind Lehrer wie Leonardo, der uns unterrichtet.

Mit Humor vermittelt er nicht nur Vokabeln und Grammatik, sondern auch viel über Geschichte und Gegenwart Brasiliens.

Leonardo redet nicht nur über Politik, er erzählt auch mit Humor von den lockeren Sitten seines Landes. Den Unterschied der zwei portugiesischen Verben für »sein«, *ser* (dauerhaft) und *estar* (vorübergehend) erklärt er so: »Um zu sagen, dass man glücklich verheiratet ist, benutzt man *ser*. Freut man sich über die einwöchige Dienstreise seiner Frau, passt *estar*.«

Was mich zu einer ganz anderen Frage führt, die du dir vielleicht stellst: Verträgt sich so ein abenteuerliches Leben mit einer festen Beziehung oder gar einer Familie? Die Antwort lautet: Ja! Gut, manche Wechsel sind vielleicht einfacher, wenn man gerade Single ist, weil sich dann nur eine/r beruflich verändern muss. Aber ein Killerkriterium ist das nicht. Während des Studiums in Peking lerne ich meine heutige Frau kennen, auch insofern hat es sich also gelohnt. Wir haben gemeinsam zwei Töchter. Dass die drei nur selten in diesem Buch auftauchen, liegt daran, dass sie im Unterschied zu mir viel Wert auf ihre Privatsphäre legen.

Auch beruflich hat sich das selbst finanzierte Chinesisch-Studium mit einjährigem Verdienstausfall später mehr als ausgezahlt, wie ich im weiteren Verlauf dieses Buchs zeigen werde. Zunächst aber bietet sich nichts Passendes in China an. So fällt also ins Gewicht: Wenn man gerade in einer festen Liebesbeziehung lebt, muss man gemeinsam entscheiden, wohin die Reise geht. In unserem Fall, eine Chinesin und ein Deutscher, scheint es am passendsten (und am interessantesten) zu sein, einen Ort zu wählen, an dem noch keiner von uns gewohnt hat. Wir entscheiden uns für New York.

Merkzettel

- Wenn du in ein fremdes Land ziehst, solltest du erst einmal die Sprache lernen. Hört sich wie selbstverständlich an, aber nicht alle machen das. Theoretisch geht es auch ohne, aber du würdest dich damit beruflich stark einschränken und privat weniger Spaß erleben.
- Es spricht nichts dagegen, dir in Kursen bereits zu Hause ein paar Grundkenntnisse anzueignen. Aber erst mit permanenter Praxis kommst du auf einen grünen Zweig. Deshalb empfiehlt es sich, ein Sprachinstitut in einem Land zu besuchen, in dem die Sprache gesprochen wird.
- Der Weg ist hier schon ein Teil des Ziels. In einer guten Sprach-schule lernst du auch viel über Land und Leute. Oft vermitteln die Anbieter sogar eine Unterkunft. Sprachkurse können also ein Weg sein, in die Ferne zu gelangen, unabhängig davon, ob oder wann du die Sprache einmal beruflich oder anderweitig nutzen kannst.
- Schon allein dafür lohnt sich ein Sprachstudium. Meistens zahlt es sich auch finanziell aus.
- Sofern dein Ziel keine Professur ist, muss es nicht die renom-mierteste staatliche Universität oder die teuerste Eliteschule sein – und sie muss auch nicht das schickste Gebäude haben. Achte beim Vergleich auf Empfehlungen und schaue auf den Websites der Schulen danach, wie wichtig ihnen das Sprechen ist und ob sie dich in das soziale Leben einbetten.
- Halte dich fern von Deutsch- und Englischsprechenden und freunde dich mit vielen Einheimischen an, die nur die Landes-sprache können. So erfährst du viel über deren Kultur, erweiterst deinen Wortschatz und redest zunehmend flüssiger.
- Eine Sprache ist ein Kosmos. Was im Deutschen oder auch im Englischen gilt, muss sich so nicht in anderen Sprachen wie-derfinden. Ob oder wie Wörter gebeugt werden, ob oder wie Geschlechter angegeben werden, kann sich gewaltig unterschei-den. Zwei Beispiele: Im Russischen verändert sich das Verb in der

Vergangenheitsform abhängig vom Geschlecht, beispielsweise heißt »ich machte« *ja djelala,* wenn du eine Frau bist, und *ja djelal* bei Männern. Im Chinesischen spielt das Geschlecht kaum eine Rolle, beispielsweise unterscheiden sich »er«, »sie« und »es« nur im Schriftzeichen, ausgesprochen wird alles gleich: *ta.*

- Chinesisch ist eine Sprache wie »Europäisch«: In Wahrheit sind es ganz verschiedene Sprachen, die vereint sind durch gemeinsame Wurzeln und dieselben Schriftzeichen (im Chinesischen) und gleiches oder vergleichbares Alphabet und zum Teil ähnliche Wörter (im »Europäischen«). Zum Glück gibt es in China Mandarin als gemeinsame Sprache. Und um möglichen Einwänden vorzubeugen: Ja, beispielsweise auch das kyrillische Alphabet, wie es in Russland und Bulgarien gebräuchlich ist, beruht auf demselben Konzept und ähnlichen Lauten wie unser Abc, obwohl einzelne Buchstaben anders aussehen. Die chinesischen Schriftzeichen hingegen stehen für einen ganzen Begriff, entsprechen also unseren Wörtern.
- Das Schwierige am Chinesischen sind die Schriftzeichen und die Aussprache der Töne. Die Grammatik ist einfach.
- In einer fremden Kultur kann es sinnvoll oder sogar notwendig sein, sich einen neuen Namen in der Landessprache zuzulegen.
- Musikalisches Talent hilft beim Sprachenlernen. Wer das nicht hat, kann es durch Hartnäckigkeit ausgleichen.

New York

If I can make it there, I'll make it anywhere

Von einem Leben in New York City träumen viele. Gefühlt jeder zweite Hollywoodfilm wurde dort gedreht. Eine Hauptstadt der Welt, nicht nur weil sich hier das UN-Hauptquartier befindet. Chinesen und Russen, Mexikaner und Nigerianer, orthodoxe Juden und Palästinenser – zwei von fünf Menschen hier sind außerhalb der USA geboren. Wenn diese Stadt so begehrt ist, scheint es schwer zu sein, da reinzukommen. Ist es aber nicht.

Da die USA ein Einwanderungsland sind, gibt es die verschiedensten legalen Wege, dort eine Aufenthaltserlaubnis zu bekommen. Es würde meine Kompetenzen und den Rahmen dieses Buchs überschreiten, sie alle zu erklären. Dazu gibt es eigene Ratgeber wie *How to Get a Green Card* oder *Immigration for Everyone,* gewöhnlich geschrieben von amerikanischen Anwälten und auf dem aktuellen Stand. Donald Trump hat versucht, die Einwanderung zu erschweren, wobei vieles davon bei Drohungen geblieben ist oder Europäer nicht betrifft.

Weiterhin kannst du dich zum Beispiel, wenn du an einem Leben in den USA interessiert bist, um ein *Diversity Immigrant Visa* bewerben, im Volksmund als »Greencard-Lotterie« bekannt. Du kannst online teilnehmen, das ist kostenlos. (Vorsicht: Beim Googeln stößt man leicht auf Firmen, die sich einen offiziellen

Anstrich geben und Geld dafür verlangen, dass sie beim Ausfüllen des Formulars helfen.) Es wird zwar nicht die Greencard verlost, sondern nur eine Berechtigung, sich darum zu bewerben, doch die Chancen stehen für Deutsche nicht schlecht. Wie der Name *Diversity Immigrant Visa* schon andeutet: Die Lotterie wurde 1987 von dem republikanischen US-Präsidenten Ronald Reagan eingerichtet, weil ihm zu viele Einwanderer aus Ländern wie China, Dominikanische Republik oder Pakistan kamen. Wer in solchen Ländern geboren wurde, ist von der Teilnahme ausgeschlossen. Unter den Bewerbern aus den anderen Ländern gilt bei der Lotterie ein Schlüssel, der eine möglichst hohe Vielfalt sicherstellen soll. Grob gesagt: Je weniger sich aus einem Land bewerben, desto höher ist die Chance. Das ist gut für Deutsche, weil bei uns vergleichsweise nicht so viele Leute in den USA leben wollen. Jeder 45. soll ein Gewinner sein, was im Vergleich zu anderen Lotterien eine gute Rate ist. Dann geht, wie gesagt, die Bewerbung erst los. Die ist zwar bürokratisch, aber für fast jeden zu schaffen. Voraussetzung ist etwa als Mindestausbildung ein Realschulabschluss, Ausschlussgrund sind zum Beispiel vorherige illegale Aufenthalte in den USA.

Die Lotterie ist nur einer von vielen Wegen zur Greencard, die einen unbefristeten Aufenthalt in den USA erlaubt. Andere Wege sind etwa eine Arbeitsstelle in einem US-Unternehmen aus einem besonders gefragten Bereich, zum Beispiel IT, außergewöhnliche Fähigkeiten in Wissenschaft, Kunst oder Sport oder eine Investition in den USA von mindestens 900 000 Dollar. Du kannst aber auch ohne Greencard in den USA leben mit einem für dich passenden Visum. In meinem Fall ist es ein Journalistenvisum. Das brauchte ich ja schon als Jungredakteur für ein paar Reportagen in den USA, eine Reise von ein paar Wochen. Es berechtigt aber auch dazu, sich als Korrespondent in den USA niederzulassen. Bedingung ist, dass ich ausschließlich für Auftraggeber außerhalb der USA arbeite, nicht für amerikanische Firmen, damit ich niemandem dort den Job wegnehme. Ich mache einen Termin bei der US-Botschaft in Berlin, muss dort den Brief eines Medienunternehmens vorlegen, für das ich tätig bin, in meinem Fall *Spiegel TV,* und erhalte das Visum unkompliziert.

Meine Freundin hingegen bekommt nicht einmal ein Touristenvisum für die USA. Der Konsulatsmitarbeiter sagt ihr ins Gesicht: »Sie sind jung, ledig und Chinesin, damit sind Sie nicht qualifiziert für ein amerikanisches Touristenvisum.« Doch als wir in Deutschland heiraten, quasi auf dem Weg von Peking nach New York, wird ihr sofort ein »derivatives Journalistenvisum« ausgestellt, wie es in der bürokratischen Sprache heißt, also ein durch Ableitung entstandenes, als Familienangehörige eines Berechtigten. Schritt eins ist geschafft – wir treffen in New York ein und dürfen dort leben!

Doch dazu braucht man ein Dach über dem Kopf, und das muss man in New York erst einmal finden. Wir wollen nach Manhattan, und wieder einmal hilft Vitamin B. Claudia Bissinger hat bisher von New York aus als freie USA-Korrespondentin für *Spiegel TV* gearbeitet, sie kehrt jetzt nach Deutschland zurück. Ich frage sie, ob ich ihre Wohnung übernehmen kann – einen Tag später treffen wir ihren Vermieter. Wie viele Immobilienunternehmer und viele US-Amerikaner macht er einen auf wichtig, eigentlich dürfe er nicht an mich vermieten, da ich keine amerikanische *credit history* habe. Nach fünf Minuten verkündet er dann aber: »Weil du von Claudia kommst, gebe ich dir die Wohnung trotzdem, die hat bisher immer gute Leute angeschleppt.«

So ziehen wir in ein Apartment ein, das für uns als neue New Yorker perfekt ist. Das Studio, also die Einzimmerwohnung, ist noch kleiner als die, die ich in Hongkong allein bewohnt habe. Dafür hat sie einen schönen Parkettboden. Grandios ist die Lage, *East 14th Street between A and B,* also in der Alphabet City. Die heißt deshalb so, weil die Avenues hier einzelne Buchstaben als Namen haben. Sie gehört zum Szeneviertel East Village. Im Erdgeschoss unseres Hauses residieren eine Wahrsagerin und ein chinesischer Schnellimbiss. Nicht weit von der Haustür ist eine U-Bahn-Station. In Fußnähe liegt der berühmte Union Square, der den Broadway mit der Park Avenue verbindet. Hier kaufen wir Gemüse und Obst auf dem Wochenmarkt immer montags, mittwochs, freitags sowie samstags und Bücher bei Barnes & Noble. In einem etwas längeren Fußmarsch erreichen wir auch die Chinatown, wo wir Restaurants besuchen, wenn wir nicht gerade in der näheren Umgebung zum Araber, Belgier, Inder oder Äthiopier gehen. Die Aufzählung ließe sich endlos fortsetzen – wir sind in New York. Und die Restaurants tragen hier nicht nur den Namen der jeweiligen Nationalität, sondern deren Angehörige kochen auch und kehren dort ein.

Im Schlusskapitel dieses Buchs werde ich schreiben: Man braucht nicht in jedem Land, in dem man lebt, ein Bankkonto. In den USA jedoch unbedingt. Das fängt schon damit an, dass man die Miete nicht überweist – das ginge ja von wo auch immer –, sondern mit einem Scheck bezahlt, wie fast alles in den USA. Bei der Eröffnung eines Bankkontos in einem Land, in dem du neu bist, sind Hindernisse zu überwinden, auch in New York. Die Citibank möchte mich nicht als Kunden haben, weil mir noch die in den USA lebensnotwendige *social security number* fehlt (die kann und muss man beantragen, es dauert aber ein paar Wochen). So gehe ich zur Chase Manhattan Bank (heute JPMorgan Chase). Auch dort ist die Dame am Schalter zunächst überfordert. Mit meinem deutschen Reisepass kann sie nichts anfangen: »Besser wäre der Führerschein.« Ich krame meinen alten deutschen »Lappen« aus der Tasche, das graue Papier zerfällt, der Landkreis Breisgau-Hochschwarzwald bescheinigt mir darin das Recht, »ein Kraftfahrzeug mit Antrieb durch Verbrennungsmaschine der Klasse drei zu führen«, dazu ein Jugendfoto von mir als 16-Jährigem. Vorsichtshalber füge ich hinzu: »Das ist nicht das, was Sie brauchen.« Allerdings nicht. In ihrer Verzweiflung schickt sie mich zur Filialleiterin, die mich freundlich in einen Nebenraum bittet.

Bei ihr lerne ich ein wichtiges amerikanisches Wort kennen: *overwrite*, also »überschreiben«. Wie in Deutschland gelten in den USA viele verrückte Regeln, aber mit dem Unterschied: Dort hat meist jemand die Vollmacht, die Vorschrift zu »überschreiben«, also aufzuheben, wenn sie in einem konkreten Fall als nicht zweckmäßig erscheint. So will mich die Filialleiterin als Gewinn versprechenden Kunden aufnehmen, obwohl ich noch nicht alle geforderten Unterlagen beibringen kann.

Bereits nach wenigen Wochen ruft mich eine Julia Fan an, Amerikanerin chinesischer Herkunft, die sich als mein *Relationship Manager* bei Chase Manhattan vorstellt. Sie lädt mich zum Kaffee ein, eröffnet für mich ein gut verzinstes Sparkonto und überreicht mir eine kostenlose amerikanische Kreditkarte. Geht das denn, frage ich vorsichtig, ohne amerikanische *credit history?* Sie lächelt: »Kein Problem, das werde ich überschreiben.« In Deutschland hat sich, trotz gelegentlich gut gefüllter Konten, noch nie eine Bank von sich aus bei mir gemeldet. Bei Julia und anderen erlebe ich den Spirit, der die USA, trotz aller Widersprüche und Probleme, dynamischer macht als die Beamtenrepublik Deutschland.

Das alles, obwohl ich hier, anders als in Moskau, kein angestellter Redakteur von *Spiegel TV* bin, sondern ein freier Journalist, der in alter Verbundenheit von *Spiegel TV* einen Schrieb mit Briefkopf und Unterschrift für das Visum bekommen hat, aber keine Gehaltsbescheinigung. Das Geld muss ich mir erst erarbeiten. Dabei hilft mir Bill Clinton.

Seine Affäre um Sex, Tonbandmitschnitte und Lügen nähert sich dem Showdown. Von *Spiegel TV* bis zu *Vox,* alle wollen sie Fernsehbeiträge von mir dazu. Der amerikanische Präsident will, so hört man, nun doch zugeben, gewisse sexuelle Kontakte mit der Ex-Praktikantin Monica Lewinsky gehabt zu haben. Man darf gespannt sein, was er darunter versteht. Denn »Sex« ist anscheinend schwer zu definieren in den verklemmten Staaten von Amerika.

Ein neuer Akt mit Monica – und die ganze Welt schaut zu. Wir drehen vor dem Weißen Haus in Washington, D. C. Morgen wird der Präsident hier einem Videoverhör unterzogen, in einem Zimmer, das nur einen Seitensprung vom Tatort entfernt liegt, der nun auch Oral Office genannt wird. Seit im Weißen Haus Clintons schmutzige Wäsche gewaschen wird, drängen immer mehr Touristen auf Sichtweite heran. Ich befrage einige von ihnen vor den Gittern des Amtssitzes.

»Ich glaube, er sollte die Wahrheit sagen«, meint ein schnauzbärtiger weißer Mann mittleren Alters. »Wir Amerikaner verzeihen gerne. Er sollte also einfach reinen Tisch machen und ehrlich sein.« Eine schwarze Frau sagt: »Diese Herumschnüffelei ist das größte Problem. Wenn man nicht so viel herumgeschnüffelt hätte, dann hätte man nicht so viel Dreck aufgewühlt.«

»Ich glaube, er lügt«, lacht ein junger Mann. »Da ist schon so viel Mist ans Licht gekommen, und der Präsident behauptet immer noch, dass er nichts Schlimmes getan habe. Er flüchtet sich in Wortspielereien. Von Anfang an macht er das so.«

Die FBI-Untersuchung ist noch nicht abgeschlossen, aber Clintons Juristen haben schon vorgesorgt: Sex ist nicht Sex, Meineid nicht Meineid. »Sex ist Geschlechtsverkehr oder das Berührtwerden durch Clinton, also wenn er selbst den Intimbereich einer Person anfasst«, erklärt uns Cynthia Alksne, eine ehemalige US-Bundesanwältin. »Sollte er aber umgekehrt von dieser Person berührt werden, ist das kein Sex.« Für Nichtjuristen ist das schwer zu verstehen. »Das ist die juristische Antwort auf den Meineid-Vorwurf.«

Entsprechendes gilt auch in New York, gute Anwälte vorausgesetzt. Dort hat der damalige Bürgermeister und spätere Trump-Anwalt Rudy Giuliani gerade erotische Etablissements im Umkreis von 150 Metern von Wohnhäusern verboten, was in New York fast überall ist. Doch wenn auf weniger als vierzig Prozent der Clubfläche nackt getanzt wird, dann ist der Sexclub offiziell gar keiner mehr. Alles eine Frage der Definition. Das erleben wir bei einem Dreh im »Paradise«, einem gehobenen Nachtclub in New York. Hier schmiegen sich die Tänzerinnen ganz selbstverständlich oben ohne an die Stange und lüpfen auch mal ihren Slip, beides ansonsten in New York gerade untersagt. Die Männer, die auf das nackte Fleisch starren, tragen Anzug und Krawatte.

Einer der Nebenräume erinnert an die Ex-Geliebte eines Ex-Präsidenten. Eine Tänzerin führt uns hinein. Marilyn Monroe wurde eine Affäre mit Kennedy nachgesagt. Sie hängt als Poster an den Wänden, in einer Vitrine sind Teller mit ihrem Konterfei ausgestellt sowie ihr nachgebildete Puppen.

Warum ein Marilyn-Monroe-Zimmer?

»Weil man hier herrlich träumen kann. Ein kleines Tänzchen machen oder eine Massage erhalten. Die Gäste können sich die Fotos von Marilyn Monroe anschauen und an sie denken, wenn sie mit uns zusammen sind.« Die Tänzerin kichert.

Ich frage sie, was sie über Präsident Clinton denkt.

»Ich fände es besser, wenn wir ihm sein Privatleben ließen. Was er tut, beeinflusst uns hier nicht. Er soll tun, was immer ihm Spaß macht. An uns soll's nicht liegen.«

Später begegne ich Bill Clinton im Rosengarten des Weißen Hauses, als er dort Gerhard Schröder und Joschka Fischer empfängt. Es ist ein Antrittsbesuch vor dem Amtsantritt, die beiden haben die Bundestagswahl gerade gewonnen, sind aber noch nicht an der Regierung. So entspricht das protokollarisch noch nicht einem offiziellen Treffen. Der angehende Bundeskanzler kann kein Englisch und spricht deshalb auf Deutsch vor den versammelten US-Medien, ein Dolmetscher ist gerade nicht zur Stelle. Neben ihm steht Clinton, der verschmitzt lächelt und scherzt, an die amerikanischen Journalisten gewandt: »Ich habe es verstanden – aber Sie auch?«

Auf jeden Fall kommt Clinton deutlich sympathischer rüber als Schröder. »Sind Sie der deutsche Clinton?«, frage ich ihn. Es wird in jenen Tagen viel diskutiert, Schröder wolle die Politik der SPD modernisieren wie Clinton die amerikanischen Demokraten. Im Nachhinein lässt sich kritisch sagen: Beide haben ihre Parteien von einer Politik für die Arbeiter, ihre ursprüngliche Basis, weggeführt. Aber damals ist Clinton in Deutschland beliebt. Statt die Steilvorlage aufzugreifen oder mit einer witzigen Bemerkung zu kontern, brüllt mich der sichtlich angetrunkene Schröder an: »Ich bin nicht der deutsche Clinton – ich bin der deutsche Schröder!«

Washington, D.C. ist nicht der einzige Ort außerhalb New Yorks, den ich in diesen Jahren bereise. Da unterscheide ich mich ein wenig von den »echten« New Yorkern, von denen man sagt, sie verließen die City nie oder nur dann, wenn sie nach Europa fliegen. Ich als USA-Korrespondent hingegen muss dorthin, wo etwas passiert. Etwa nach Littleton, Colorado, wo an der Columbine High School zwei Abschlussklässler zwölf Mitschüler, einen Lehrer und sich selbst erschossen haben. Leider geschieht so etwas häufig in diesem Land, wo jeder Zugang zu Schusswaffen hat. Oder nach Florida, als wegen Hurrikan Floyd 2,6 Millionen Einwohner umgesiedelt werden.

Ich habe also gut zu tun, trotzdem verdiene ich nicht genug. Der Dollarkurs liegt damals sehr hoch, was die Kosten fürs deutsche Fernsehen, etwa Gagen der Kamerateams oder Flugtickets, in die Höhe treibt. Die Redaktionen überlegen sich also zweimal, ob sie einen Beitrag aus den USA bestellen oder nicht. Andererseits erhalte ich meine Honorare in Deutscher Mark, unsere privaten Ausgaben in New York sind aber in Dollar.

So schließe ich mich als *contractor*, also als Subunternehmer, der Firma Time Zone International an, gerade gegründet von dem ehemaligen RTL-Chefredakteur Dieter Lesche und der TV-Produzentin Silke Gondolf, die heute gemeinsam mit Markus Lanz Dokumentarfilme dreht. Sie haben einen Loft in einem ehemaligen Lagerhaus des Stadtteils Chelsea angemietet. Dort nutze ich mietfrei einen Schreibtisch, die Firma organisiert Kamera und Schnitt und rechnet die Produktion mit den deutschen Anstalten ab, ich berechne meine Honorare an die Firma. Mir behagt dieser Deal, so kann ich mich auf die journalistische Arbeit konzentrieren und muss mich weniger um das Organisatorische kümmern. Weitere Kolleginnen und Kollegen schließen sich uns an, sodass wir eine bessere Verhandlungsposition gegenüber den Sendern bekommen.

Außerdem mag ich es, in dem schicken Loft zu arbeiten. Das Gebäude ist voll mit trendigen Firmen, von Internet-Start-ups bis zu Modewerkstätten. Eines Tages stehen Hunderte junge Eltern mit ihrem Baby im Arm vor dem Gebäude Schlange – eine Modelagentur sucht Säuglinge für eine Kampagne. Das ist New York. Mal schiebt eine Dame einen Kinderwagen, darin fährt sie ihren Hund spazieren. Ein Schwarzer starrt sie genauso verwundert an wie ich und sagt laut: »Now I've seen it all.«

Ein halbes Dutzend Kollegen aus unserem Büro beteiligt sich an der Greencard-Lotterie. Einer gewinnt sie, was die statistisch guten Chancen belegt. Es ist ausgerechnet Dieter Lesche, der auch die Greencard für Investoren bekommen hätte. Er wohnt noch heute in den USA.

Zum Loft geht es täglich mit der *subway,* der New Yorker U-Bahn. Das ist nicht nur eine Fahrt von A nach B, sondern ein Vergnügen. Der Jazz einer Saxofon-Band mischt sich mit der blechernen Durchsage »The next stop is ...«. In dem Lärm spielt ein chinesischer Musiker das »Ave Maria« von Schubert auf der Erhu, der zweisaitigen, mit einem Bogen gestrichenen Röhrenspießlaute. Anfangs frage ich mich, warum die Musik in der New Yorker *subway* so viel schöner klingt als in den deutschen S- und U-Bahnen. Die Antwort ist ganz einfach: Während man bei uns glaubt, jeden noch so stümperhaften Versuch tolerieren zu müssen, muss man sich bei der New Yorker U-Bahn um eine Musiziergenehmigung bewerben und erst einmal vor einer fachkundigen Jury vorspielen. Nur die Allerbesten werden genommen.

Was zum Charme der New Yorker U-Bahn beiträgt: Sie ist alt, fährt seit 1904. In unsere Zeit in New York fällt die Jahrtausendwende und damit auch der vermeintliche Y2K-Bug, auch Millennium-Bug genannt, wonach die Computer ein Problem haben würden, das neue Jahrtausend zu erkennen. Der Strom werde ausfallen, die Flugzeuge abstürzen. Wie andere Weltuntergänge ist auch dieser nicht eingetreten. Die New Yorker U-Bahn gibt schon vorher Entwarnung: Sie habe kein Y2K-Problem. Die *New York Times* schreibt dazu: Natürlich nicht – denn in der U-Bahn stehen keine Computer, Mitarbeiter notieren die Zeiten der einfahrenden Züge mit Bleistift.

Muss man eilig irgendwohin, nimmt man in New York auch mal das Taxi. Die Fahrten sind im Vergleich zu Deutschland günstig, und man kann die *Yellow Cabs* überall an der Straße anhalten. Die meisten Fahrer kommen wie ich aus dem Ausland und suchen in New York ihr Glück. Einmal muss ich von *West 23rd Street and 8th Avenue* nach *East 55th Street and 1st Avenue* – mit der Kreuzung aus Street und Avenue gibt man in Manhattan an, wo man hinwill. Der indische Fahrer sagt, dies sei sein erster Arbeitstag, ob ich ihm zeigen könne, wo es langgeht. Kein Problem, trotzdem erstaunt mich das. Hier verlaufen die *Streets* von Ost nach West und die *Avenues* von Norden nach Süden, die meisten haben Nummern statt Namen, man muss also einfach nur zählen können, um sich zurechtzufinden. Ich frage ihn, wie lange er schon in New York lebe. Er antwortet:»Das habe ich doch gerade gesagt: Heute ist mein erster Tag in New York.« Und gleich als Taxifahrer unterwegs! Er sei vor einem Monat aus Indien in die USA gekommen, habe aber die ganze Zeit in der Küche des indischen Restaurants seines Onkels im Nachbarstaat New Jersey gearbeitet und deshalb noch nichts gesehen.

Als wir das Ziel erreichen, bedankt er sich bei mir für die gute Führung und sagt:»Sie kennen sich in New York aus. Wo bitte muss ich dieses Schild aufhängen?« In New York haben die Taxis an der Rückenlehne des Vordersitzes ein für den Gast hinten sichtbares Schild mit Namen, Passfoto und Lizenznummer des Fahrers. Bei meinem Neu-Taxifahrer lag es bisher auf dem Beifahrersitz.

Außerhalb New Yorks mieten wir bei unseren Drehs Autos an. Das ist easy in den USA, es gilt aber Vorsicht walten zu lassen, wenn man es mit der Polizei zu tun bekommt. Einmal haben wir angeblich bei einem Stoppschild nicht angehalten. Zwei Polizeiwagen folgen uns mit Blaulicht. Passiert dir das, musst du rechts ranfahren und die Hände auf das Steuerrad legen. Bewegt man die Hände oder steigt man gar aus dem Auto aus, hat die Polizei das Recht, einen zu erschießen, denn sie fühlt sich dann bedroht. Schließlich besitzt jeder zweite weiße Mann in den USA eine Schusswaffe, ebenso jeder vierte nicht weiße Mann und jede vierte Frau.

Im NYU Downtown Hospital kommt unsere erste Tochter zur Welt. Wir entscheiden uns für dieses Krankenhaus, da es nicht weit von unserer Wohnung liegt und noch näher an Chinatown. Deshalb sind die meisten Ärztinnen und Krankenschwestern Chinesinnen, sodass sich meine Frau in diesem wichtigen Moment in ihrer Muttersprache verständigen kann. Als wir entlassen werden, unterhalten wir uns mit einer anderen Chinesin, die ebenfalls ihr Neugeborenes im Arm hält. Wie ihr Baby denn heiße, möchte ich wissen. »Es hat schon einen Namen, einen englischen«, sagt sie auf Chinesisch. »Aber ich kann ihn noch nicht aussprechen.«

Auch das prägt das internationale New York: Hier leben viele Nationalitäten, aber oft mehr nebeneinander als miteinander. In seiner eigenen *community* kann man auf Spanisch, Chinesisch, Arabisch oder Russisch einkaufen, im Restaurant etwas bestellen oder sich eben auch mit dem Arzt verständigen. Viele sprechen kein oder nur wenig Englisch, etwa illegale Einwanderer aus der chinesischen Küstenprovinz Fujian. Dass sie keine Krankenversicherung haben und kein Geld, um im Hospital zu bezahlen, ist kein so großes Problem, wie Deutsche mit Klischeevorstellungen über die USA meinen. Tatsächlich haben viele Amerikaner keine Krankenversicherung. Als wir dort leben, vor Obamas Gesundheitsreform *Obamacare,* sind es sogar noch mehr. Doch das trifft vor allem Angehörige der Mittelklasse, die das Geld für die Versicherung einsparen. Die wirklich Armen bekommen *Medicaid,* die Senioren *Medicare,* was bedeutet, dass der amerikanische Staat die Behandlungskosten übernimmt.

Mit Nachwuchs ist unsere Einzimmerwohnung in Manhattan zu klein, und wir machen das, was viele New Yorker in dem Fall tun: Wir ziehen um in den Stadtbezirk Brooklyn, in die kleine, von Bäumen gesäumte Minna Street, mieten dort die untere Etage des Hauses einer chinesischen Familie, die über uns wohnt. Die Straße wurde traditionell von italienischen Einwanderern bewohnt, ist jetzt aber bunt gemischt, mit vielen Latinos und Chinesen. Wenige Fußminuten entfernt liegt eine Wohngegend von orthodoxen Juden. Die Männer haben volle Bärte und Schläfenlocken, tragen dunkle Kleider und Hüte. Sie betreiben kleine Läden, in denen wir für den täglichen Bedarf einkaufen, von Kuchen bis zu Kugelschreibern.

Mit der Geburt in den USA erlangt unsere Tochter automatisch die amerikanische Staatsangehörigkeit. Da es in den USA keine

Einwohnermeldeämter gibt (genau, man muss seine Adresse nirgendwo anmelden), beantragt man den Reisepass dort bei der Post. Ich stelle mich also im Postamt am dafür vorgesehenen Schalter an. Andere in der Schlange fragen mich, wohin ich reisen möchte. Ich antworte, dass der Pass für unsere Tochter ist. Und wohin wolle die reisen? Erst einmal gar nicht, aber man braucht doch einen Reisepass. So denken wir Europäer, aber nicht die US-Amerikaner. 1989 besaßen lediglich drei Prozent von ihnen einen Reisepass. Mittlerweile sind es mehr, aber immer noch eine Minderheit. Amerikaner beantragen nur einen Pass, wenn sie ins Ausland reisen. Und die meisten reisen nicht ins Ausland. Auch im amerikanischen Fernsehen kommt die Welt außerhalb der USA fast nicht vor – nicht einmal bei CNN. Was wir kennen, ist CNN International, aber im eigenen Land läuft nur CNN USA. Das erklärt die Unkenntnis vieler US-Bürger über internationale Ereignisse.

Wir brauchen den Pass unserer Tochter schneller als erwartet. Das ergibt sich so: Christian, der Neffe meines alten Freunds und Kollegen Thomas Kerstan von der *Zeit,* arbeitet in den USA für den dortigen Ableger des deutschen Bauer Verlags. Als wir Christian und seine amerikanische Freundin zum Essen treffen, erwähnt er, der Verlag habe gerade Schwierigkeiten mit seinem chinesischen Zeitschriftengeschäft und suche jemanden, der Chinesisch spricht und da aushelfen kann. Ich bin erstaunt, dass ein großes deutsches Unternehmen so seine Mitarbeiter rekrutiert, zeige aber Interesse. Der Verlag lädt mich nach Hamburg ein. Dort empfangen mich in einem Sitzungsraum: Verleger Heinz Bauer, seine Gattin Gudrun und mehrere leitende Manager. Sie fragen mich, ob ich ein paar Wochen nach China reisen, mir ihren Zeitschriftenverlag vor Ort ansehen und darüber einen Bericht zur internen Verwendung schreiben könne. Das Angebot klingt für mich dubios. Offenbar haben die ja ein eigenes Management in China – soll ich dem jetzt mit einer kritischen Beurteilung eins auswischen? Außerdem bin ich als Korrespondent in den USA gut beschäftigt.

Jetzt kommt der Zufall ins Spiel, der dein Leben entscheidend verändern kann, vorausgesetzt du bist bereit, dich darauf einzulassen. Bernd Hendricks ist ein Deutscher in New York, den ich flüchtig in meiner Jugend kannte, damals lebte er noch in Duisburg. Als ich nach New York gehe, höre ich von gemeinsamen Freunden:»Der Bernd ist doch auch da!«Ich treffe ihn dort, woraus eine schöne Freundschaft entsteht. So habe ich ihm auch von dem Besuch bei Bauer erzählt. Einige Tage nach meiner Rückkehr ruft er mich an:»Habe gerade eine Anzeige gesehen – Gruner + Jahr sucht einen Geschäftsführer für China.«Unter anderen Umständen wäre ich nie auf die Idee gekommen, mich da zu bewerben. Aber wenn Bauer mich für geeignet hält, im chinesischen Verlagsgeschäft etwas zu bewegen – dann vielleicht Gruner + Jahr auch? Und das ist für mich der wesentlich interessantere Verlag, mit Zeitschriften wie *Stern* und *Geo*. Er ist die Magazinsparte von Bertelsmann, einem der größten Medienkonzerne der Welt, mit Unternehmen wie der Buchverlagsgruppe Random House, dem Entertainmentdienstleister Sonopress und den Fernsehsendern von RTL.

Außerdem gilt, was Frank Sinatra in *New York, New York* singt: »If I can make it there, I'll make it anywhere.«Nachdem ich es schon in New York geschafft habe ... So schicke ich meine Bewerbungsunterlagen an Gruner + Jahr. Doch trotz meines gewöhnlichen Optimismus, innerlich rechne ich nicht mit einem Antwortschreiben. Es kommt auch keines, und auch sonst ist nichts zu hören von dem deutschen Medienunternehmen – zwei Monate lang.

Dann klingelt das Telefon bei uns in Brooklyn. Am Apparat ist Johannes Werle, heute Vorsitzender der Rheinische Post Mediengruppe, damals Verlagsleiter des Unternehmensbereichs International von Gruner + Jahr – mit Sitz in Paris, denn sein Chef Axel Ganz ist in Personalunion Auslandsvorstand von Gruner + Jahr und Chef von Prisma Presse, dem französischen Tochterunternehmen von G+J. Ganz ist eine Legende im internationalen Verlagswesen, die *International Herald Tribune* nannte ihn einmal den »König der europäischen Magazinpresse«. Und genau dieser Axel Ganz sei morgen in einem Hotel in New York, wegen des US-

Geschäfts von Gruner + Jahr, und wolle mich bei der Gelegenheit einmal kennenlernen.

Ich gehe mit einer gewissen Nervosität in das Gespräch, schließlich habe ich noch nie irgendwo als Manager gearbeitet. Glücklicherweise komme ich so gut wie nicht zu Wort. Stattdessen klagt mir Axel Ganz sein Leid: 150 Personen haben sich auf die Stelle beworben. Er teilt sie in zwei Gruppen ein: Jungmanager, meist mit MBA-Abschluss, die sich nicht wirklich für China interessieren, ein paar Jahre dort aber gut für den Lebenslauf finden; und Sinologen, aus seiner Sicht weltfremde Theoretiker. Ihm passen weder die einen noch die anderen. Aber meinen eher bunten Lebenslauf findet er gut, so sagt er: Ich habe als Journalist praktische Erfahrungen mit Zeitschriften; ich kenne China und spreche Chinesisch; und ich bin mit einer Chinesin verheiratet, also auch bereit, mich langfristig in China niederzulassen.

Damit bin ich natürlich noch nicht eingestellt. Es folgt eine Einladung zu formellen Vorstellungsgesprächen mit vielen Beteiligten in der internationalen Zentrale von Gruner + Jahr in Paris. Davor mache ich die beste Investition meines Lebens. Was das ist? Aktienfonds, Bundesanleihen, Gold? Nein, alles Quatsch. Die höchste Rendite bringen Bücher. Ich kaufe für 14,45 US-Dollar *The Complete Idiot's Guide to the Perfect Interview.*

Die Weisheit des Buchs ist einfach, aber wirksam: Vergiss beim Vorstellungsgespräch, was dich selbst interessiert. Sage nicht: »Ich möchte mich verwirklichen«, »Mich reizt die Arbeit im Ausland« oder gar »Ich will die Welt verändern«. Überlege stattdessen: Was sind die Probleme des Unternehmens beziehungsweise des Managers, der das Vorstellungsgespräch führt? Biete dich als Lösung für seine Probleme an. Sprich nur über deine Vorteile. Wenn du nach einem Gebiet gefragt wirst, auf dem du nicht so stark bist, dann sage: Dieser Schwäche bin ich mir bewusst, und ich arbeite so und so daran, sie zu überwinden. Mir kommt zugute, dass Axel Ganz noch ein Zeitschriftenmacher alter Schule ist, kein studierter Betriebswirtschaftler, sondern ein gelernter Fotograf, der dann Journalist wurde und später Verleger. Er setzt darauf, dass ich als

Pionier das Zeitschriftengeschäft von Gruner + Jahr in China aufbaue, so wie er es in Frankreich und später in vielen anderen Teilen der Welt aufgebaut hat. Er stellt mich ein als Geschäftsführer für China. Nach zwei Monaten Training bei Gruner + Jahr in Paris und Hamburg ziehen wir von New York nach Shanghai.

Merkzettel

- Die USA seien das Land der unbegrenzten Möglichkeiten, heißt es. Einerseits nein, viele Amerikaner zerbrechen an dieser Illusion. Andererseits ja, für viele Einwanderer, auch Deutsche, bieten sich dort Chancen, die sie zu Hause nicht bekommen. Der Staat hilft dir dort weniger als bei uns – andererseits legt er dir auch weniger Steine in den Weg.
- New York ist die Hauptstadt der Welt, in der Menschen von überallher zusammenkommen, die etwas Neues erreichen wollen. Das gilt als Klischee, stimmt aber trotzdem. Zwar leben die verschiedenen Kulturen oft mehr nebeneinander als miteinander. Aber wenn du willst, kannst du alle kennenlernen – ihre politischen Ideen, ihre Musik, ihre Speisen und Getränke.
- Es gibt verschiedenste legale Wege, ein langfristiges Visum für die USA oder sogar eine Greencard zu bekommen. Informiere dich darüber, was zu deinen Plänen am besten passt.
- Die statistische Chance, bei der Greencard-Lotterie zu gewinnen, ist vielfach größer als im Lotto oder im Casino.
- Du hast ein längerfristiges Visum für ein anderes Land und willst mit Partnerin oder Partner dorthin? Dann kann eine Heirat euch beiden den Aufenthalt ermöglichen.
- Zur Wohnungssuche in New York oder anderen gefragten Metropolen: Forste deinen Bekanntenkreis durch, ob da jemand jemanden kennt, der jemanden kennt, der gerade wegzieht. Es kann deine beste Chance für ein bezahlbares und gut gelegenes Apartment sein.

- Vordergründig sind auch die USA ein Land mit vielen seltsamen Vorschriften. In Formularen wird manchmal regelrecht gedroht: Mache dies nicht, jenes ist verboten, schreibe nur mit dieser Art von Stift usw. Doch wenn man mit den Leuten spricht, sind Amerikaner eher als Deutsche bereit, eine Vorschrift für dich außer Kraft zu setzen. Ausnahme: Diskutiere niemals mit Polizisten oder Wachleuten in den USA.
- »Der Kunde ist König« ist in Deutschland nur ein Sprichwort. In Amerika hingegen bemühen sich (fast) alle um den bestmöglichen Service, geht es den meisten um geschäftlichen Erfolg und nicht nur um Dienst nach Vorschrift.
- Freizügige Rap-Texte und Nackte beim Burning-Man-Festival sollten nicht darüber hinwegtäuschen: Die meisten Amis sind prüde. Oder wie mir der New Yorker Porno-Produzent Al Goldstein einmal in einem Interview sagte: »Ihr Europäer seid schuld – die Kriminellen habt ihr nach Australien geschickt und die Puritaner nach Amerika.«
- Nicht alle Vorurteile über die USA stimmen. Es ist zum Beispiel nicht wahr, dass Arme dort im Krankenhaus nicht behandelt werden.
- Wenn du als Freiberufler ins Ausland gehst, kann es sinnvoll sein, dich mit anderen aus deiner Branche zusammenzuschließen, etwa in einem gemeinsamen Büro. Ihr könnt Erfahrungen austauschen. Erfahrungsgemäß hat man in manchen Perioden zu viel Arbeit, in anderen keine. So könnt ihr euch die Anfragen gegenseitig zuschieben. Und gegenüber Auftraggebern habt ihr eine stärkere Verhandlungsposition.
- Ungebetene Ratschläge von Freundinnen und Bekannten für deinen weiteren Berufsweg lösen oft Widerwillen aus. Aber denke zweimal darüber nach, bevor du sie verwirfst – vielleicht ist es die Chance deines Lebens.
- Wenn dich eine Stelle interessiert, kannst du dich als Seiteneinsteiger auch dann bewerben, wenn die Anforderungen aus der Anzeige auf dich nicht zutreffen und du keine Chance siehst. Vielleicht triffst du bei der zukünftigen Chefin den richtigen Nerv …

Eine extreme Perspektive

Als Topmanager in Shanghai

Wenn du als Freiberufler ins Ausland ziehst, bezahlst du den teuren Umzug oder nimmst nur mit, was in einen Koffer passt, kaufst das Flugticket und kümmerst dich allein um die Wohnungssuche. Das ist es wert, denn oft gibt es keinen anderen Weg. Wirst du aber entsandt, bezahlt das Unternehmen den Umzug und die Flüge, normalerweise auch für einen Urlaub jährlich zu Hause, übernimmt zumindest einen Teil der Wohnungskosten und erstattet, wenn du Kinder hast, auch die meist sehr hohen Gebühren für die deutsche oder internationale Schule. Mit dieser zweiten Variante genießt du also einige Vorteile.

Für mich ist der Wechsel nach Shanghai aber nicht nur die Rückkehr in den Angestelltenstatus, sondern der Aufstieg vom Auslandskorrespondenten zum Topmanager. Denn als Geschäftsführer eines der Tochterunternehmen von Gruner + Jahr im Ausland gehöre ich zu dem engen Kreis, der die weltweite Strategie des Konzerns entwickelt. Folgerichtig wird bald entschieden, ich solle in China den Titel Chief Executive Officer (CEO) tragen, um mit chinesischen Geschäftspartnern auf Augenhöhe verhandeln zu können. Der Wandel beginnt schon bei Äußerlichkeiten, die für mich bis dahin ungewohnt sind. Ich kaufe mir Anzüge von Hugo Boss und Calvin Klein. Von nun an trage ich an jedem Arbeitstag einen teuren Anzug und täglich eine andere Krawatte. (Der Trend zum Business-Casual-Look, also ohne Krawatte, setzt sich erst einige Jahre später durch.)

Viel größer sind die beruflichen Herausforderungen. Und das liegt nicht nur daran, dass ich neu in einer solchen Position bin. Bis dahin glaubte ich, in großen Unternehmen folge alles einer »Profitlogik«, sei also gut durchdacht, zumindest im Sinne der Anteilseigner. Hier aber hat die Begeisterung über den scheinbar riesigen chinesischen Markt dazu geführt, dass Gruner + Jahr einige merkwürdige Entscheidungen getroffen hat. Ich bin der erste Manager für China, doch schon bevor man jemanden eingestellt hat, ließ man sich bei einem opulenten Mittagessen mit chinesischen Funktionären auf folgenden Deal ein: Da in China viele Leute jetzt Autos kaufen, sei es das Beste, eine Autozeitschrift zu produzieren. Und das, obwohl G+J von *Geo* bis zu *Brigitte,* von *P. M.* bis zu *Schöner wohnen* alle möglichen Zeitschriften besitzt, aber keine Autozeitschrift. (Später wird das Hamburger Verlagshaus für einige Jahre eine Mehrheit an der Motorpresse Stuttgart mit der Zeitschrift *Autor Motor und Sport* übernehmen, doch die ist in jener Zeit Konkurrent und selbst schon in China aktiv.) Und da die internationale Zentrale von G+J damals in Paris sitzt, wurde dort eine Redaktion aus französischen Autoredakteuren gebildet für ein chinesisches Magazin *Car & Motor.* Sie sprachen kein Englisch und schon gar kein Chinesisch und hatten China nie besucht, schrieben nun aber für eine chinesische Autozeitschrift. Ein Pekinger Philosoph, der vor vielen Jahren nach Frankreich ausgewandert war, übersetzte die Texte ins Chinesische. Den niedrigen Einnahmen in China standen hohe französische Gehälter und Honorare gegenüber. Auch war das Segment der Autozeitschriften in China gar nicht so gewinnträchtig, wie es auf den ersten Blick erschien. Es gab nämlich bereits über zwanzig davon, und die wurden von chinesischen Redakteuren erstellt, die sich in ihrem Land auskannten.

Meine erste Aufgabe besteht also darin, die Produktion von *Car & Motor* nach China zu überführen. Dazu muss ich mit dem

Staatsverlag Shanghai Scientific & Technical Publishers zusammenarbeiten, den der Vorstand von G+J als Partner ausgewählt hatte, ohne Landeskenntnis und vor meiner Zeit. Einen chinesischen Partner brauchen ausländische Verlage, sie selbst dürfen in China nichts publizieren. Auch chinesische Privatunternehmer müssen mit Staatsverlagen kooperieren, nur die bekommen die Lizenznummern für Zeitschriften. Doch von den vielen Staatsverlagen, die ich in den kommenden Jahren in China kennenlernen soll, ist Shanghai Scientific & Technical Publishers bei Weitem der verschlafenste. Die G+J-Vorstände unterzeichneten den Kooperationsvertrag in einem Fünfsternehotel – die Verlagsräume haben sie nie gesehen.

Shanghai Scientific & Technical Publishers residiert in einem verfallenen Hinterhof, in dem es nach Müll und Urin stinkt. Die drei chinesischen Mitarbeiter von *Car & Motor* werkeln in einem fensterlosen Kellerverlies mit nacktem Zementboden. Sie waren von dem Verlag nach seltsamen Kriterien ausgesucht worden: Der »ausführende Chefredakteur«, der eigentlich mehr ein Vertriebs-Chef ist, hat Wasserbau studiert und vorher als kommunistischer Parteisekretär an einem Staudamm gearbeitet. Ein jüngerer Redakteur bearbeitet den oft altertümlichen Stil der Übersetzungen aus Paris, der Mathematiker gilt als vorherbestimmt dafür, denn sein Vater ist ein bekannter Professor für chinesische Literatur. Als Anzeigenverkäufer fungiert ein schüchterner, schlecht gekleideter Arzt für chinesische Medizin. Es ist ein offenes Geheimnis, warum er genommen wurde: Der alternde Direktor des Verlags hat ein Verhältnis mit seiner Frau gehabt – er entschädigte den Arzt mit dem lukrativen Posten und bereinigte die Affäre so lautlos.

Die Arbeit ist zwischen den drei Männern nicht klar aufgeteilt, alle redigieren ein bisschen, versuchen Anzeigen zu verkaufen und laden Zeitschriftengrossisten zu Arbeitsessen ein. So steuern sie weder die erforderlichen chinesischen Geschichten und Fotos bei, noch erzielen sie nennenswerte Anzeigenumsätze. Da wird es schnell zu meiner Hauptaufgabe, einen neuen Partnerverlag zu finden.

Gleichzeitig schwelge ich im Luxus eines Topmanagers. Der hat einige Vorteile gegenüber einem Selbstständigen, der sein eigenes Geld investiert. Denn so schlecht das Geschäft auch laufen mag – das weit überdurchschnittliche Gehalt wird dem Manager pünktlich am Monatsersten überwiesen. Nicht nur deshalb gestaltet sich die Wohnungssuche in Shanghai geschmeidig. Der Bauboom führt zu leer stehenden Wohnungen zuhauf, vor allem in der höheren Preisklasse, die in jener Zeit den normalen Preisen in Deutschland entspricht. Makler reißen sich um Kunden und holen sie mit dem Chauffeur ab. Die Provision übernimmt der Vermieter. Meist sind die Wohnungen bereits möbliert.

Das gilt auch für die, die wir auswählen: in der fünfzehnten Etage der Shanghai City Apartments, vier Zimmer mit Parkettboden über 160 Quadratmeter, Miete 2300 US-Dollar, von denen das Unternehmen aber die Hälfte übernimmt. Das gehört zu den Eigenheiten des Managerlebens, die ich kennenlerne: Wer bereits besonders viel verdient, muss manch alltägliche Ausgabe gar nicht selbst begleichen. In Shanghais kommerziellen Service-Apartments kommen noch einige Privilegien hinzu, die in der Miete eingeschlossen sind: Ehemalige Elitekämpfer der Volksbefreiungsarmee bewachen das Gebäude; dreimal wöchentlich saugt und bohnert eine fünfköpfige Putzbrigade die Wohnung; kostenlos rennen wir im Fitnesscenter und kraulen im hauseigenen Pool an Plastikpalmen vorbei; eine schnelle Eingreiftruppe von Handwerkern repariert alles zu jeder Zeit; man muss dazu nur die Models anrufen, die in weinroter Uniform hinter der Marmorrezeption in der Eingangshalle stehen.

Ich schaue in unserer neuen Wohnung durch die Wände aus Glas. Die Wolkenkratzer des Hilton und des Garden Hotels stehen in unmittelbarer Nähe. Fensterputzer hangeln sich an Seilen nach oben. Auf Betonpfeilern kreist über Radfahrern und Fußgängern ein Kreuz der Stadtautobahn, die nachts in einem nordpoleisblauen Neonlicht leuchtet.

Wir leben im traditionellen Stadtteil *Puxi* westlich des Huangpu-Flusses *(xi* heißt »Westen«), wo sich Wolkenkratzer in fantasievollem Design mit französischen Kolonialbauten mischen. Unser Apartment-Gebäude liegt an der schmalen *Shanxi Road*. Dort reiht sich eine nette kleine Boutique an die nächste; die oberen Etagen beherbergen schicke Restaurants. Am Ende dieser Straße, fünf Minuten zu Fuß von uns entfernt, liegt die *Huaihai Road*, Shanghais vornehme Einkaufsallee. Wir besuchen die modernen Shopping-Tempel wie Times Square und Hong Kong Plaza, gehen vorbei an den Schaufenstern der Schneider und Juweliere, sehen den gotischen Bau des französischen Kaufhauses Le Printemps und den Parkson Department Store, vor dem Models Orangensaft und die neueste Gesichtscreme promoten.

An der Promenade *Bund* leuchten die renovierten alten und wieder als solche benutzten Bankgebäude nachts heller als am Tag. Am gegenüberliegenden östlichen Ufer des Huangpu, der Sonderwirtschaftszone *Pudong (dong* für »Osten«), sind auf ehemaligen Reisfeldern Wolkenkratzer entstanden, höher als in Manhattan. Dort strahlt die »Perle des Orients«, der damals höchste Fernsehturm Asiens, mit seinen pinkfarbenen futuristischen Glas- und Betonkugeln. Die Shanghaier Schriftstellerin Wei Hui hat ihn als einen »stählernen, gen Himmel ragenden Penis« bezeichnet.

Aber zurück zu meiner Arbeit und der Suche nach einem neuen chinesischen Partner. Unter den Verlagen einen guten zu finden, ist nicht leicht. An Kandidaten mangelt es nicht. Fast täglich erhalte ich E-Mails und Faxe aus allen Teilen Chinas. Oft kommen die Repräsentanten auch in mein Büro.

Gewöhnlich laden sie mich zu Essensgelagen ein, von denen eins dem anderen gleicht. Chinesen bewirten Gäste in meist schmuck- und fensterlosen Nebenräumen von Restaurants, ohne Blick auf andere Gäste oder gar auf die Straße. Es gelten strenge Regeln, wer beim Geschäftsessen an den runden Tischen wo zu sitzen hat. Der Gastgeber blickt mit dem Gesicht zur Tür. Den ranghöchsten Gast platziert er rechts von sich. Der zweithöchste Gastgeber sitzt dem Haupt-Gastgeber gegenüber, der zweithöchste Gast rechts neben dem zweithöchsten Gastgeber. Bei Bankerten speisen die dritt- und vierthöchsten Gastgeber und Gäste am zweiten Tisch in der entsprechenden Rangordnung und so weiter. Hierarchie ist wichtig in China.

Mal erhalte ich Besuch von einem greisen Verlagsdirektor aus der entfernten Jilin-Provinz, mit Spazierstock und in Begleitung einer fünfzig Jahre jüngeren Frau, die offensichtlich mehr ist als nur eine Mitarbeiterin. Mal spricht mich in einem Café ein Mann vom Nebentisch an: »Ich entnehme Ihrem Gespräch, Sie machen Zeitschriften. Da können wir ins Geschäft kommen.« Die vorgeschlagenen Businessmodelle ähneln einander: Gruner + Jahr investiert Geld, liefert kostenlos Fotos und Texte aus dem Ausland und stellt seine internationalen Marken zur Verfügung – die chinesische Seite bringt die Genehmigung für die Zeitschrift ein, kontrolliert die Inhalte und kassiert den Großteil der Erlöse. Immer wieder gehen ausländische Unternehmen in China auf solche Deals ein, berauscht vom »Zukunftsmarkt mit mehr als einer Milliarde Menschen« und erpresst von kleinen Funktionären, denen das chinesische System fürstliche Vollmachten verleiht. So ist es zum Beispiel in China selbst für Staatsverlage schwierig, die Lizenz für eine neue Zeitschrift zu bekommen, was dieses Behördendokument bereits zu einem hohen Vermögenswert macht.

Das größte Risiko für ausländische Verlage besteht darin, dass die Zeitschrift immer dem chinesischen Staatsverlag gehört, da der ausländische Partner de jure nur »beratend« tätig ist. In mehreren Fällen führten Chinesen die Zeitschrift allein weiter, nachdem sie in zwei oder drei Jahren das Know-how gelernt hatten und das Blatt anfing, Gewinn abzuwerfen. Deshalb fordern ausländische Verlage von Chinas Führung Rechtssicherheit, durch Gesetz geschützte Verlags-Joint-Ventures, also ausländisch-chinesische Gemeinschaftsunternehmen. Nein, sie fordern diese nicht, sie bitten untertänig darum. Auch ich pilgere nach Peking, beschenke Spitzenbeamte der Presse- und Verlagsverwaltung mit wertvollen Holzschnitzereien aus der Ming-Dynastie, die ich gekauft habe, beraten vom ausführenden Chefredakteur aus dem Partnerverlag: »Keinen Buddha, das sind Parteifunktionäre, religiöse Gegenstände dürfen die nicht annehmen, lieber diesen alten Mann mit Bart, der ewiges Leben verkörpert.«

Doch an den rechtlichen Bedingungen für ausländische Verlage ändert sich in China nichts (übrigens bis heute nicht). Dafür finde ich einen neuen, passenden Partnerverlag: China Light Industry Press. Vielleicht erstaunt es dich, dass all diese chinesischen Verlage und Zeitschriften einen offiziellen englischen Namen haben, aber das ist zumindest in jenen Zeiten üblich, Englisch wird dort als eine Weltsprache gesehen. Manche Chinesen glauben, alle im Westen würden Englisch sprechen, was vor allem die Franzosen immer ärgert. Wichtiger in dem Verlagsnamen ist das »China«, im Unterschied zum »Shanghai« in Shanghai Scientific & Technical Publishers. Das sind keine Namensbestandteile, die sich Unternehmen in China nach Belieben aussuchen dürfen. »Shanghai« bedeutet in diesem Fall, dass ein Verlag bei der Shanghaier Presse- und Verlagsbehörde angesiedelt ist, also auf örtlicher Ebene. Die China Light Industry Press hingegen gehört zum Leichtindustrie-Ministerium und damit zur zentralen chinesischen Führung. Damit hat ein solcher Verlag sehr viel mehr Möglichkeiten.

Wie die genutzt werden, hängt von den beteiligten Personen ab. China Light Industry Press hat mit Zhao Jiqing eine sehr energische und engagierte Chefin. Unter dem Namen *Rayli* (»Glückbringend und schön«) hat sie die führende Marke für gehobene chinesische Frauenzeitschriften entwickelt. Noch nicht so gut läuft eine Elternzeitschrift, der Verlag bewegt sich neu in diesem Segment. Doch der Markt verspricht Zukunft. Für Chinesen ist die Zukunft der Kinder das Allerwichtigste. Und in jener Zeit gilt noch die Ein-Kind-Politik, die ganze Aufmerksamkeit richtet sich auf das eine Kind – und dafür wird ein Großteil des Familieneinkommens ausgegeben.

Ich schlage der Verlagschefin vor, die Zeitschrift unter der Marke *Parents* neu zu starten. Dies ist ein Bereich, in dem Gruner + Jahr sehr viel Erfahrung und Inhalte hat, mit *Eltern* in Deutschland und *Parents,* einer Zeitschrift von G+J in den USA – der englische Markenname passt in China natürlich besser. Ich selbst werde den Verlag managen, der nach außen als Consulting-Joint-Venture auftreten muss. Die Redaktion könne, soweit von mir für gut befunden, übernommen werden. Ich habe die Redakteurinnen schon kennengelernt, ausschließlich Frauen arbeiten bei der Zeitschrift, ein junges, engagiertes Team, dem nur eine gute Anleitung fehlt. Wir können auf Fotos und Texte aus den deutschen *Eltern* und den amerikanischen *Parents* zurückgreifen. Internationale Erfahrungen bei der Kindererziehung interessieren unsere Zielgruppe von Eltern aus dem neuen chinesischen Mittelstand – und Fotos von westlichen Babys werden bis zu einem bestimmten Maß auch gerne gesehen. Vor allem aber wollen wir die Redakteurinnen trainieren, damit sie in China selbst Inhalte erstellen, die der Qualität von *Eltern* und *Parents* entsprechen, aber zugeschnitten sind auf die Wünsche unserer chinesischen Zielgruppe. Frau Zhao begeistert sich für die Idee. Und ich kann auch meinen Chef Axel Ganz überzeugen, den Vorstand International von Gruner + Jahr.

Beide Seiten investieren zu je fünfzig Prozent in das neue Gemeinschaftsunternehmen, dessen Chef ich werde. Das alles ist keineswegs selbstverständlich. Oft will die chinesische Seite, dass sie mehr Rechte hat, die ausländische aber mehr bezahlt. Am längsten kämpfe ich mit den Bedenkenträgern in der Rechts- und Finanzabteilung von G+J, die nicht einsehen wollen, warum in China kein deutsches Recht gilt. Nachdem die Vertragsentwürfe ein Dutzend Mal geändert, in Chinesisch und Englisch hin und her übersetzt und die Anwälte dabei reich geworden sind, starten das Joint Venture und die Zeitschrift *Fumu-Parents.* »Fumu« ist das chinesische Wort für »Eltern«, darunter steht das Logo »Parents«, eine Trademark von G+J und somit auch eine Absicherung, dass der chinesische Verlag die Zeitschrift nicht eines Tages ohne uns herausgeben kann.

G+J startete *Car & Motor* in China, ohne den Markt zu kennen. Als ich *Fumu-Parents* einführe, analysiere ich das Umfeld, prüfe eine eigens für diesen Zweck erstellte Nullnummer in Fokusgruppen, die ich gemeinsam mit einem Marktforschungsinstitut organisiere: In Peking, Shanghai und Guangzhou (Kanton) diskutieren Leserinnen und Leser aus der Zielgruppe die Nullnummer, sie werden von den Redakteurinnen und mir dabei beobachtet. Wir sitzen hinter einer getönten Scheibe, die nur in eine Richtung durchsichtig ist, damit niemand kritische Meinungen zurückhält. Dieses Verfahren ist international üblich, für chinesische Zeitschriften aber neu.

Der Start von *Fumu-Parents* ist ein großer Erfolg auf einem schwierigen Zeitschriftenmarkt. In China erscheinen 9000 Blätter und Hefte, nur in den USA und England gibt es mehr. In China lesen jedoch weitaus weniger Menschen Zeitschriften als in den entwickelten Ländern, lediglich Wohlhabende in den großen Städten haben Geld und Muße dafür. An den Kiosken liegt unser Heft ganz vorn, auch wegen seiner attraktiven Cover-Fotos, die aus den internationalen Ausgaben übernommen werden.

Wir mieten eine Showbühne vor dem Parkson-Kaufhaus in der *Huaihai Road* und lassen Models tanzen, genau dort, wo Shanghais Schöne und Reiche herumspazieren und shoppen. Sie schmücken sich gern mit einer schicken Zeitschrift, stehen am Aktionstisch Schlange für ein Abo, das sie gleich in bar für ein Jahr im Voraus bezahlen. In Peking und in den reichen, südlichen Küstenstädten Guangzhou und Shenzhen organisieren wir ähnliche Aktionen. Auch die Anzeigenkunden sind interessiert, denn sie kennen *Parents* als Weltmarke. Die chinesische Redaktion erstellt siebzig Prozent des Inhalts, dreißig Prozent werden aus den internationalen Ausgaben übersetzt. Redaktion und Marketing unterstehen mir, alle ziehen an einem Strang – kein Vergleich zu dem Hickhack mit dem alten Partnerverlag bei *Car & Motor*.

Für den Chef der Tochterfirma eines internationalen Unternehmens gehört das Lobbying innerhalb des eigenen Konzerns zu den wichtigsten Aufgaben, denn man will ja, dass möglichst viel in »seinem Land« investiert wird. So spreche ich auf dem Internationalen Management Meeting von Gruner + Jahr in Hamburg. Ich referiere über Schwierigkeiten des chinesischen Markts, betone aber vor allem seine großen Chancen. Laut Weltbank wurden dort 850 Millionen Menschen aus der Armut befreit. Stärker noch als

Zahlen wirken Bilder. Ich zeige in meiner PowerPoint-Präsentation Chinesen vor wenigen Jahren im blau leinenen Mao-Kittel und modern gekleidete Chinesen heute. Den Reisfeldern von *Pudong* stelle ich ein Foto von den Wolkenkratzern hier zehn Jahre später gegenüber, sage: »Da ist so viel Wohn- und Büroraum entstanden, wie es in ganz Westberlin gegeben hat.« Ein Raunen geht durch den Saal.

Nach mir ergreift Auslandsvorstand Axel Ganz das Mikrofon: »Das Thema war ›Verlegen an der Frontlinie – zwischen Ferrari und Bulgari‹. Ich habe Adrian Geiges noch nie in einem Ferrari gesehen, auch trägt er keine Luxusuhr von Bulgari. Aber er arbeitet tatsächlich an der Frontlinie. Und er ist der Einzige von uns, der Chinesisch zu Hause spricht, denn er ist mit einer Chinesin verheiratet. Warum sind wir in China? Es ist in dem Vortrag sehr klar geworden, das ist ein Markt mit riesigem Potenzial. Aber es braucht Zeit.«

Die von Anfang an sehr engagierten Redakteurinnen und Anzeigenverkäuferinnen von *Fumu-Parents* schicke ich zur Weiterbildung, einen Teil von ihnen nach München zur Zeitschrift *Eltern,* andere nach New York zu *Parents.* Sie kommen zurück mit stark verbessertem journalistischem Handwerk und hoch motiviert. Die Anzeigenumsätze vervielfachen sich, auch dank der für China ungewöhnlichen professionellen Unterlagen für die Kunden, die mein Team ausgearbeitet und gestaltet hat. Die Auflage wächst stetig. Buchhaltung und Berichtswesen folgen internationalen Standards, was in China nicht einfach durchzusetzen ist.

Was meine jetzige Position von alldem unterscheidet, was ich bisher getan habe: Ich leite Dutzende Mitarbeiterinnen und Mitarbeiter. Zwar hat man auch als Journalist mit vielen Menschen zu tun. Aber zu den meisten von ihnen steht man nicht in einem hierarchischen Verhältnis. Es heißt: »Kleider machen Leute«. Doch eine Führungsposition verändert das Verhältnis von anderen Personen zu dir noch viel mehr. Du wirst jetzt mit größtem Respekt und extrem freundlich behandelt, weißt aber nie, ob du persönlich gemeint bist oder nur deine Funktion. Auch erlebst du, wie viele

Intrigen es gibt, wo eine Menge Leute zusammenwirken. Mitarbeiterinnen kommen zu dir, um sich über andere zu beschweren oder um eigene Freunde in die Firma zu holen.

Umgekehrt gibt es auch Hierarchie-Ebenen über mir. An der Spitze steht Liz Mohn, die Eigentümerin des Bertelsmann-Konzerns, zu dem Gruner + Jahr gehört (damals mit Mehrheitsanteil von 74,9 Prozent, mittlerweile zu 100 Prozent). Als sie einmal Shanghai besucht, lädt sie die leitenden Bertelsmann-Manager aus ganz Asien zum Dinner in ein Restaurant ein, etwa fünfzehn Personen. Sie hat das Essen für 20 Uhr angesetzt, spät in China, wo manche schon vor 18 Uhr zu Abend essen. Um 20 Uhr sind wir Gäste da und auch der Tross der Patriarchin – aber nicht Liz Mohn selbst.

Sie kommt gegen 20:30 Uhr, in einem weißen Kostüm, in China trägt man Weiß zu Beerdigungen. Die Chinesen fassen sich demonstrativ an den Magen. Sie freuen sich, dass es jetzt mit dem Essen losgeht. Doch von wegen. Liz Mohn klopft mit einem der goldenen Stäbchen, die zum Essen bereitliegen, auf ein Weinglas – jetzt geht ihre Rede los.

Sie beginnt am Ende des Zweiten Weltkriegs und mit ihrem heutigen Ehemann: »Reinhard Mohn kam aus der Gefangenschaft zurück, stellte sich in seinem Soldatenmantel vor die Belegschaft und sagte: ›Jetzt müssen wir die Ärmel hochkrempeln und zupacken.‹« Einige Jahre später, 1958, um genau zu sein, kam es bei einem Betriebsfest zu folgender Begebenheit, die sie ebenfalls im Detail schildert: Die damals 17-jährige Liz, die sechs Wochen vorher als Telefonistin bei Bertelsmann angeheuert hatte, blieb beim Spiel »Reise nach Jerusalem« als Zweitletzte übrig. Es gewann Reinhard Mohn. »Seither gingen wir Hand in Hand durchs Leben.« Wir fragen uns, wann es endlich etwas zu essen gibt.

Doch Liz Mohn spricht weiter. Sie flicht einige Lebensweisheiten und Managementlehren ein, bei Bertelsmann gefürchtet als »Bertelsmann-Philosophie«. »Sie müssen wissen, Vertrauen ist eine Leihgabe. Damit Sie verstehen, was ich meine...« Liz Mohn legt Ekkehard Rathgeber, dem Chef des damals in China sehr erfolgreichen Bertelsmann-Buchclubs, die Hand auf die Schulter.»...nehmen wir als Beispiel den Herrn Rathgeber: Jetzt genießt er unser Vertrauen. Aber wenn er unser Vertrauen missbraucht, können wir es ihm auch wieder entziehen.« Unauffällig blicken wir einander in die Augen, was will sie uns damit sagen? Die Mägen knurren, es ist mittlerweile 21 Uhr.

Liz Mohn spricht Deutsch, eine Dolmetscherin übersetzt ins Chinesische. Mohn spricht frei, ohne Redemanuskript oder Notizen. Die Themen wechseln und mit ihnen die Länder und Kontinente, aus denen sie berichtet:»Königin Nur von Jordanien schaute mir tief in die Augen, wenn ich mit ihr sprach. Zum Abschied umarmte sie mich herzlich.« Was ihr missfiel, als sie bei den Windsors im Schloss übernachtete:»Die haben keine Türen, und immer stand ein Butler vor dem Zimmer, das war mir unangenehm. Aber die Queen Mum, die konnte saufen wie ein Loch.«

Gegen 22:30 Uhr beendet die Unternehmenschefin ihre Ansprache – den ersten Teil zumindest. Denn jetzt schlägt die Stunde der Speichellecker.»Frau Mohn, jetzt sage' Sie doch 'mol, warum Bertelsmann Bertelsmann heißt«, ermuntert sie ein mitgereister Bertelsmann-Veteran schwäbischer Herkunft zu einem Rückblick in die mehr als 165-jährige Firmengeschichte. Auch ein Bertelsmann-Manager aus Südkorea ist dabei. Geredet wurde Deutsch und Chinesisch, er spricht Koreanisch und Englisch. Doch er meldet sich und schleimt auf Englisch:»Ich habe kein Wort verstanden. Aber, verehrte Frau Mohn, ich habe den Spirit ihrer Rede gespürt, und der hat mich mitgerissen. Ich sah meinen Großvater vor mir auferstehen, eine koreanische Unternehmerpersönlichkeit. Können Sie zu uns nach Seoul kommen und die gleiche Rede noch einmal halten?«

Um 23:10 Uhr servieren die uniformierten Kellnerinnen die Spezialitäten des Hauses, Haifischflossen und Seeohr. Nach dieser Begegnung mit der mächtigen Liz Mohn denke ich: Das ist nicht meine Welt. Aber es ist lehrreich und lustig, sie kennenzulernen.

Da die Zeitschrift *Fumu-Parents* gut läuft, untersuche ich mit den Marktforschern die Chancen für die Einführung von zwei weiteren Marken von G+J USA in China: *Fitness,* eine Frauenzeit-schrift mit den Themen Gesundheit, Sport und Ernährung, sowie das Wirtschaftsmagazin *Inc.* Beides erweist sich als passend, für beides kann ich sowohl den chinesischen Partnerverlag als auch den Vorstand von Gruner + Jahr gewinnen. Trotz aller Schwierigkeiten läuft auch *Car & Motor* weiter. Ich leite jetzt ein Unternehmen mit 88 Mitarbeiterinnen und Mitarbeitern, das vier Zeitschriften produziert. Dabei fing ich als Einzelkämpfer mit einer Sekretärin und einem desolaten chinesischen Partnerverlag an. Ich habe den Partner China Light Industry Press gefunden und die Beziehung zu ihm entwickelt. Im Ergebnis investiert Gruner + Jahr später sogar in dessen *Rayli*-Frauenzeitschriften und steigt damit zur Nummer zwei in Auflage und Anzeigenumsätzen auf dem chinesischen Zeitschriftenmarkt auf.

Durch ein paar Zufälle kam ich in diese Position, ohne Qualifikationen im Management. Jetzt, etwas mehr als drei Jahre später, kenne ich mich im chinesischen Verlagswesen aus wie wahrscheinlich kein anderer Deutscher. Doch auch das merke ich in dieser Zeit als CEO eines Unternehmens – nicht nur an meinem Beispiel, sondern auch an dem von anderen: In Konzernen wird willkürlich entschieden. So schnell, wie man aufsteigen kann, so schnell kann man auch wieder fallen. Eines Tages sagt mir Axel Ganz bei einem Besuch in China: »Sie haben hervorragende Pionierarbeit geleistet. Aber jetzt ist es Zeit für einen Management-Wechsel.« Einen konkreten Grund nennt er dafür nicht.

Andererseits, auch das lerne ich: Während es für normale Angestellte eine Katastrophe sein kann, entlassen zu werden, fällt man als Manager nicht tief. Da das Unternehmen fürchtet, ich könne mein Wissen und Talent für die Konkurrenz einsetzen, bin ich ein Jahr »freigestellt«, darf also nicht arbeiten, beziehe aber weiter mein Managergehalt. Zusätzlich erhalte ich eine hohe Abfindung. Auch habe ich in dieser Zeit Beziehungen geknüpft und erhalte Angebote für Management-Positionen in der Zeit danach. Doch innerlich reise ich schon wieder weiter, schreibe ein neues Buch.

Der Ausflug ins Management ist für mich eine hochinteressante Erfahrung gewesen, ich konnte die Welt noch einmal von einer ganz anderen Seite sehen. Doch mein alter Beruf als Journalist reizt mich mehr. Er ist mit viel mehr Reisen verbunden – Reisen nicht zu Business-Meetings, sondern an Orte, wo Geschichte geschrieben wird, in den Urwald und auf hohe Berge, Treffen nicht mit Anzeigenkunden, sondern mit ungewöhnlichen Menschen, von Künstlerinnen bis zu Verbrechern. Ungefähr gegen Ende der gut bezahlten Zwangspause fragt mich der scheidende *Stern*-Korrespondent in Peking, Matthias Schepp, ob ich nicht sein Nachfolger werden will. Er wird später den umgekehrten Weg wählen, ist heute Vorstandsvorsitzender der Deutsch-Russischen Außenhandelskammer. Doch mich kennt er noch aus der Zeit, als er *Stern*-Korrespondent in Moskau war und ich dort für *Spiegel TV,* wir beide waren die schärfsten Konkurrenten. »Deshalb weiß ich, was du kannst«, sagt er mir lachend.

Der *Stern* gehört ebenfalls zu Gruner + Jahr, aber das ist Zufall. Das Unternehmen hätte vielleicht viel Geld sparen können, wenn sie mich einfach dahin »versetzt« hätten. Doch das ist nicht geschehen, was abermals bestätigt, dass es mit der Profitlogik in den Konzernen nicht immer weit her ist. Oft sind die Strukturen dafür zu schwerfällig, folgen die Dinge einer Eigendynamik oder den Launen überlasteter Vorstände, die den Überblick verlieren oder sich für andere Teile des Unternehmens gar nicht interessieren, diese möglicherweise sogar als Rivalen sehen.

So werde ich also Asien-Korrespondent und Chef des Pekinger Büros des *Stern*. Ich bedaure diesen Wechsel »zurück« in den Journalismus nie. In dieser Zeit berichte ich von den Olympischen Sommerspielen in Peking, vom Tsunami in Südostasien und vom schweren Erdbeben in Sichuan, treffe den Erfinder des Killer-Sudokus in Tokio, eine indische Großinvestorin in Mumbai und Reinhold Messner in der Wüste der Mongolei, um nur einige Beispiele von vielen zu nennen. In China selbst wechsle ich oft die Welt, treffe Stars wie den Schauspieler Chow Yun-Fat oder den 2,29 Meter großen Basketballspieler Yao Ming ebenso wie Kinder, die unter verschmutzter Luft leiden. Das würde nicht nur ein Kapitel füllen, sondern ganze Bücher. Und diese Bücher habe ich geschrieben: *China im Aufbruch* bereits 1987, *China. Die Geschichte der neuen Weltmacht* (gemeinsam mit den *Stern*-Kollegen Marc Goergen und Bettina Sengling) 2009, die *Gebrauchsanweisung für Peking und Shanghai* (ebenfalls im Piper Verlag) 2009, *Mit Konfuzius zur Weltmacht* (gemeinsam mit Stefan Aust) 2012 und den Spiegel-Bestseller *Xi Jinping – der mächtigste Mann der Welt* (auch gemeinsam mit Stefan Aust und ebenfalls bei Piper) 2021. Was meine weiteren Erfahrungen in China angeht, verweise ich auf diese Bücher.

Merkzettel

- Sei offen dafür, auf eigene Faust ins Ausland zu gehen. Aber halte auch Ausschau nach Stellen, die dort angeboten werden. Wenn dich eine Firma entsendet, trägt sie im Normalfall die Kosten, und du hast ein sicheres Einkommen, während du die Fremde erkundest.
- Du hast noch nie in einer Leitungsposition gearbeitet? Dafür ist es nie zu spät! Oft wollen die Manager unter sich bleiben und sind nicht offen für Praktiker – aber manchmal eben doch. Der Versuch kostet nichts. Manchmal wird dir dann vielleicht nicht die Position angeboten, die ausgeschrieben war, aber eine andere vergleichbare.
- Selbst wenn du dann nach ein paar Jahren zu dem Ergebnis kommst, dass das nicht das ist, was du für immer machen willst: In der Zwischenzeit kannst du einiges Geld zur Seite legen – und vor allem außergewöhnliche Erfahrungen sammeln.
- Was du schnell merken wirst: »Da oben« wirken keine Genies, sondern normale Leute wie du und ich, die irgendwie in diese Position gekommen sind. Nur die Gehaltsklasse ist eine andere. Und sie haben die Macht, ihre Launen auszuleben.
- Kleider machen Leute. Dieser Spruch stimmt weiterhin, auch wenn es heutzutage nicht unbedingt die Krawatte sein muss.

- Von außen denkt man: In manchen Behörden läuft es vielleicht frei nach Kafka, aber in Privatunternehmen folgt alles der Logik des Profits. Tatsächlich werden aber auch dort viele absurde Entscheidungen getroffen.
- Was für ein Unternehmen gilt, trifft auch auf ein Land zu: Selbst China, trotz seiner gewaltigen wirtschaftlichen Fortschritte, gleicht manchmal Absurdistan. Keine Satire ist besser als die Realität.
- Trotzdem: Wenn du das Gefühl suchst, in der Zukunft zu leben, bist du in Shanghai, Singapur oder Dubai besser aufgehoben als in Berlin, Köln oder Paris (diese europäischen Metropolen haben dafür ihre eigenen Reize).
- »Service« ist in Deutschland ein Fremdwort, zumal wenn es ums Wohnen geht. Woanders auf der Welt sind Concierges und Wachleute, Fitnessstudio und Swimmingpool im Haus eher verbreitet. Ob man sich solche Apartments auch leisten kann, hängt sowohl von deinem Einkommen als auch vom Land ab.
- Führst du ein Unternehmen in der Fremde, dann gilt: Augen auf bei der Auswahl der örtlichen Partnerfirmen.
- Geschäfte gehen durch den Magen. Bevor du jemanden aus dem Gastland zum Essen einlädst, solltest du dich schlaumachen über örtliche Geschmäcker und Gebräuche. Das gilt auch, wenn du eingeladen wirst: In China beispielsweise ist ein Bankett beendet, wenn der Hauptgastgeber aufsteht und den Saal verlässt, da klönt man dann nicht bei einem Absacker weiter. In Brasilien sollte man zu einer Party niemals pünktlich erscheinen, weil die Gastgeber bei der Zeitangabe einkalkulieren, dass die Leute sowieso erst ein, zwei Stunden später kommen.
- Auch die Wirtschaft unterscheidet sich von Land zu Land: Was in Deutschland super ankommt, muss woanders noch lange nicht funktionieren.
- Wer in die Politik geht, ist in Demokratien abwählbar. Auch Topmanager können gefeuert werden. Wer hingegen ein Unternehmen besitzt, kann sich fast alle Allüren erlauben.
- Wenn du in einer Firma aufsteigst, erlebst du, wie tief Herden-

trieb und Speichelleckerei in der menschlichen Seele verwurzelt sind.

- Die höchste Position in einem Unternehmen ist nicht unbedingt die abwechslungsreichste. Viel Zeit geht über Papieren und in Sitzungen verloren. Wer im »Außeneinsatz« unterwegs ist, erlebt oft mehr.

- Warst du lange im selben Unternehmen, kann eine Entlassung für dich eine Katastrophe sein. Wechselst du ohnehin häufig, gehört das zum normalen Fluss des Lebens – und du freust dich auf die nächste Herausforderung.

Länder besuchen, in die keiner will

Nordkorea

Touristen sind immer die anderen. Fast alle sagen, sie gingen lieber dahin, wo nicht alles voll mit Urlaubern ist. Da habe ich einen Tipp, mit dem man auf der sicheren Seite liegt: Nordkorea. Zugegeben, diese Leidenschaft teilt nicht jeder. Als ich beim *Stern* dem Chefredakteur Thomas Osterkorn vorschlug, für den Reiseteil einen Beitrag über meinen früheren Trip nach Nordkorea zu schreiben, meinte er: »Da können wir ja gleich einen Urlaub in der Justizvollzugsanstalt Fuhlsbüttel empfehlen.«

Aber von vorne. In meiner Zeit als Manager in Shanghai besinne ich mich darauf: Ich habe viele Länder besucht, darunter alle sozialistischen – bis auf Nordkorea. Während weltweit Mauern fielen, blieb dieser Staat mit 25 Millionen Einwohnern abgeschottet. Nun lebe ich vergleichsweise nah – zudem gibt es in China Reisebüros, die Touren in das Nachbarland organisieren. Manche bedienen ausschließlich ein chinesisches Publikum. Ich entscheide mich für Koryo Tours von Nick Bonner, einem in Peking lebenden Engländer mit sehr viel Nordkorea-Erfahrung. Seine Firma richtet sich an Menschen aus aller Welt, die nach Nordkorea wollen. Für die Anreise ist Peking der Treffpunkt, aber das liegt ja auf dem Weg. Peking gehört zu den wenigen Flughäfen weltweit, von denen man direkt nach Nordkorea fliegen kann. Und von hier fahren Züge.

Die Teilnahme ist begrenzt und an strenge Voraussetzungen geknüpft. Bei der nordkoreanischen Botschaft muss ein Lebenslauf mit Firmenstempel eingereicht werden. Ein Diplomat ruft bei der Firma an und fragt nach, ob die Angaben stimmen. Nicht mitfahren dürfen Amerikaner, Südkoreaner und Journalisten. Da ich Letzteres im Moment nicht bin, sehe ich eine Chance. Und tatsächlich – ich werde »reingelassen« in das Land, das sich offiziell Demokratische Volksrepublik Korea (DVRK) nennt.

Die zehnköpfige Reisegruppe besteht überwiegend aus abenteuerlustigen Engländern. Die Anreise erfolgt mit dem Zug, was ich besonders reizvoll finde, da wir uns so der fremden Welt langsam annähern. Am chinesischen Grenzbahnhof Dandong hat der Zug einen längeren Halt, bei dem wir genügend Zeit haben, durch die Bahnhofshalle zu wandeln. Noch ein letztes Mal sind wir im »Westen«, wie man China aus nordkoreanischer Sicht nennen muss – und das keineswegs nur geografisch. Lachende, modern gekleidete Menschen, die durch Geschäfte wuseln und dort Bonbons und Cola kaufen. Dann fährt der Zug über die Grenze und hält wieder, im nordkoreanischen Grenzbahnhof Ryongchon, diesmal für unbestimmte Zeit. Zunächst sitzen wir in unserem Zugabteil. Nordkoreanische Grenzbeamte sammeln unsere Pässe und unsere Handys ein. Dann durchwühlen sie unsere Koffer – es könnte ja feindliche Literatur darin sein. Anschließend dürfen wir in den Bahnhof, aber nicht auf die Straße. Doch durch ein Fenster des Gebäudes bekommen wir einen ersten Eindruck. Wagen werden von Pferden und Ochsen gezogen. Die Frauen und Männer tragen einfache uniformähnliche Kleidung, Häuser sind mit Propagandabildern bemalt. Es erinnert an Szenen, die ich aus Filmen kenne über die Sowjetunion der 1930er-Jahre oder das China der Kulturrevolution.

Nick stellt uns einen Nordkoreaner vor in beigefarbener Uniform, ein guter Bekannter von ihm und zuständiger Funktionär für ausländische Touristen. Er werde uns bei der Weiterreise in die Hauptstadt Pjöngjang begleiten. Der Zug fahre jetzt gleich los. Und wo sind unsere Pässe und Handys? »Die bekommt ihr bei der

Ausreise zurück.« Wie gesagt, Nordkorea unterscheidet sich deutlich von anderen Orten. Der Zug passiert Felder, auf denen abgemagerte Menschen mit bloßer Hand Reis anbauen.

In der Hauptstadt Pjöngjang empfangen uns zwei Englisch sprechende Guides, eine Frau und ein Mann, die gleichzeitig unsere Aufpasser sind. Nick erklärt, dass wir ohne die beiden nirgendwohin gehen und mit niemandem sprechen dürfen, sonst würde es Ärger geben. Außerdem haben wir einen Fahrer. Wir gehören zu den insgesamt 2000 Touristen, die das Land pro Jahr besuchen – weniger als den Kölner Dom an einem Tag. Südkoreanische Touristen dürfen damals ausschließlich ein Naturschutzgebiet an der Grenze betreten, wo die Brüder und Schwestern als Devisenbringer willkommen sind.

In Nordkorea herrscht ein bizarrer Personenkult um den verstorbenen ehemaligen Führer des Landes und seinen Sohn und Nachfolger (mittlerweile um den Enkel Kim Jong Un). Eine Woche lang besichtigen wir Denkmäler und Wandgemälde für den *Great Leader* Kim Il Sung und seinen Sohn, den *Dear Leader* Kim Jong Il.

Ich habe eine gewisse Vorstellung von den Verhältnissen in Nordkorea. Selbst in meinen linken Jugendjahren witzelten wir über den Kult dort. Doch die Realität übertrifft alle meine Erwartungen. So erklären die beiden Reiseführer allen Ernstes, der *Great Leader,* obwohl schon einige Jahre tot, sei weiterhin der Präsident des Landes. Das sei auch rechtens, denn nach der Verfassung sei er auf »ewig« Präsident, nicht nur auf Lebenszeit. Er habe seine Vollmachten an den *Dear Leader* übertragen, der dementsprechend auch nur Generalsekretär sei und nicht Präsident. Unsere Betreuer sagen kaum einen Satz, in dem der *Great Leader* oder der *Dear Leader* nicht vorkommen. Meist kommen beide vor. Als ich die Reiseführerin für ihr gutes Englisch lobe, entgegnet sie: »Das spreche ich dank dem *Dear Leader,* der mir ermöglicht hat, Englisch zu studieren.« Als Kinder auf der Straße marschieren und ein Lied singen, frage ich, wovon es handelt. Die Reiseführerin antwortet: »Sie singen das Lied vom großen Führer. Wir haben zwei

Lieder in unserem Land – das Lied vom großen Führer und das Lied vom geliebten Führer.« Ob Fabriken oder Denkmäler – wir sehen nichts, was nicht mit persönlicher »*on-spot guidance*« (so ein viel gebrauchtes Wort) des *Great Leader* oder des *Dear Leader* oder beider zusammen errichtet worden ist. Als wir einen Staudamm besichtigen, wird uns ein Dokumentarfilm über den Bau vorgeführt, in dem wir sehen, wie das funktioniert: Kim Il Sung steht vor den Ingenieuren und schreit sie an, erklärt ihnen, wie sie den Damm zu bauen haben.

Ein Besuch Nordkoreas ist wie eine Zeitreise, in eine Epoche ohne Handys, ja ohne Straßenverkehr. Selbst in der Hauptstadt Pjöngjang fahren nur wenige Autos. Diese werden auf den Kreuzungen von Polizistinnen in weißen Uniformen dirigiert, die sich und ihren Stock elegant bewegen, was wie ein Tanz aussieht. Es ist kein Geheimnis, dass ein schönes Gesicht und eine gute Figur die entscheidenden Kriterien bei der Auswahl dieser Polizistinnen sind. Außerhalb der Hauptstadt erblickt man so gut wie keine Autos, selbst kaum Busse oder Fahrräder. Die Leute sind zu Fuß unterwegs.

Ausnahmslos jeder Erwachsene hat ein Abzeichen mit dem Porträt des *Great Leader* angesteckt. Die Menschen auf der Straße haben sichtbar Angst, wagen nicht einmal, uns anzuschauen (obwohl wir für sie Exoten sein müssen), geschweige denn mit uns zu reden. Wie alle Besucher müssen wir Blumen niederlegen an der 23 Meter hohen bronzenen Kim-Il-Sung-Statue und uns vor ihr verbeugen. Aus Lautsprechern dröhnt, nicht überraschend, der *Song of the Great Leader.*

Ein weiterer Höhepunkt der Reise ist der Besuch des Museums der Völkerfreundschaft. Zwei riesige Paläste, jeder so groß wie drei Museen in New York oder Hamburg zusammengenommen. In dem einen werden die Geschenke von Repräsentanten aus aller Welt für den *Great Leader* ausgestellt, im anderen die Geschenke von Gästen aus aller Welt für den *Dear Leader.* Besonders großzügig waren die Sowjetunion und China, ihre Gaben füllen jeweils ein ganzes Stockwerk. Dazu gehören etwa eine Lokomotive und daran angehängte Zugwaggons. Der syrische Präsident Assad spendierte einen Schreibtisch aus Elfenbein, die Sandinisten aus Nicaragua ein ausgestopftes Krokodil, das Wein einschenkt. Auch internationale Unternehmen wie Samsung bedachten die Kim-Dynastie mit Geschenken. Wahrscheinlich entspricht all das internationalen diplomatischen Gepflogenheiten. Die Besonderheit in Nordkorea ist, dass die Mitbringsel hier für ein breites Publikum ausgestellt werden.

Natürlich besucht unsere Reisegruppe die Hütte, in der der *Great Leader* angeblich geboren wurde. Ein Glücksfall: Dieses Gebäude blieb in Pjöngjang als einziges aus der Zeit vor dem Koreakrieg erhalten, ansonsten ist die Stadt einheitlich mit Klötzen im sowjetischen Stil zubetoniert. In Erwartung des Schicksals errichteten die Vorfahren des Führers die Hütte zudem auf dem besten Aussichtshügel der Hauptstadt. Über die Geburt des *Dear Leader* wird ebenso Wundersames erzählt, auf Wandmalereien, die an christliche Fresken erinnern, auf denen der Heilige Geist dargestellt wird. Danach wurde er »auf der Spitze des Paektusan, des höchsten Bergs Koreas, geboren«. Das hing wahrscheinlich mit der »genialen militärischen Strategie« des *Great Leader* zusammen, von der eine Museumsführerin berichtet: Man steige auf Berge und beschieße den Feind von oben. Mit diesem Trick besiegte der *Great Leader* erst die Japaner und dann die Amerikaner. Sie erwähnt nicht, dass im ersten Krieg die Sowjetarmee mitkämpfte und im zweiten eine Million Chinesen auf der Seite Nordkoreas fiel.

»Im Alter von zwölf Jahren verließ der *Great Leader* sein Elternhaus, um sein Land zu befreien.« Auch diese Begebenheit wird auf zahlreichen Gemälden dargestellt. Sein Sohn steht ihm in nichts nach. Im Kriegsmuseum zeigt eine junge Offizierin ein Flugzeug, auf dem der zehnjährige *Dear Leader* den Piloten »*on-spot guidance*« gegeben haben soll, was prompt zum Sieg über die Amerikaner führte. Jetzt leidet der einstige Spitzenpilot allerdings unter Flugangst, weshalb er weite Strecken bis nach Moskau mit dem Zug zurücklegt.

Die Demokratische Volksrepublik Korea lebt in einer anderen Zeit – und das wortwörtlich: Sie hat eine neue Zeitrechnung eingeführt, beginnend mit der Geburt des *Great Leader* 1912. Ich besuche Nordkorea knapp vier Monate vor Beginn des Jahres 90 der modernen Zeitrechnung. Studentinnen und Arbeiter verbringen die Hälfte ihrer Zeit damit, auf der Straße die bevorstehenden Massenaufmärsche zu proben, bei denen sich Zehntausende mit Papieren in verschiedenen Farben zu stadiongroßen wechselnden Bildern formieren.

An einem Tag fahren wir zur Grenze nach Südkorea. Dort besichtigen wir Panmunjeom, die Siedlung in der demilitarisierten Zone zwischen den beiden Ländern. Drei blaue Baracken haben je eine Tür auf nordkoreanischer und südkoreanischer Seite. Die Grenze verläuft in der Mitte der Baracke. Hier finden Verhandlungen statt, aber hierhin dürfen auch beide Seiten ihre Besucher führen, wenn auch niemals gleichzeitig, das muss abgesprochen werden. (Später komme ich noch einmal von der südkoreanischen Seite nach Panmunjeom, wieder in diese Baracke.)

Der Weg von Pjöngjang zur Grenze ist eine moderne Autobahn mit einer einzigen Besonderheit: Es fahren auf ihr keine Autos. Wir haben einen etwa zwanzigminütigen Stopp, kein einziges kommt vorbei. Zweck der Autobahn ist es, im Kriegsfall den Panzern einen schnellen Vormarsch auf die südkoreanische Hauptstadt Seoul zu ermöglichen. Als wir am Abend nach dem Besuch der Baracke in einer staatlichen Pension nahe der Grenze zusammensitzen, fragt einer der Mitreisenden: »Wann kommen wir morgen in Pjöngjang an?« Ich scherze: »Das hängt vom Verkehr ab.« Dies ist der einzige Moment, in dem auch unsere nordkoreanischen Aufpasser ihre Fassung verlieren und mitlachen.

Auf der Rückfahrt besichtigen wir ein Kloster ohne Mönche und Nonnen. Leben noch Buddhisten in Nordkorea? »Nein«, antwortet unser Betreuer entschieden. »Es gab sie vor dem Koreakrieg. Aber die Amerikaner haben sie mit Bomben getötet. Die wenigen Überlebenden beteten zu Buddha – vergeblich. Dann half ihnen unser großer Führer Kim Il Sung. Seither glauben sie an ihn.«

Das zweite Mal besuche ich Nordkorea ganz offiziell als Journalist, in meiner Zeit als Asien-Korrespondent des *Stern*. Journalisten, die sich als solche zu erkennen geben, dürfen nicht an Touristenreisen nach Nordkorea teilnehmen. Aber es gibt Anlässe, zu denen das Land einzelnen Journalisten Visa zur Berichterstattung erteilt. In meinem Fall: Der Berliner Rechtsanwalt Wilhelm J. Linden möchte Geschäftsbeziehungen zwischen Deutschland und Nordkorea einfädeln. Er hat dort schon gute Beziehungen geknüpft und lässt sich bei seinem nächsten Trip von der Presse begleiten – genauer gesagt von Gudrun Dometeit, der heutigen Auslandschefin des *Focus,* und mir für den *Stern.*

Diesmal reisen wir per Flugzeug an, von Peking nach Pjöngjang. Der Flughafen dort ist verwaist, und die Prozedur mir bereits gut bekannt: Pässe und Handys abgeben, am Ende der Reise bekommt ihr sie zurück. Anwalt Linden träumt von einem großen Projekt: Er möchte den nordkoreanischen Staatszirkus nach Deutschland holen. Gudrun und ich scherzen untereinander: Wenn man bei uns ankündigt, der nordkoreanische Staatszirkus kommt – dann denkt doch jeder, jetzt kommt Kim Jong Il (oder heute Kim Jong Un).

Das Programm der Journalistenreise ist weitgehend identisch mit dem Programm der Touristenreise: Kim-Il-Sung-Statue, Geburtshütte von Kim Il Sung, Museum der Völkerfreundschaft ... Doch es kommen zwei Highlights hinzu: Das Arirang-Festival, benannt nach dem gleichnamigen koreanischen Volkslied, bei dem 100 000 Menschen mit Massentänzen und Massengymnastik die Geschichte des Landes darstellen. Eine präzise Massenchoreografie lässt bunte Gemälde und Inschriften entstehen. Das ist einerseits ein beeindruckendes Riesenspektakel. Andererseits zeigt es, wie hier die Einzelnen nur eine winzige Schraube im großen Getriebe sind.

Außerdem besuchen wir das Mausoleum für Staatsgründer Kim Il Sung. Der kommunistischen Tradition entsprechend ist das nicht einfach nur ein monumentales Grabmal, vielmehr ist der Leichnam des Führers öffentlich ausgestellt. Lenin in Moskau, Mao in Peking und Ho Chi Minh in Hanoi habe ich bereits gesehen. Doch hier muss ich erkennen: Deren Mausoleen sind Hundehütten im Vergleich zum Mausoleum des *Great Leader* von Nordkorea. Um zu seiner Leiche zu kommen, bewegen wir uns kilometerlang durch ein riesiges Gebäude aus Marmor. Genauer gesagt: Wir werden bewegt, denn wie in langen Gängen von Flughäfen steht man auf einem Laufband. Ginge man darauf, wäre das schneller, doch aus Ehrerbietung soll man stehen. Dann müssen wir über eine überdimensionale Schuhputzmaschine treten, um nicht mit schmutzigen Füßen zum Führer zu kommen. Eine weitere Maschine durchbläst unsere Poren, um jeglichen Staub zu entfernen.

Die anderen Besucher sind Nordkoreaner. Als wir endlich den Raum erreichen, in dem der Leichnam aufgebahrt liegt, stürzen sie sich auf den Boden und schluchzen laut – als wäre dies ihr eigener Vater, der überraschend vor einigen Stunden gestorben ist.

Wie schon bei meiner ersten Reise bitten wir darum, einmal einen normalen Einkaufsladen zu sehen. Und wie damals wird uns bedeutet, das sei sehr schwierig, man bemühe sich. Schließlich wird einem der Intershop gezeigt, also der Devisenladen für Botschaftsangehörige und für Funktionäre, die Geld aus dem Ausland mitgebracht haben. Da stellt sich Gudrun und mir die Frage: Es heißt immer, wir dürften nicht allein das Hotel verlassen. Aber was passiert, wenn wir es doch tun? Wird man uns am Eingang festhalten?

Wir probieren es aus – und es passiert nichts! Wir spazieren durch Pjöngjang. Menschen stehen Schlange an einer Bushaltestelle, wir machen ein Foto. Dann erblicken wir ein kleines Geschäft, gehen hinein. Das Angebot ist überschaubar, ein bisschen wie ich das aus meinen ersten Moskauer Jahren kenne – aber katastrophal sieht es nicht aus.

Als wir ins Hotel zurückkehren, stehen unsere Aufpasser am Eingang – mit versteinerten Gesichtern. Sie kennen jede Einzelheit unseres Ausflugs, wissen von dem Foto an der Bushaltestelle und unserem Besuch in dem Geschäft. Es muss ein dichtes Netz von Spitzeln geben, denn aus dem Hotel ist uns niemand gefolgt, darauf haben wir geachtet. Sie bitten uns eindringlich, so etwas nie wieder zu tun. Denn den Ärger bekommen nicht wir, sondern sie.

Nordkorea mag nicht jedermanns Sache sein. Aber das ist ja nur ein Beispiel von vielen. Sei es Albanien oder die Mongolei, Nicaragua oder Simbabwe – es gibt viele Länder, die nicht zu den Top-Angeboten von Reisebüros und -portalen gehören, aber trotzdem oder gerade deshalb für dich die richtige Wahl sein können. Es hängt von deinen Interessen ab. Und erfordert natürlich eine gute Vorbereitung, mehr als beim bekannten Standardziel.

Merkzettel

- Es gibt kein Land, in das man nicht reisen könnte. Manche sind touristisch nicht erschlossen oder bieten nicht das, was die meisten Touristen wollen, schöne Strände oder Berge. Einige gelten als gefährlich wegen militärischer Konflikte oder hoher Kriminalität. Andere, wie Nordkorea, sind aus politischen Gründen nach außen abgeschlossen – und liegen damit außerhalb der Welt mit McDonald's und Starbucks.

- Das kann ein Land für dich gerade interessant machen. Es erfordert Recherchen: Warum fahren andere dort nicht hin? Bestehen größere Gefahren, und falls ja, welche? Wie kann man die umgehen? Welche Landesteile lassen sich besuchen, und welche solltest du vielleicht meiden? Manchmal, wie im Fall von Nordkorea, sind es vor allem bürokratische Hürden: Du brauchst ein Visum, und es ist schwer, dies zu bekommen. Aber nicht unmöglich.

- Bei diesen Recherchen ist zu berücksichtigen: Du findest im Internet Warnungen zu allem – Raubüberfälle, Malaria, politische Verfolgung. Das wird meistens einen wahren Kern haben, doch wirst du davon betroffen sein? Hole mehrere Meinungen ein! Lies Berichte von Leuten, die dort waren!

- Dir eine ganze Reise selbst zu organisieren, kann das große

Abenteuer sein. Aber gerade bei Ländern, die schwer zu bereisen und touristisch nicht erschlossen sind, ist es oft hilfreich, nach einem Reiseveranstalter zu suchen, der dort erfahren ist. Das muss keine deutsche Agentur sein. Da wesentlich mehr Menschen Englisch sprechen als Deutsch, sind sehr spezielle Angebote eher in dieser Sprache zu finden. Sprichst du die Sprache des Ziellands, ist das noch besser. Wobei dir das zum Beispiel beim Arrangieren einer Reise nach Nordkorea nicht viel nutzen würde. Du würdest eher Misstrauen erregen.

- Der Weg kann das Ziel sein oder zumindest ein Teil davon. Vielleicht legst du einen Teil der Strecke besser mit Zug, lokalem Bus oder Auto zurück statt mit dem Flugzeug?
- Man ist zu Recht vorsichtig, wenn es um wichtige Dokumente geht. Doch in ungewöhnlichen Ländern passieren ungewöhnliche Dinge. Du musst den Reisepass bei der Einreise abgeben und erhältst ihn erst bei der Ausreise zurück? So war das in Nordkorea zumindest 2002 und 2007, als ich das Land bereiste. Alle Pässe aus einem Flugzeug werden auf einen Haufen geworfen, wandern durch die Hände von verschiedenen Beamten, der eine liest etwas darin und macht sich Notizen, der andere stempelt etwas hinein – so ist es mir in Kambodscha geschehen. Auch dort kam der Pass am Ende wieder bei mir an. Normalerweise klappt es.
- Die ganze Welt ist der Globalisierung unterworfen. Die ganze Welt? Nein! Es gibt Ausnahmen. Nordkorea gehört dazu.
- Reisen in politisch oder wirtschaftlich anders entwickelte Länder können auch eine Zeitreise in frühere Epochen sein.
- Nicht alles stimmt, was dir Tourguides erzählen. Oft sind es einfach politische oder religiöse Märchen.
- Dass die nordkoreanische Zeitrechnung ihrer Herrscherdynastie folgt, erscheint uns besonders skurril. Doch früher war das in vielen Ländern üblich, etwa bei den alten Ägyptern und zeitweise auch im Römischen Reich. Ein vergleichbares jüngeres Beispiel: Nach der Französischen Revolution wurde das bisherige Jahr 1792, die Ausrufung der französischen Republik, als neues

Jahr null festgelegt. Erstaunlich ist eher, dass sich die Zeitrechnung heute fast überall auf der Erde nach Jesus von Nazareth
richtet, dessen Geburtsdaten nicht einmal sicher belegt sind.

Eine andere extreme Perspektive

Mein Leben in einer Favela von Rio de Janeiro

Anfang 2009 kehren wir nach Deutschland zurück, denn meine Zeit als Asien-Korrespondent des *Stern* geht planmäßig zu Ende. Das Blatt möchte seine Reporter nicht mehr als fünf Jahre an einem Ort haben, damit sie sich den neugierigen Blick von außen bewahren. Diese Zeitbegrenzung kommt meinem Wunsch nach ständigem Wechsel entgegen. In Hamburg schließe ich mich dem neuen Team von Stefan Aust an, das im Auftrag der WAZ-Gruppe eine Wochenzeitschrift entwickelt, die in Konkurrenz zu *Spiegel* und *Stern* auf den Markt gehen soll. Wie gehabt reise ich für Reportagen nach China und Russland. Wir produzieren mehrere Pilotausgaben, die wie eine richtige Zeitschrift erstellt werden, wenn auch nicht für die Öffentlichkeit, sondern nur für die Marktforschung, sowohl in kleiner Auflage gedruckt als auch digital für Tablets – wir sind damit damals unserer Zeit voraus. Das ist auch ein Abenteuer, aber keines, das hierher gehört. Das würde besser in ein Buch über Medien passen. Letztendlich scheitert das Projekt, weil die WAZ-Gruppe sich scheut, genügend Geld für den Neustart einer Zeitschrift bereitzustellen. Unsere Firma, sie heißt Agenda Media, konzentriert sich fortan auf die Produktion von Dokumentarfilmen für ARD, ZDF und N24 (heute der Nachrichtensender *Welt*).

Es wird dich nicht überraschen, dass es mich schon nach wenigen Jahren wieder in die Ferne zieht. Aber wohin? Gerade hat niemand vor, mich irgendwohin zu entsenden. Für China hätte ich als Experte eine Chance, aber da war ich vor kurzer Zeit bereits. Das neue Land muss mich persönlich reizen, gleichzeitig aber für deutsche Medien bedeutsam sein, damit ich genug Aufträge akquirieren kann, um davon zu leben. Da fällt mir etwas ein: Lateinamerika hat mich schon immer interessiert. Brasilien wird gemeinsam mit Russland, Indien, China und Südafrika zu den sogenannten BRICS-Ländern gezählt, zu den aufstrebenden Schwellenstaaten, insofern knüpft das an meine bisherigen Erfahrungen an. Von Reisen als Reporter kenne ich Rio de Janeiro, sowohl Weltmetropole als auch Urlaubsort mit viel Sonne und Strand, eine perfekte Mischung. Vor allem stehen dort zwei Großereignisse bevor, die Fußballweltmeisterschaft 2014 und die Olympischen Sommerspiele 2016 – das wird das Interesse steigern an allem, was in Brasilien und in Rio passiert. Es könnte also funktionieren, dass ich mich selbst dorthin »entsende«.

Um es gleich zu verraten: Ja, es hat alles gut funktioniert. Da ARD und ZDF bereits einen Korrespondenten in Rio haben, besinne ich mich auf meine alten Kontakte zu RTL. Als einziger Privatsender verfügen die Kölner über ein vollständiges Informationsprogramm, von *Guten Morgen Deutschland* über *RTL aktuell* bis zum *Nachtjournal*. Mit einem »freien Produzentenvertrag« werde ich Korrespondent von RTL für Südamerika. Auch für den WDR drehe ich Dokumentarfilme. Und da der gemeinsame Nordkorea-Aufenthalt zusammengeschweißt hat, spreche ich außerdem Gudrun Dometeit an und schreibe für den *Focus* die Brasilien-Berichte in den Jahren von WM und Olympia. Vom Prinzip her gleicht mein Vorgehen hier dem, wie ich in New York arbeitete.

Deshalb möchte ich mich hier nur auf einen Aspekt konzentrieren, nämlich wie ich in Rio wohne. Schon im Kapitel über das Sprachenlernen habe ich erzählt, dass meine Zeit in Brasilien mit einem Portugiesisch-Kurs begann. Die Sprachschule bietet einen *homestay* an, also Leben bei einer Gastfamilie. So bin ich für die ersten zwei Monate versorgt, kann mit zwei Koffern anreisen und vor Ort in Ruhe eine Wohnung suchen. Wie bereits erwähnt, gehört zu meinen Studienkollegen der Deutsche Stefan Flothmann aus der Greenpeace-Zentrale in Amsterdam. Er erzählt mir von einem anderen Greenpeace-Mitarbeiter, der in einer Favela wohnt. Vielleicht sei das auch etwas für mich?

In einer Favela leben? Ich erinnere mich an eine Reportage, für die ich eine Favela besucht habe. Jungs in Flip-Flops und Bermuda-shorts trugen Kalaschnikows und American Rifles. Baumstämme, aus denen spitze Nägel ragten, versperrten alle Einfahrtsstraßen – damit die Polizei nicht hineinkam. Favela ist eigentlich eine brasilianische Kletterpflanze. Seit 1888 die Sklaverei abgeschafft wurde, siedeln sich Menschen, die den armen ländlichen Gebieten entfliehen, am Rande der großen Städte Brasiliens an. Meist klettern ihre Häuser an den Bergen hoch, wie die Pflanze, daher kommt der Name. »Favela« wird oft mit »Slum« oder »Elendsviertel« übersetzt. Arme leben auch anderswo in Brasilien, was aber die Favelas über Jahrzehnte ausmachte: Sie standen außerhalb des Gesetzes; der Boden gehörte dem, der ihn sich genommen hatte; die Bewohner zapften Strom an Kabelmasten ab, ohne dafür zu bezahlen. Es gab keine Steuerbehörde, keine Müllabfuhr – und vor allem keine Polizei.

Die Rolle der Ordnungsmacht hatten die zum Teil Minderjährigen übernommen, die bei meinem letzten Besuch so bedrohlich mit ihren Gewehren vor meiner Brust herumfuchtelten. Sie nennen sich *soldados do morro,* wörtlich »Soldaten der Hügel«, weil da die meisten Favelas liegen. Drei Gangs bekriegen sich in Rio de Janeiro untereinander, alle kämpfen gegen die Polizei. Sie haben zusammen 18 000 Kindersoldaten, das umfasst nur die Zehn- bis Achtzehnjährigen. Insgesamt stehen 60 000 Banditen unter Waffen. Das *Comando Vermelho* (CV), übersetzt »Rotes Kommando«, ist die größte Organisation mit einem Anteil von etwa zweiundvierzig Prozent. Die anderen Kämpfer verteilen sich auf die *Amigos dos Amigos* (ADA), das bedeutet »Freunde der Freunde«, und auf das *Terceiro Comando* (TC), das »Dritte Kommando«, eine Abspaltung des Roten Kommandos.

Entstanden sind diese Gruppen während der Militärdiktatur, die in Brasilien von 1964 bis 1985 herrschte. Die politischen Gefangenen saßen in den Zellen gemeinsam mit anderen, die aufgrund ihrer Armut gedealt oder geraubt hatten. Die Politischen schulten die Kriminellen. So bildeten sich Guerilla-Gruppen, die ihren Kampf mit Drogenhandel finanzierten. Der wurde dann über die Jahre zum Selbstzweck. Im gesetzlosen Raum der Favelas florierten die Drogenlabore, die den Stoff für die ganze Welt herstellen.

Nun weiß ich, ebenfalls von meinen früheren Besuchen in Rio, dass die Polizei mittlerweile einige Favelas »befriedet« hat, wie sie das nennt, also die Gangs vertrieben hat. Dabei errichtete sie eine Art Besatzungsregime, bei dem willkürlich Jungs auf der Straße gefilzt werden – auch nicht das Leben, das man sich erträumt. Trotzdem hat mich Stefan neugierig gemacht mit seinem Hinweis, ich könne doch auch in einer Favela leben. Außerdem habe ich einen neuen Buchvertrag in der Tasche: Unter dem Titel *Brasilien brennt* werde ich über das Land vor WM und Olympia erzählen. Da könnte das Leben in einer Favela eine spannende Perspektive sein.

Ich spreche darüber mit der Deutschen Anja Kessler. Sie kam 1990 hierher, arbeitet als freie Fotografin und gleichzeitig für das ARD-Studio in Rio. Sie schlägt mir vor, gemeinsam Bob Nadkarni zu besuchen, eine legendäre Persönlichkeit in Rio. Bob lebt hier seit den 1970er-Jahren, war Kameramann, Korrespondent der BBC, Dokumentarfilmer. Jetzt gehört ihm *The Maze* (englisch für »Labyrinth«), ein Guesthouse mit Jazz- und anderen Musikveranstaltungen – mitten in der Favela Tavares Bastos! Es wurde ausgezeichnet als einer der fünfzig besten Jazzclubs der Erde.

Bob vermiete Zimmer in seinem Guesthouse, sagt Anja, manchmal auch langfristig. Gerade kürzlich habe er dem Korrespondentenklub wieder ein Angebot geschickt, sie wisse nicht, ob das noch zu haben sei. Ich bin hin- und hergerissen: Die Aufregung einer Favela, verbunden mit solidem britischem Service, das könnte ganz reizvoll sein. Auf der anderen Seite: Ich möchte im echten Rio leben und nicht in einer Herberge.

Gemeinsam besuchen wir Tavares Bastos, das über dem mittelständischen Stadtteil Catete liegt. Es ist Samstagabend, und in der ganzen Favela kracht die Party. Mädchen in Miniröcken und coole Jungs, alle mit Bierflasche in der Hand, bevölkern die Gassen. Aus den Häusern dröhnen brasilianische Rhythmen, Samba und Forro, sowie internationale Hits. »Wäre dir das nicht zu laut?«, sorgt sich Anja. Ach, ich habe in China mit Baulärm rund um die Uhr gelebt – im Vergleich dazu ist diese Musik sehr angenehm.

Diese Favela mit 7000 Einwohnern sieht noch aufregender aus als alle, die ich bisher besucht habe, denn sie ist ein Labyrinth aus schmalen Gassen und engen Treppen. Ein Gebäude ist ans andere gebaut, quasi ein endloses Reihenhaus, nur dass die Bauten mal höher und mal niedriger ausfallen, die Dächer mal flach und mal schräg liegen, ein kreatives Durcheinander. Wellblechhütten, wie ich sie aus manchen Favelas kenne, stehen hier keine mehr. Aber man sieht den kastenartigen Beton- und Ziegelhäusern an: Der Architekt wurde eingespart.

Wir kommen bei Bobs Guesthouse an, dem *Maze,* von dem ich nach dem Gang durch das Labyrinth dieser Favela verstehe, woher es seinen Namen hat. Die Tür ist nicht verschlossen. Wir gehen einfach in die Eingangshalle, doch dort ist niemand. Wie? Offene Türen in der Favela? Wo doch sonst in Rio ein Wachmann vor der Tür sitzt und jeder Eingang drei Schlösser hat. An den Wänden hängen Bilder, die Bob Nadkarni selbst gemalt hat, wie mir Anja erzählt, sie sind abstrakt und lassen doch Gesichter und Geschichten erkennen. Er ist, so erfahre ich, einer der letzten universal gebildeten Menschen dieser Erde. Von ihm stammen die Kulissen für Stanley Kubricks Science-Fiction-Film *2001: Odyssee im Weltraum,* er berichtete aber auch aus dem Bürgerkrieg im Libanon und kam dort beinahe ums Leben.

Ungehindert gelangen wir auf die Terrasse – und es glänzt in meinen Augen: Vor mir sehe ich den Atlantik, den Zuckerhut mit seiner Seilbahn, die Scheinwerfer der Schiffe und die Lichter der

Millionenmetropole Rio de Janeiro – einen der schönsten Ausblicke der Welt. Vergleichbar phänomenal finde ich nur die bereits erwähnte Aussicht vom *Peak,* dem Gipfel über Hongkong, unter dem sich Wasser und Wolkenkratzer vereinen.

In diesem Moment treffen Bob und seine brasilianische Frau Malu ein, sie sind noch durch die Favela spaziert. »Die Portugiesen scheuten die Mühe, an den Hügeln zu bauen«, spottet der Brite. »Sie überließen die Hänge den Armen, sollten die selbst sehen, wie sie hier Unterkünfte aufgestellt bekommen. Darum ist hier in Rio alles verdreht: An den Orten mit der besten Aussicht, wo in anderen Ländern nur Millionäre wohnen, siedelte sich das einfache Volk an.«

Ich frage den 70-Jährigen mit weißem Bart und zerzaustem Haar, wie er als wohlhabender Brite hierherkam – ein Wohlstand übrigens, den der Pensionsbesitzer geschickt zu verbergen weiß, denn er trägt kurze Hosen und ein farbverschmiertes T-Shirt, sein Markenzeichen als Maler, wie er lachend erklärt. »Ich lebte unten auf dem Asphalt, wie sie hier sagen, genauso wie die anderen Ausländer. Und wie diese hatte ich eine Hausangestellte, die meine Hemden bügelte. Eines Nachmittags fühlte sie sich nicht wohl, ich wollte sie nach Hause bringen. Aber mein Freund warnte mich: ›Geh da nicht hoch – das ist eine Favela!‹« Mit schrillem Ton imitiert Bob die Angst in der Stimme. Er ging trotzdem. Und verliebte sich sofort in die Aussicht. Auch faszinierten ihn Land und Leute hier oben: »Das ist eine ehemalige Farm, die vor knapp hundert Jahren verlassen wurde. Eine 98-Jährige lebte in den Überresten eines Kuhstalls, sie war auf dieser Farm als Sklavin geboren worden. Es standen noch die Steinhäuser, die Sklaven errichtet hatten.« Es war 1981, als Bob das zum ersten Mal sah. Er brauchte ohnehin einen Platz zum Malen. Noch im gleichen Jahr baute er sich hier ein Atelier – und zog bald ganz nach oben.

Von der Kriminalität bekam er damals noch nicht viel mit: »Einmal klopfte bei mir einer aus einem besseren Viertel an die Tür und fragte, wo es den Stoff gibt. Ich verstand erst gar nicht, was er meinte.« Ein Drogendealer arbeitete hier mit seinen Leuten auf eigene Rechnung, er gehörte zu keiner der großen Gangs. Doch eine von diesen eroberte die Favela Anfang der 1990er-Jahre. »Von da an herrschte hier Krieg zwischen den verschiedenen Banden. Fünfzehnjährige zogen mit Maschinenpistolen durch die Gassen.« Bob erzählt das in seiner trockenen britischen Art, meint: »All of the nineties had been pretty rough.«

Das Problem sei gewesen: Sobald eine Drogengang da war, kam auch die korrupte Polizei zu Einsätzen in die Favela. »Sie nahmen die Früchte im Obstladen, ohne zu bezahlen, ließen sich gratis die Haare schneiden und riefen die anderen Polizisten an, sodass alle für einen kostenlosen Haarschnitt kamen.« Zur brasilianischen Polizei, so meint Bob, gehörten aber immer auch Menschen, die nicht Teil dieses schmutzigen Systems sein wollten. Diese sieht er vor allem in der Elitetruppe *Batalhão de Operaçoes Policiais Especiais* (»Bataillon für spezielle Polizeioperationen«). Weltweit bekannt geworden ist sie durch den Spielfilm *Tropa de Elite,* der auf der Berlinale 2008 mit dem Goldenen Bären als bester Film ausgezeichnet wurde. Er handelt von zwei Polizisten, die sich gegen die Korruption auflehnen.

Das führt Bob zur ungewöhnlichen Geschichte des Wandels in Tavares Bastos. Er zeigt auf den fünfstöckigen Betonklotz, der diese Favela überragt: »Hier sollte ein Casino entstehen, daraus ist aber nie etwas geworden, das Gebäude stand leer.« Im Jahr 2000 gab der neue Gouverneur von Rio, Anthony Garotinho, seine erste Pressekonferenz. Bob regte in einer Frage das an, wofür er sich seit fünfzehn Jahren bei den verschiedensten Stellen eingesetzt hatte: das leer stehende Gebäude als Hauptquartier der Elitetruppe zu nutzen – und so die Drogenbande zu vertreiben. Am 28. November des Jahres marschierte das *Batalhão de Operaçoes Policiais Especiais* in der Favela ein, begleitet von einer Blaskapelle. Witzigerweise wird das Bataillon BOPE abgekürzt, was ähnlich klingt wie die portugiesische Aussprache des Namens Bob (»Bobe«), Einwohner hier scherzen über diese Verbindung. Die Drogenbosse waren bereits zuvor in andere Teile Rios geflohen. So wurde die

167

Favela Tavares Bastos »befriedet«, bevor es diese Kampagne der Regierung und diesen Ausdruck dafür gab.

»Ihr seid nicht zufällig wegen der Wohnung hier?«, fragt Bob plötzlich. Sind wir. »Mir gefällt das alles sehr gut«, stammle ich. »Aber ich möchte nicht in einem Guesthouse wohnen.«

»Wieso Guesthouse?«, wundert sich Bob. »Meine Frau hat eine Wohnung zu vermieten, hundert Meter von hier, ein ganz normales Haus in der Favela.« Was kostet das? 700 Reais im Monat – das sind zu diesem Zeitpunkt ungefähr 270 Euro. Wir besichtigen das Apartment: eine Wohnküche mit einem Sofa, das eigentlich eine Matratze auf Stein ist, ein separates Schlafzimmer mit einem Wandschrank und einem gemauerten Bett. Ähnliches kenne ich aus ländlichen Häusern in China (dort *Kang* genannt), allerdings werden die Betten dort durch die Abluft einer Feuerstelle von unten geheizt, das ist in Rio natürlich nicht nötig. Dahinter finde ich ein kleines Badezimmer mit Toilette und Dusche – das Ganze erstreckt sich über 60 Quadratmeter.

Zwei Tage später ziehe ich in Tavares Bastos ein. So heißt auch die Straße, die zur Favela führt, ich habe die Hausnummer 414 wie alle meine 7000 Nachbarn – die Hausnummer der Farm, die hier einmal lag. Jedes Haus besitzt eine Unternummer, damit der Briefträger die Post einwerfen kann. Paketdienste trauen sich bis heute nicht in die Favela.

In den meisten Favelas gab es bis vor Kurzem weder Straßennamen noch Hausnummern – die Menschen, die dort lebten, hatten keine Adresse. Deshalb durften sie kein Bankkonto eröffnen, und es fiel ihnen schwer, eine Arbeit zu finden. Bei Notfällen konnten sie den Rettungsdiensten nicht genau angeben, wo sie wohnen. Wir sprechen hier nicht von einer kleinen Minderheit. Fast jeder Dritte in Rio lebt in einer Favela. Doch offiziell existierten diese Menschen nicht. Erst die Fußball-WM und Olympia – und die Satellitenaufnahmen von Google Maps – haben dazu geführt, dass dieses Drittel von Rio auf Stadtplänen zu sehen ist. Vorher durfte es dort nur als leere Fläche aufgeführt werden, aufgrund einer Verordnung der Stadtverwaltung aus dem Jahr 1937, die besagte, dass

Favelas auf einer Landkarte nichts zu suchen hätten – denn es handle sich nur um vorübergehende Ansiedlungen.

Ich ziehe durch das Labyrinth der engen Gassen und Treppen der Favela Tavares Bastos, meiner neuen Heimat. Wie heißt es auf der Website des deutschen Auswärtigen Amts: »Von Favela-Besuchen wird dringend abgeraten.« In »meiner« Favela trainieren UN-Friedenstruppen für den Häuserkampf, habe ich mittlerweile erfahren. Es sieht gefährlich aus wie in einem Film – und tatsächlich ist es eine Filmkulisse. Brasilianische Seifenopern wurden hier gedreht, und im Jahr 2007 der Spielfilm *Der unglaubliche Hulk*. Spezialeinheiten jagten das grüne Ungeheuer durch die Gassen von Tavares Bastos – fast wie einige Jahre vorher im echten Leben Polizisten die Drogengangster. Doch das Grauen zeigt sich mir von der netten Seite. Alle grüßen sich gegenseitig, wie in Brasilien üblich mit erhobenem Daumen. Wir leben hier zusammen wie in einem Dorf, obwohl Tavares Bastos mitten in der Weltmetropole Rio de Janeiro liegt, auf halber Strecke zwischen dem *Centro*, dem Zentrum, und dem Strandviertel *Copacabana*. Wie in einem Dorf gackern sogar Hühner in den Gassen. Eines Morgens kräht ein Hahn mit wunderschönen Federn vor meiner Tür. Wohlgemerkt, ich lebe mitten in Rio, einer Stadt mit mehr als sechs Millionen Einwohnern.

Per Skype rufe ich meine Mutter aus der Favela an. Ihre erste Frage: »Sind die Häuser dort stabil? Rutschen die nicht bei Regen den Hang hinunter?« Gute Frage, denn sie führt zu einem weiteren Punkt, der sich in den Favelas verändert: Als sie entstanden, nagelten die Neuankömmlinge Hütten aus Brettern und Wellblech zusammen. Heute bestehen alle Häuser in Tavares Bastos aus Backstein oder Beton – und, wie ich bereits erzählt habe, sogar das Bett in meiner Wohnung, das damit deutlich stabiler steht als der Bastelsatz von Ikea, den ich in Hamburg benutzte. Aber mir ist auch klar: Favela ist nicht gleich Favela. So habe ich für einen Fernsehbeitrag in der Favela Vila Cruzeiro gefilmt, wo viele Häuser bei einem Erdrutsch zerstört wurden und Familien zu Tode kamen.

Direkt hinter meinem Haus führt eine steile Treppe zwischen den Häusern nach unten. Ein schwarzer Retriever liegt vor einer Tür. Normalerweise fürchte ich mich vor Hunden. Doch hier sind sie nicht zu aggressiven Wachhunden erzogen worden, sie leben friedlich zwischen den Menschen.

Die Stufen enden an einem Gittertor. Ich höre Schreie. Als ich das Tor öffne, finde ich mich auf der *quadra* wieder, einem Platz in der Favela, der für Sport und Partys genutzt wird. Mädchen und Jungen spreizen ihre Beine und strecken eine Hand nach vorne, trainieren mit einem Lehrer Karate. Sport spielt eine wichtige Rolle bei dem Projekt, den Kindern aus den Favelas eine Zukunft zu eröffnen. Das Ausgangstor des Platzes führt durch eine weitere enge Gasse mit Treppenstufen zu einem weiteren Platz, auf dem Kinder schaukeln und rutschen.

Es klingt absurd, aber in der Favela lebe ich sicherer als in anderen Teilen von Rio. Tatsächlich ist Kriminalität hier ein großes Thema. Wenn Brasilianer sich treffen, etwa zum Abendessen oder einer Geburtstagsfeier, unterhalten sie sich über den letzten Raubüberfall, dessen Opfer sie wurden. Dabei höre ich viele skurrile Geschichten. Eine Bekannte wollte ihren Hund beerdigen, steckte seinen Kadaver in den Verpackungskarton eines neuen Fernsehers und nahm ein Taxi. Plötzlich hielt der Fahrer an, zückte eine Pistole und zwang sie zum Aussteigen, ohne Karton. Für beide Beteiligten eine tragische Geschichte. Die Bekannte konnte ihren Hund nicht beerdigen. Der Räuber packte seinen vermeintlich neuen Fernseher aus und stieß stattdessen auf ein totes Tier. Ein brasilianischer Freund wurde auf der Straße ausgeraubt, ebenfalls wie hier üblich mit vorgehaltener Pistole. Er bat den Täter, ihm seinen Personalausweis zurückzugeben, da der so schwer neu zu beantragen sei. Der Räuber war nett, überreichte ihm das Dokument – aber versehentlich auch seinen eigenen Personalausweis. So wurde er noch am selben Tag gefasst.

Mir ist in meinen vier Jahren in Rio de Janeiro nie etwas passiert. Da habe ich zum einen Glück gehabt. Zum anderen liegt es aber auch an meinem Leben in der Favela. Die Überfälle finden nicht hier statt. Selbst wenn auch in einer Favela wie Tavares Bastos vereinzelte Leute leben, die straffällig werden: Sie rauben da, wo die Reichen und die Touristen sind. Es gehört zum Ehrenkodex, nicht seine eigenen Nachbarn in der Favela zu überfallen oder bei ihnen einzubrechen. Da alle eng beieinander leben, passen auch die Omas von nebenan auf, dass nichts passiert. Die Gefahr in Favelas ist eine andere: zur falschen Zeit am falschen Ort zu sein, wenn Polizisten auf Gangster oder Gangster aufeinander schießen. Leider kommen bei solchen Gefechten viele Unschuldige ums Leben, gerade auch Kinder. Ich habe in meiner Zeit in Rio über einige solcher Fälle berichtet. Diese Gefahr besteht aber nicht mehr in Favelas wie Tavares Bastos, in denen es keine Drogengang mehr gibt.

Seit man hier nicht mehr um sein Leben fürchten muss und sogar Besucher von außen kommen, versuchen viele Bewohner ihr Glück mit kleinen Geschäften. In der *lavanderia,* der Wäscherei, gebe ich meine schmutzige Kleidung ab. Die nette Besitzerin fragt mich nach meinem Namen und stellt sich selbst als Daluz vor. Überallhin muss ich weniger als hundert Meter laufen, ich fühle mich tatsächlich wie in einem kleinen Dorf, aber mit gutem Service und ohne Spießigkeit. In der *padaria,* der Bäckerei, verkaufen ab sechs Uhr morgens zwei Schwestern frische, warme Brötchen. Kleine Shops, in Deutschland würde man sie als Tante-Emma-Läden bezeichnen, bieten alles vom Thunfisch im eigenen Saft bis zu Spray gegen Riesenkakerlaken.

Ach so, die Riesenkakerlaken. Ihre Leichen liegen auch im teuren Stadtteil Ipanema auf der Straße, und ich kenne sie schon aus New York und Hongkong. Es sind intelligente Tierchen, ich dränge sie in die Enge, und sie rennen durch den Türschlitz aus der Wohnung. Aber nach einigen Tagen entscheide ich mich dann doch für die chemische Keule. Von da an besuchen sie mich nicht mehr. Wirkt das »Gleichgewicht des Schreckens«? Oder haben sie einfach gemerkt, es gibt hier nichts zu fressen, seit die Wohnung wieder bewohnt und sauber ist?

Die Energie für den Herd kommt hier nicht aus einer Leitung.

Ein Mann schiebt mit Handwagen eine Gasflasche durch die Gassen und ruft im monotonen Takt: »Alugas!«, die Abkürzung für Gasflasche aus Aluminium. Auf Zuruf verkauft er das Gas und montiert die Behälter auch, wenn er darum gebeten wird.

Die kurvige Bergstraße, die von meiner Favela in die City führt, endet nahe dem Largo do Machado, einem 1810 entstandenen Platz voller Fußgänger und Straßenmusikanten. In seiner Mitte finden sich ein Brunnen und der Eingang einer U-Bahn-Station. Eine weiß getünchte katholische Kirche, Restaurants, Fast-Food-Läden und Supermärkte rahmen ihn ein. Am Largo do Machado treffen die schönen Stadtteile Catete, Flamengo und Laranjeiras aufeinander.

Bergab und bergauf brauche ich zu Fuß jeweils ungefähr 20 Minuten. Das erspart die Kosten für das Fitnessstudio. Es fährt aber auch ein Kleinbus, der immer startet, wenn er voll ist – kleine Kinder und Senioren nutzen ihn. Am schnellsten geht es mit einem der Motorradtaxis, die oben und unten auf Kunden warten. Man bekommt einen Helm und muss sich angesichts des schmalen, steilen Weges gut an den Haltegriffen festhalten. Die Straße ist gepflastert, die Kurven sind scharf. Und die Motorradtaxifahrer schneiden sie noch schärfer, wobei sie bei entgegenkommenden Autos spontan entscheiden, ob sie rechts oder links an ihnen vorbeifahren.

Manchmal rasen die Motorradfahrer um die Wette. Oft taucht plötzlich ein anderer Motorradfahrer oder ein Auto in der Gegenrichtung auf. Das Risiko eines Unfalls ist hier sicherlich größer als die Gefahr, Opfer eines Verbrechens zu werden. Als lebende Mahnung sitzt einer der Fahrer auf den Wartesitzen unten am Berg mit einem Gips vom Fuß bis zum Oberschenkel. Aber mit den Motorradtaxis zu fahren bringt Spaß, eine Achterbahn fühlt sich im Vergleich dazu an wie ein Kinderkarussell. Der warme Wind streichelt mich, ich atme frische Luft ein, der blaue Himmel blickt von oben auf mich herunter. Wenn die Motorradchauffeure bergab rollen, lassen sie den Motor nicht laufen, deshalb kostet die Fahrt umgerechnet auch nur 35 Cent. Bergauf verlangen sie das Zweieinhalbfache davon. Die Betreiber der Kleinbusse haben diese Preise einfach übernommen.

Den Kauf einer Musikanlage kann ich mir getrost sparen, die der Nachbarn sind voll aufgedreht, und ich kann mithören: von Bossa nova bis Funk, die ganze Breite der brasilianischen Musik, dazwischen internationale Stars wie Rihanna oder Lionel Richie. Manche Bewohner tragen sogar ihren lauten Gettoblaster, der hier seinem Namen gerecht wird, mit sich durch die Favela, wohl aus Angst davor, versehentlich in eine Ruhezone zu geraten. Im Prozess der Evolution hat sich die Lautstärke vieler Stimmen hier an den Geräuschpegel der Musik angepasst.

Alle paar Hauseingänge stößt man in der Favela auf eine *boteco,* einfache Eckkneipen, die oft in die Häuser eingebaut sind, nach außen offen, klein wie eine halbe Garage, darin eine Theke und ein paar Plastiktische und -stühle. Manchmal sitzen dort nur zwei, drei Leute beim Bier, von denen einer der Wirt ist. Neben Getränken werden auch Pizza und brasilianische Speisen serviert wie *feijoada,* ein Eintopf aus schwarzen Bohnen und verschiedenen Fleisch- und Wurstsorten.

Ich besuche Massa, den Friseur in der Favela. Zum Glück ist mein Portugiesisch mittlerweile gut genug, um einen *corte de cabelo* zu verlangen, einen Haarschnitt, und nicht einen *corte de cabeça,* das wäre das Abschneiden des Kopfes. Trotzdem bin ich beunruhigt: Der Friseur und die Kunden vor mir tragen, wie die meisten Männer in der Favela, ihr Haar sehr kurz geschoren. Bei aller Bereitschaft zur Integration: So möchte ich nicht aussehen.

Tatsächlich erweist sich das Schneiden als Abenteuer. Meine Haare scheinen für Massa gar nicht zu existieren, er starrt ständig auf den Fernseher, wo die Sendung *Cidade Alerta* läuft, wörtlich »Wachsame Stadt«. Hier wird nicht nur, wie in *Aktenzeichen XY... ungelöst,* über Kriminalität gesprochen – hier wird sie gleich live gezeigt. Gerade beobachtet ein Hubschrauber der Fernsehsendung eine Verfolgungsjagd auf den Straßen São Paulos. Eingeblendet steht: »Schon zwei Schießereien innerhalb von fünf Minuten.« Dazwischen nimmt Massa auf seinen beiden Handys Gespräche an, manchmal gleichzeitig. Dann wieder rennt er zur Kasse, wenn das Telefon dort klingelt. Immer scheint es um irgendwelche Geschäfte zu gehen, der Friseur nennt höhere Geldbeträge. Mein Haarschnitt kostet nur 10 Reais, damals umgerechnet 3,80 Euro.

Gerade habe ich meine Mutter am Telefon wieder einmal besänftigt, wie sicher es hier ist, da bringe ich meine Mülltüte zum Container – und ein Polizist richtet sein Gewehr auf mich! Hinter ihm stehen drei martialisch blickende Kollegen. Nein, man stelle sich hier keine deutschen Streifenpolizisten vor, eher US-Soldaten im Irak. Die Polizisten tragen Stahlhelme, kugelsichere Westen und schwarze Uniformen, was sie noch bedrohlicher aussehen lässt. Und auf mich zielt keine einfache Pistole, sondern eine etwa einen Meter lange Pumpgun, mit denen US-Marines in Kriegen verbarrikadierte Türen aufschießen.

Ein kurzer Schreck, doch bevor ich richtig Angst bekomme, merke ich: Ich erlebe eine Kampfübung des schon erwähnten Bataillons für spezielle Polizeioperationen BOPE, das uns hier bewacht. Die Elitepolizisten trainieren, wie sie andere Favelas erobern können, die noch von Drogenbanden beherrscht werden. Mütter ziehen mit ihren Kinderwagen vorbei, auch auf sie richten sich die Gewehre. Die Frauen tun so, als wäre dies das Normalste auf der Welt.

Die Favelabewohner sind die wahren Schwaben. »Schaffe, schaffe, Häusle baue« gilt hier nicht im übertragenen Sinne, sondern wortwörtlich: Die Leute bauen sich ihre Häuser selbst. Wem dazu die Fertigkeiten fehlen, der besorgt Zement und andere Baustoffe und heuert für die Arbeit Verwandte oder Nachbarn an, die so etwas schon einmal gemacht haben. Allerdings ist die Idee der Planung eine deutlich andere als etwa in Deutschland.

Aus dem Fenster blicke ich auf die schmale Gasse vor meiner Haustür. Auch nicht schlecht, weil da immer etwas los ist. Aber ich träume von der Aussicht auf den Zuckerhut und das Meer, die Bob von seiner Terrasse aus genießt. Als sein Mieter darf ich die mitnutzen, schließlich gehört sie zum öffentlichen Bereich seines Guesthouses. Doch als mir mein Freund Adriano, einer der

Motorradtaxifahrer, beim Bier von seinem Vorhaben erzählt, in unserer Favela ein Haus mit dieser Aussicht zu bauen, äußere ich sofort meinen Wunsch, mich da einzumieten.

Monate später, ich habe seither nichts mehr davon gehört: Wieder beiläufig beim Bier erzählt mir Adriano, nächste Woche könne ich in die neue Wohnung einziehen.

»Nächste Woche? Das ist ja etwas kurzfristig. So schnell kann ich nicht umziehen.«

»Musst du aber, sonst gebe ich die Wohnung jemand anderem. Ich habe viele Interessenten.«

»Aber ich habe die Wohnung doch noch gar nicht gesehen!«

Wir gehen sofort dahin. Tatsächlich bietet das Haus den gigantischen Blick auf die Guanabara-Bucht und den Zuckerhut, wie ich es mir erträumt habe. Das helle Weiß der frisch gestrichenen Wände wirkt viel sympathischer und moderner als der abgebröckelte Putz meiner bisherigen Behausung. Aber in der Wohnung gibt es noch keinen Fußboden, noch keine Küche und noch kein Badezimmer. »Die paar Kleinigkeiten schaffen wir bis nächste Woche auch noch«, verspricht Adriano.

Eine Woche später, es ist ein Sonntag, ist die Wohnung tatsächlich fertig, wenn auch erst nachts gegen 22 Uhr. Jetzt solle ich einziehen, meint mein neuer Vermieter.

»Aber ich bin doch Journalist, ich brauche Internet, sonst kann ich nicht arbeiten.«

»Kein Problem«, entgegnet Adriano. Gemeinsam gehen wir zu Leandro, dem Internet-Verantwortlichen von Tavares Bastos. Klingeln gibt es in Favelas nicht, wir stehen vor seinem Fenster und rufen: »Leandro! Leandro!« Er hat schon geschlafen, kommt aber trotzdem nach einigen Minuten herunter, in Unterhemd und Bermudashorts. In der einen Hand trägt er eine Leiter, in der anderen eine Kabelrolle. Gemeinsam gehen wir zu dem neuen Haus. Wie James Bond steigen Adriano und Leandro über die Dächer – ich erwähnte ja schon, dass die Häuser so dicht aneinandergebaut sind, dass man von dem einen auf das andere kommt. Sie schließen das Kabel an einen Mast an und führen das andere Ende durch das Fenster in meine neue Wohnung. Eine halbe Stunde später habe ich Internet. Weil das hier alle so machen, zieht sich durch die Favelas ein Salat aus Strom-, Telefon- und Internetkabeln, der bestimmt keine TÜV-Abnahme finden würde. Aber es funktioniert – solange es nicht stürmt. Sobald sich ein Unwetter abzeichnet, schicke ich schnell noch die dringendsten E-Mails raus, weil ich weiß, dass bald das Internet ausfällt oder der Strom, meistens beides. Wenn der Sturm vorbei ist, kommt Leandro und repariert das wieder.

Ursprünglich war die Idee bei diesen Kabeln: Statt einen Anschluss beim Stromunternehmen oder der Telefongesellschaft zu beantragen, zapft man unbürokratisch und kostenfrei einen Mast an. Mittlerweile ist das aber zumindest in den friedlichen Favelas organisiert. In Tavares Bastos verschickt das Stromunternehmen Rechnungen, auch Leandro lässt sich seine Dienste bezahlen. Nur das Wasser ist kostenlos, weil dafür noch kein Abrechnungsmechanismus gefunden wurde. Dafür fällt es an heißen Tagen im Sommer aus. Dann muss ich mit Eimer zu einem Brunnen in der Favela gehen, um es mir dort zu holen. Das Wohnen hier ist ein Perspektivwechsel: Ich spüre ein klein bisschen davon, wie Milliarden Menschen in ärmeren Ländern leben.

Gleichzeitig genieße ich, wie viele andere Favela-Bewohner, den Luxus, von meinem Esstisch und meiner Dachterrasse aus sehen zu können, wie sich der Himmel rot verfärbt, wenn die Sonne über dem Meer und dem Zuckerhut auf- und untergeht. Das ist der Grund, warum mittlerweile Prominente wie Madonna und David Beckham Häuser in Favelas gekauft haben. Die beiden habe ich nie getroffen, dafür in meiner Favela-Zeit die kolumbianische Sängerin Shakira. Ich interviewe sie während der Fußball-WM im Keller des Maracanã-Stadions von Rio de Janeiro. Sie erzählt mir von der Rolle des Fußballs in ihrem Leben, ihrem »Waka Waka (This Time for Africa)«, also dem offiziellen Song der vorherigen WM in Südafrika, ihrer Ehe mit dem spanischen Fußballer Gerard Piqué, warum sie bei dem Turnier trotzdem Kolumbien zujubelt...

Eines Tages eröffnet in meiner Favela sogar ein kleines Sushi-

Restaurant. Küche und Gaststube sind eins, man kann auch auf Plastikstühlen davor sitzen. Es sieht simpel aus, aber die Sushis schmecken genauso lecker wie woanders. Viele sagen mir das Gleiche wie Adriana, die Besitzerin des Friseursalons für die Damen: Sie würde aus dieser Favela auch dann nicht wegziehen, wenn sie es sich leisten könnte, weil sie hier ihre Gemeinschaft hat, ihren Freundeskreis und ihre Familie.

Nach vier Jahren in der Favela habe ich das Ungewöhnlichste noch nicht gesehen: eine Baile-Funk-Party. Baile Funk ist eine brasilianische Variante des Hip-Hop. In Tavares Bastos und in anderen Favelas, in denen ich als Reporter unterwegs bin, höre ich immer wieder von diesen Partys. In einer legalisierten Favela wie meiner werden sie nicht gefeiert, denn solche Baile-Funk-Partys sind in Brasilien verboten. Zum einen wegen der Texte, oft geht es darin darum, Polizisten zu erschießen oder Frauen zu vergewaltigen. Zum anderen, weil diese Partys immer mit Drogenhandel verbunden sind. Meine Beziehungen zu Hilfsorganisationen haben mir mehrmals ermöglicht, in Favelas zu filmen, die von Drogengangs beherrscht werden. Doch selbst diese Kontaktpersonen sagen mir: Keine Gang würde eine Kamera bei einer Baile-Funk-Party zulassen, da die Polizei auf den Bildern viele ihrer Mitglieder identifizieren könnte.

Während der Olympischen Spiele in Rio, 2016. Meine Zeit in Brasilien – und in der Favela – geht dem Ende entgegen. Beim Bier erzählt mir eine Freundin, sie fahre heute Nacht mit zwei Kumpeln zu einer Baile-Funk-Party. Ich horche auf. Wenn es mir schon nicht gelungen ist, so etwas zu filmen, dann möchte ich es zumindest für mich selbst gesehen habe, bevor ich Rio verlasse. Ob ich mitfahren darf? »Natürlich«, sagt die Freundin.

Sie hat ein klappriges Auto, und das ist auch der einzige Weg, dorthin zu kommen, denn kein Bus und kein Taxi würden in diese Favela fahren, beherrscht vom *Comando Vermelho*, dem Roten Kommando, auf dem Hügel Morro da Mineira im Stadtteil Catumbi. Wir schleichen die kurvige Bergstraße hoch. Plötzlich stehen vier junge Männer mit Kalaschnikows in der Hand mitten auf der Fahrbahn – ein Checkpoint der Drogengang. Wir müssen anhalten und alle Fenster herunterkurbeln. Sie inspizieren den Wagen, fragen, was wir wollen. Über ein Walkie-Talkie geben sie jemandem durch:»Das sind nur welche aus Lapa.« Lapa ist ein Stadtteil von Rio mit vielen Kneipen und Samba-Clubs. Da kommen wir zwar nicht her, aber was sie damit sagen möchten: Das sind keine Polizisten und keine Leute von einer gegnerischen Gang. Das sind welche, die sich einfach nur vergnügen wollen.

Einige Kurven weiter werden wir erneut von bewaffneten jungen Männern angehalten – offenbar die, mit denen die anderen gerade per Walkie-Talkie gesprochen haben, der nächste Checkpoint. Auch sie blicken misstrauisch ins Auto, dann sagt einer von ihnen:»Okay, ihr dürft zum Baile, aber eine Bedingung: Nehmt eure Handys nie aus der Tasche.« Offensichtlich soll so verhindert werden, dass unauffällig etwas fotografiert oder gefilmt wird. Deshalb darf man sicherheitshalber auch nicht telefonieren. Immerhin, im Vergleich zu Nordkorea geht es bei der Drogengang liberal zu: Abgeben müssen wir unsere Handys nicht.

Als wir oben ankommen und aussteigen, erblicken wir den zentralen Platz der Favela, wie ich ihn auch aus meiner eigenen kenne. Aber hier sieht es ganz anders aus: Am Eingang steht ein einfacher Holztisch, bewacht von fünf Bewaffneten. Darauf liegt die angebotene Ware: Marihuana, Kokain und Heroin, in kleinen Tüten abgepackt.

Wir gehen auf die Tanzfläche. Der Platz ist ungefähr so groß wie ein Fußballfeld. Ein DJ hantiert an seiner Anlage auf der Ladefläche eines Lastwagens, aus Lautsprecherboxen dröhnt von dort die Musik des Baile Funk. Etwa tausend Leute tanzen, genauer gesagt tanzen die Mädchen, den Kopf nach vorne gebeugt, sie lassen ihren Hintern zu der Musik kreisen, der typische Tanzstil beim Baile Funk. Sie tragen sehr knappe Miniröcke oder Hotpants. Die Jungs stehen eher herum, bewegen ihren Körper nur geringfügig, trinken Bier und Wodka aus Plastikgläsern. Der eigentliche Hingucker aber sind etwa hundert junge Männer – und einige wenige Frauen –, die in der Mitte der Tanzfläche auf und ab gehen, mit nach oben gestreckten Gewehren und Pistolen! Eine Militärparade der Drogengang. Und das mitten in Rio de Janeiro, während der Olympischen Spiele, ganze sechs Kilometer entfernt vom Maracanã-Stadion, in dem vor wenigen Tagen die Spiele feierlich eröffnet wurden und in dem auch die Abschlusszeremonie stattfinden wird!

Plötzlich bricht die Musik ab, auch die auf und ab gehenden Waffenträger bleiben stehen. Der DJ ruft zu einer Gedenkminute auf – für die Kämpfer des Roten Kommandos, die in Schießereien mit der Polizei und mit den anderen Gangs gefallen sind. Wir alle schweigen – eine unpassende Bemerkung wäre jetzt gefährlich. Was mir dieses gruselige Erlebnis zeigt: Eine andere Welt muss nicht unbedingt Tausende von Kilometern entfernt liegen (in diesem Fall aus deutscher Sicht allerdings auch das), sondern kann sich ebenso gut im nächsten Stadtteil befinden (wie hier aus Sicht anderer Bewohner von Rio).

Vielleicht fragst du dich, wo hier meine Familie abgeblieben ist. Wie gesagt, anders als ich steht sie nicht so gern im Licht der Öffentlichkeit, deshalb nur angedeutet: Das Problem bei Rio de Janeiro ist nicht die Favela, sondern die Schule. Infrage kommen würde nur eine deutsche oder internationale, und deren Gebühren kann man sich als Freiberufler nicht leisten – zumindest hat man nicht vorab eine Garantie, dass man genug verdienen wird. Deshalb pflegen wir in jenen Jahren eine Art Fernbeziehung, meine Frau und unsere Töchter sind immer da, wenn sie Zeit dafür haben. Die große surft am Strand von Ipanema. Die kleine, sie ist beim ersten Besuch acht, zieht allein durch die Favela Tavares Bastos und spielt dort mit anderen Kindern, sie verständigen sich problemlos mit Händen und Füßen. Beim Abschied sagt sie auf die Frage, was ihr in Brasilien am besten gefallen hat: »Dass man sich im Auto nicht anschnallen muss.«

Merkzettel

- Man kann sich nicht einfach ein Land aussuchen, das einem gefällt, und dann sagen: Ich ziehe jetzt dahin? Doch, kann man. Aber gut vorbereiten solltest du dich schon.
- Wenn dich keine Firma dorthin schickt, kannst du dich auch selbst entsenden. Also prüfe, wie du als Freiberufler dort zurechtkommen würdest.
- Wohnungssuche ist mehr als die Suche nach einem Dach über dem Kopf. Das Viertel, in dem du lebst, prägt dein Leben. Es ist genauso wichtig wie die Wohnung selbst.
- Ob der Hamburger Stadtteil St. Pauli oder eine Favela in Rio de Janeiro – überall auf der Welt findest du Orte, an die man zunächst nicht denkt, wenn man eine Wohnung sucht. Doch wenn du es magst, können es dort die besten Jahre deines Lebens werden.
- Die Stereotype, die man über andere Orte hat, erweisen sich vor Ort gewöhnlich als falsch.
- Ob Freiwilligendienst in einem Krankenhaus in Tansania leisten oder wie ich als Journalist in einer brasilianischen Favela leben – das Leben in einer armen Gegend lehrt dich Demut. Danach wirst du die Welt besser verstehen.
- Die Wirklichkeit ist nicht schwarz-weiß. Auch wer in einer Favela wohnt, führt in vielerlei Hinsicht ein normales Leben, hat seinen Stolz, seinen Spaß, seine Familie, möchte nicht als bemitleidenswertes Opfer gesehen werden und ist es auch nicht.
- Eine Wohnung mit faszinierender Aussicht erhöht deine Lebensfreude entscheidend. Und nicht überall auf der Erde sind Meer- oder Bergblick unbezahlbar.
- Als Deutscher denkt man, alles müsse langfristig geplant und »ordentlich« genehmigt sein. Zu den nützlichen Erfahrungen des Lebens im Ausland gehört es zu sehen: Es geht auch anders. Vom Pragmatismus anderer können wir uns noch ein Stück abschneiden.
- Aus der Steckdose kommt immer Strom, aus dem Wasser-

hahn fließt ständig Wasser – für einen Großteil der Menschen auf dieser Erde ist das nicht selbstverständlich, sind Ausfälle und Rationierungen alltäglich.

- Kriminalität und Gesetzlosigkeit beherrschen in manchen Teilen der Welt das Leben. Das ist zu bedauern, aber auch das ist etwas, mit dem sich Menschen zu arrangieren wissen.

Europäische Flüchtlinge in Afrika

Angola gehört gewiss nicht zu Brasilien. Trotzdem schickt mich der *Focus* von Rio aus zu einer Reportage in diese südwestafrikanische Republik. Denn auch dort wird Portugiesisch gesprochen – Angola gehört zu den vielen Ländern dieser Erde, in denen man mit Englisch nicht weit kommt. Außerdem liegt Angola am Atlantik gegenüber von Brasilien, was kein Zufall ist. Beides waren portugiesische Kolonien, und auf dieser Route wurden die Sklaven von Afrika ins heutige Brasilien gebracht. Ich fliege in die umgekehrte Richtung. Vor dem Hintergrund der Flüchtlingsströme nach Deutschland 2015 geht es um ein ungewöhnliches Thema: Flucht nach Afrika. Hier läuft die Migration mal andersherum. Arbeitslose Europäer hoffen auf eine Chance in Angola.

Ein Markt in der Hauptstadt Luanda: Die Fliegen schwirren so dicht, dass sie die Sicht vernebeln. Frauen balancieren Plastikschüsseln auf dem Kopf, verkaufen Orangen und Hautcreme. Es stinkt nach Müll, Rauch steigt auf, Händler verbrennen ihre Abfälle. Hier sind die alten Übel Afrikas zu besichtigen, Armut und Misswirtschaft.

Wenige Kilometer weiter, im Luxusrestaurant »Pimm's«, diniert das neue Afrika. Der livrierte Kellner serviert Gin Tonic, empfiehlt das Gericht des Tages, gegrillte Seezungenfilets mit Püree und frischem Gemüse. Die Gäste gehören zu Angolas Oberschicht. Weiß ist hier nur die Bedienung, Joaquim Qintas, 32. »In Portugal habe ich meinen Job verloren«, sagt er. »Und hier verdiene ich viermal so viel wie zu Hause.«

Quintas ist ein Wirtschaftsflüchtling, der das übliche Muster kontert. Von einem reichen zog er in einen armen Kontinent. In seiner Heimat Portugal grassiert seit der Euro-Krise die Arbeitslosigkeit. Unter den 15- bis 24-Jährigen ist damals etwa jeder dritte ohne Job. Während die portugiesische Wirtschaft in den vergangenen zehn Jahren um bis zu vier Prozent pro Jahr schrumpfte, ist sie in der ehemaligen Kolonie im selben Zeitraum zwischen zwei und vierundzwanzig Prozent im Jahr gewachsen.

Angola als Einwanderungsland für Europäer ist eine Ironie der Geschichte. Von 1975 bis 2002 tobte hier ein Bürgerkrieg. 500 000 Menschen starben. Zehntausende wurden von Landminen verstümmelt. Millionen flohen, auch nach Europa. Nun ist alles anders.

Die genaue Zahl der Portugiesen in Angola ist schwer zu erfassen. 300 000 sind Rückkehrer. Sie hatten das Land verlassen, als es 1975 seine Unabhängigkeit ausrief. Weitere 150 000 haben ein Arbeitsvisum ergattert. Hinzu kommen Illegale, die als Touristen nach Angola reisen und sich hier als Bauarbeiter verdingen, Kinder wohlhabender Familien erziehen oder in Supermärkten anheuern. Die Regeln der Einwanderung sind hart. Das Leben in Luanda ist oft mühsam, von Willkommenskultur kann keine Rede sein.

Ähnlich wie viele Flüchtlinge in Deutschland suchen die Einwanderer aus Portugal ein besseres Leben und denken an die Zukunft ihrer Kinder. Bei Valter Duarte und seiner Frau Isabel Marques heißt das Motiv Carolina, achtzehn Monate alt. Die Duartes leben beengt auf 50 Quadratmetern im fünften Stock. Der Lift ist kaputt. Und doch zahlen sie 2500 US-Dollar Miete. Luanda gilt in jener Zeit als die teuerste Stadt der Welt. Die Familie sitzt um den winzigen Weihnachtsbaum aus Plastik. »Wir geben hier nur für das Notwendigste Geld aus und sparen, um später unserer Tochter eine gute Ausbildung in Portugal zu ermöglichen«, sagt die Mutter. Sie arbeitet als Finanzdirektorin: »Eine solche Chance hätte ich in Portugal nicht.« Ihr Mann ist Straßenbauingenieur. »Wegen der Krise werden in Portugal keine Straßen mehr gebaut«, sagt er. »Hier aber besteht gewaltiger Nachholbedarf.«

Duartes Toyota Prado steckt im Stau der SUVs. Mütter mit nacktem Baby auf dem Arm trommeln aufs Autofenster und betteln. Auf der anderen Seite der Straße öffnet sich der Blick aufs Meer und den Hafen. Dort erheben sich die Tanks der staatlichen Ölgesellschaft Sonangol, der Quelle des Reichtums für manche in Angola. 1,8 Millionen Barrel werden hier pro Tag gefördert. Damals fällt der Ölpreis. Trotzdem, so der Ingenieur, werde das Land weiter Portugiesen anziehen: »Angola hat großes Potenzial, nicht nur Öl, sondern auch Diamanten und fruchtbare Böden.«

Ausländerfeindliche Übergriffe fürchtet Duarte nicht. Doch die Kriminalität explodiert, bereits viermal wurde er überfallen. Einmal drangen die Täter in sein Auto ein, als er an einer Ampel stand, raubten sein Geld, seine Kreditkarten, die Uhr und einen Fotoapparat. Im Zentrum von Luanda patrouillieren Polizei-Jeeps. Auf den Ladeflächen sitzen Polizisten mit Gewehren im Anschlag.

Duarte ist bei Gauff Engineering angestellt, einer Nürnberger Firma für komplexe Infrastrukturprojekte. Seit zwanzig Jahren ist sie in Angola aktiv. »In den besten Zeiten haben wir achtundvierzig ausländische Ingenieure beschäftigt, davon gut die Hälfte Portugiesen«, sagt Anton Schauer-Grasch, der Leiter von Gauff in Angola. Die Firma residiert hinter den Mauern einer bewachten Anlage. Mehrere Wohncontainer und Bungalows gehören zum Compound. Viele Unternehmen in Angola errichten Heime für ihre europäischen Mitarbeiter, ähnlich wie deutsche Städte Unterkünfte für Asylbewerber. Sie sind sicherer und vor allem billiger als Mietwohnungen.

Im Experten-Camp der Firma Gauff lebt auch der deutsche Wasserbauingenieur Markus Elbert. Er zog wegen der beruflichen Chancen, der Steuervorteile und des »Reizes des Auslands« nach Angola. Elbert klagt darüber, wie schwer es Angolas Regierung den Fremden macht, ins Land zu kommen. Ein Arbeitsvisum kann nur beantragen, wer einen unterschriebenen Vertrag mit einer Firma in Angola besitzt. Zusätzlich verlangt die Botschaft Zeugnisse und Diplome, ein medizinisches Attest sowie ein polizeiliches Führungszeugnis. Kranke und Vorbestrafte dürfen in Angola nicht arbeiten. Die Gebühr für das Visum beträgt tausend Euro. Dreizehn Monate musste Elbert auf seine Einreiseerlaubnis warten.

Von Ressentiments ihrer Landsleute gegenüber den Europäern berichtet die angolanische Personalchefin bei Gauff, die 37-jährige Aurora Martins. »Viele sagen, die Ausländer nehmen uns die Arbeitsplätze weg«, erzählt sie. »Aber das stimmt nicht. Bei jedem Europäer, den ich hier einstelle, muss ich nachweisen, dass ich keinen Angolaner für die Position gefunden habe.«

Trotz der Strenge der Behörden gelangen nicht nur hoch qualifizierte und in der Regel sehr gut bezahlte Fachkräfte ins Land. Vanessa Mestre ist seit einem Jahr hier. In Lissabon war sie arbeitslos. Nun jobbt sie im »Tree House«, einem Kindergarten für die Oberschicht. Am Eingang wacht ein Sicherheitsmann. Die Kleinen nutzen Computer, auch lernen sie Englisch. Gerade übergibt die Europäerin die einjährige Yoana an ihre afrikanische Mutter, die Abteilungsleiterin einer Bank. »Ich habe nichts dagegen, dass Ausländer hier arbeiten«, meint die Angolanerin großherzig. »Es ist doch gut, wenn unsere Kinder etwas über andere Kulturen erfahren.«

Im »Epic Sana Luanda«-Hotel ist jeder zehnte der 360 Mitarbeiter ein Portugiese. Zu ihnen gehört die Fitness-Trainerin Denise Panzo. Eine angolanische Geschäftsfrau schwitzt auf dem Laufband. Panzo schaut ihr über die Schulter und berät sie, wie rasch sie die Geschwindigkeit steigern soll. Für ein grob gezeichnetes Schwarz-Weiß-Bild des neuen Afrikas taugen die beiden nicht: Die Haut der Portugiesin Panzo ist dunkler als die ihrer Kundin aus Angola. Portugal ist schon länger bunt als Deutschland. Denise Panzo hat einen Traum: Sie will so lange sparen, bis sie ihr eigenes Fitnessstudio eröffnen kann. »In Angola natürlich«, sagt sie. »In Portugal ist die Konkurrenz viel zu groß. Hier aber fangen die Leute gerade an, ihre Gesundheit wichtig zu nehmen.«

»Ich möchte bleiben, solange es geht«, sagt auch die Portugiesin Ana Martins. »Hier habe ich beruflich mehr Möglichkeiten.«
Die 41-Jährige arbeitet im Hotel als Friseurin, fährt mit den Fin-
gern durch die Strähnen ihrer dunkelhäutigen Kundin und legt ihr
einen Umhang aus Samt um.

Diese Reise ist nicht mein erster Aufenthalt in Afrika. Schon
vorher habe ich die Widersprüche dieses Erdteils erlebt. In Angola
drehte ich bereits einen Dokumentarfilm über Hunderttausende
von Chinesen, die hier Straßen und Gebäude bauen, über die
gewaltigen Investitionen der Volksrepublik in diesem Land – wie
auf dem gesamten Kontinent. Südafrika kenne ich von einer Stu-
dienreise. Und viele Jahre früher fuhr ich mit dem Mietwagen
auf eigene Faust durch Simbabwe. Noch ahne ich nicht, dass ich
Afrika bald regelmäßig besuchen werden – und wie.

Merkzettel

- Je mehr Sprachen du sprichst, desto besser bist du weltweit
  einsatzfähig. Denn anders als viele glauben, beherrscht in den
  meisten Ländern nur eine Minderheit Englisch gut genug, um
  sich darin verständigen zu können.
- Ja, die Kolonialzeit und korrupte Regimes haben in Afrika viel
  Armut hinterlassen. Doch es entwickelt sich auch ein neues
  Afrika, mit Wohlstand für wachsende Teile der Bevölkerung. Und
  der Kontinent ist schon immer reich gewesen, wenn es um seine
  Kultur, seine Tier- und Pflanzenwelt und seine Rohstoffe ging.
- Migration ist eine wichtige Erscheinung unserer Zeit. Sie geht
  keineswegs nur in eine Richtung …
- Auch wenn sich dieses Buch an Menschen richtet, die es wie mich
  aus Neugier in die Ferne zieht: Für die meisten Leute sind es
  vor allem wirtschaftliche Gründe, ihr eigenes Land zu verlassen,
  neben der Flucht vor Kriegen und Verfolgung. Und da Europa auf
  dem absteigenden Ast ist, wird die Migration nach Asien, Afrika
  und Amerika auf Dauer zunehmen.

- Wer aus Europa auswandert, verlässt auch den Sozialstaat, wie wir ihn kennen. Woanders existiert normalerweise kein Sicherheitsnetz, das dich bei Schwierigkeiten auffängt.
- Wer in Ländern außerhalb der EU arbeiten will, muss dafür große bürokratische Hürden überwinden. In vielen afrikanischen Ländern ist es schon für einen kurzen Aufenthalt, zum Beispiel als Journalist, nicht einfach, ein Visum zu bekommen.
- Vorbehalte gegenüber Ausländern, bis hin zu Rassismus, gibt es nicht nur in Europa und Nordamerika, sondern genauso in Afrika, Asien und Lateinamerika.

Kreuzfahrten frei nach
Hannes Wader

Heute hier, morgen dort

»Warum wir uns nie über den Weg gelaufen sind, ist mir rätselhaft«, steht in einer E-Mail, die ich in Rio empfange. »Ich würde Sie sehr gerne treffen, um auszuloten, ob wir nicht mal was gemeinsam machen könnten.« Absender ist Manfred Bissinger, einst stellvertretender Chefredakteur des *Stern,* ehemaliger Chefredakteur von *Merian* und *Natur,* Gründer und langjähriger Chefredakteur der Zeitung *Die Woche* und jetzt Geschäftsführender Gesellschafter von *Bissinger plus,* einer Agentur für Corporate Publishing und Content Marketing, also für journalistische Inhalte von Unternehmenszeitschriften und -websites. In Wahrheit sind wir uns schon begegnet, aber daran kann er sich nicht mehr erinnern. Wir haben uns bei einer Geburtstagsparty von Stefan Aust in dessen Küche unterhalten. Auch kenne ich seine Tochter Claudia Bissinger von *Spiegel TV* und war ihr Nachmieter in New York.

Unabhängig davon bin ich ihm von mehreren gemeinsamen Bekannten empfohlen worden, und so bietet er mir an, Chefredakteur seiner Agentur zu werden. Ich schlage ein, denn ich arbeite gern mit so einem Urgestein des Journalismus. Gegen Corporate Publishing und Content Marketing hege ich ein gewisses Misstrauen. Meine Hauptaufgabe besteht darin, die Redaktion des *Evonik-Magazins* zu leiten, herausgegeben von dem gleichnamigen Spezialchemie-Konzern. Einer breiten Öffentlichkeit ist er am ehesten als Hauptsponsor von Borussia Dortmund bekannt, aber es handelt sich um ein weltweit agierendes Unternehmen. Die Aufgabe ist reizvoller, als ich zunächst denke. Das Unternehmen selbst kommt in der Zeitschrift nur am Rande vor, deshalb muss ich da auch keine Jubelberichte schreiben. Stattdessen kann ich mich allgemein interessierenden Themen widmen wie »Wasser«, »Alter«, »Welthandel« und »Konsum« und hierfür mein internationales journalistisches Netzwerk nutzen.

Doch nach einem Führungswechsel spart der Evonik-Konzern bei den Mitteln für die Kommunikation und stellt die Zeitschrift in der bisherigen Form ein. Damit ist meine Position überflüssig. Ein Beispiel dafür, dass auch eine unbefristete Anstellung nicht vor plötzlichen Wechseln schützt. Da ich nun schon einmal in der Branche der Unternehmenszeitschriften tätig bin, kommt über meinen Freund und ehemaligen *Spiegel*-Kollegen Stephan Burgdorff gleich das nächste Angebot: als Managing Editor die englischsprachige Zeitschrift des Volkswagen-Freizeitparks zu leiten, *The Autostadt Magazine International Edition*. Neben Themen wie Elektromobilität und autonomem Fahren geht es darin um die qualitativ hochwertigen Musik- und Tanzdarbietungen in der Autostadt. Anders als die vorherige Aufgabe ist dies nicht mit einer Festanstellung verbunden, ich mache das als freier Autor. Dies erweist sich als gewaltiger Vorzug. Denn wie du vielleicht erahnen kannst, ist mir diese Zeitschrift allein bald zu langweilig. Ich bin ja Journalist geworden, um zu reisen. Doch für das englischsprachige Autostadt-Magazin gibt es eine Fahrt pro Monat: mit dem Zug von Hamburg über Hannover nach Wolfsburg, zu einer Besprechung. Nicht genau das, was ich mir unter Freiheit und Abenteuer vorstelle...

Eines Tages sehe ich auf Facebook, wie Boris Henn, ehemaliger RTL-Moderator und damit ein Kollege aus alten Zeiten, auf einem Schiff steht. Was macht er da? Wie sich beim Durchklicken herausstellt, arbeitet er als Lektor auf Kreuzfahrtschiffen. Den Begriff »Lektor« kenne ich bisher als Bezeichnung aus dem Verlagswesen, Lektorinnen und Lektoren betreuen dort die Buchprojekte und bearbeiten die Manuskripte. Auch einen Lehrbeauftragten kann man als »Lektor« bezeichnen. In diesem Fall, so stellt sich heraus, hält er vor den Passagieren Vorträge über die Städte und Länder, die das Schiff anfährt, und über allgemein interessierende Themen, die mit der Reiseroute zusammenhängen.

Das könnte doch auch zu mir passen, denke ich. Schließlich habe ich in mehreren Ländern gelebt und noch viel mehr bereist, kann also Geschichten von dort erzählen. Andererseits weiß ich so gut wie nichts über Kreuzfahrtschiffe. Für einen Beitrag von *Spiegel TV* habe ich einmal auf einem amerikanischen gedreht, es ging um durchgeknallte Amis, die an Bord den Prozess gegen den American-Football-Spieler O. J. Simpson nachspielten, der angeklagt war, seine Ex-Frau und deren Bekannten ermordet zu haben. Das Schiff fuhr von Los Angeles zu mehreren Orten in Mexiko. Aber wir konzentrierten uns auf die skurrile Story und bekamen vom sonstigen Kreuzfahrtleben wenig mit.

Bald habe ich Gelegenheit, mir das anzusehen. Unsere kleine Tochter äußert schon lange den Wunsch, einmal auf einem Schiff von AIDA mitzufahren, da viele andere in ihrer Schulklasse das schon getan haben. Ich buche für uns beide eine einwöchige Tour auf der Ostsee. Die hilft, zwei Vorurteile zu widerlegen, die weitverbreitet sind: Kreuzfahrten seien etwas für ältere Leute – tatsächlich fahren zumindest hier viele Familien mit Kindern und junge Pärchen. Und Kreuzfahrer seien ein bisschen blöd – in Wirklichkeit erkunden sie Land und Leute bei Ausflügen und informieren sich in den Vorträgen ebendieser Lektoren, wollen also in ihrem Urlaub mehr tun, als nur am Strand liegen. (Wobei ich es übrigens auch völlig okay finde, wenn sich jemand an den Strand legt.)

Ja, ich könnte mir also vorstellen, da zu arbeiten. Aber will man mich auch? Mittlerweile habe ich erfahren, dass auch Ulla Keienburg Vorträge als Lektorin hält und außerdem Fotoworkshops leitet auf Schiffen. Ulla ist eine nette Journalistenkollegin, die mir auf verschiedenen Stationen meines Lebens begegnet ist. Sie bringt mich zusammen mit Miryam Scholl, Supervisor Gastkünstler &

Edutainment. Wir treffen uns im Büro von AIDA Entertainment in einer Parallelstraße der Reeperbahn.

Ich bewerbe mich um einen Einsatz als Lektor in Asien, wo ich viele Jahre als Korrespondent gearbeitet habe. »Kennen Sie sich auch in Afrika aus?«, fragt Miryam Scholl. »Ja, da war ich ebenfalls als Reporter unterwegs.« Die Chemie stimmt sofort. Gebraucht werden Leute, die wissen, wie man die wichtigsten Informationen über einen Ort sammelt und interessant aufbereitet, und gleichzeitig spannende eigene Erlebnisse von diesen Orten erzählen können. Mit meinem Hintergrund als Journalist und meinen Erfahrungen in vielen Ländern bin ich da genau richtig. (Vielgereiste Historikerinnen oder Astronomen, um nur zwei Beispiele zu nennen, sind ebenso geeignet.) Man erstellt die Präsentationen auf PowerPoint, wobei sie besonders von den Fotos und Videos leben. Mit meiner Bildersammlung aus vielen Jahrzehnten bin ich auch darauf gut vorbereitet. Miryam Scholl engagiert mich für eine Reise von Singapur nach Vietnam und zurück nach Singapur und von dort über mehrere Inseln Indonesiens nach Darwin in Australien. Außerdem für den letzten Teil der AIDA-Weltreise, von Kapstadt nach Hamburg.

Als Lektor gehört man nicht zur Crew, sondern hat denselben Status wie Gastkünstler, also etwa Sängerinnen oder Zauberer, die auf dem Schiff auftreten. Man lebt in einer Gästekabine und isst in den Restaurants, in denen auch die Gäste speisen. Die Einsätze dauern jeweils mehrere Wochen, was einen angenehmen Wechsel zwischen Reisen und Zeit zu Hause bringt. Normalerweise halte ich pro Seetag einen Vortrag, bei kürzeren Reisen auch mal am Ende eines Landtags. Ansonsten kann ich mich an Land vergnügen oder, wenn ich möchte, als »Eskort« einen Ausflug begleiten, also den örtlichen Tourguide mit kleinen Hilfstätigkeiten unterstützen oder für ihn dolmetschen, falls er kein Deutsch spricht. Das mache ich oft und gerne, weil ich so noch mehr zu sehen bekomme und von den Tourguides einiges erfahre, etwa über die sozialen Verhältnisse in dem Land. Meine nüchternen Andeutungen können es nicht verbergen: Es handelt sich hier um einen

Traumjob – schöne Reisen um die Welt, für die man bezahlt wird. Wenn man auf einer Route das erste Mal als Lektor unterwegs ist, arbeitet man davor lange an der Erstellung der Vorträge. Doch ich merke: Das ist der beste Weg, viel über ein Land zu lernen – und die Eindrücke vor Ort dann noch intensiver erleben zu können.

Etwas Besonderes ist für mich mein erster Schiffseinsatz in Vietnam. Denn dieses Land besuchte ich bereits 1982, in einer ganz anderen Zeit, wenige Jahre nach dem Ende des Vietnamkriegs, in dem die USA dieses Volk bekämpft hatten. In meinem Vortrag erzähle ich davon ebenso wie von Ho Chi Minh, der die Unabhängigkeitsbewegung anführte, erst gegen die Franzosen, dann gegen die Amerikaner. Im Theater des Schiffs zeige ich Fotos, die ich damals aufgenommen habe: Reste von Bomben, die noch auf den Straßen herumlagen; Menschen in einfachen Kitteln, die aus Reisstroh gefertigte Kegelhüte trugen; von Ochsen gezogene Wagen mit Holzkohle in der Hauptstadt Hanoi, Zeichen der Armut infolge des Kriegs und des Boykotts durch die westlichen Länder; Fahrräder und Lastenräder als einzige Verkehrsmittel auf der Straße. Dem stelle ich Bilder von heute gegenüber, von denen ich bei den Ausflügen täglich neue fotografiere: Dicht befahrene Straßen, auf denen schick und modern gekleidete Frauen und Männer mit ihren Motorrädern kreuz und quer rasen, mal auf der rechten Straßenseite und mal auf der linken, wo es gerade passt. Als Fußgänger ist es heute schwer, die Straßen zu überqueren. Wer ängstlich zögert oder einen Schritt zurückgeht, riskiert sein Leben. Man muss zielgerichtet geradeaus gehen, dann umfahren einen die Motorräder.

Wir besuchen die Städte Hanoi, Da Nang und Hoi An mit seinen historischen gelben Häusern, die zum UNESCO-Weltkulturerbe gehören. Noch voller ist es bei unserem nächsten Landgang in Ho-Chi-Minh-Stadt, dem ehemaligen Saigon. Hier leben heute neun Millionen Menschen, mehr als in Österreich. Vom 266 Meter hohen Bitexco Financial Tower blicken wir über die Metropole. Der Eintritt zur Aussichtsetage kostet damals 200 000 Dong. Das hört sich nach viel an, entspricht aber umgerechnet nur 8 Euro.

In Vietnam sind alle Millionäre. Ähnlich wie in China herrscht in Vietnam eine kommunistische Partei, die mithilfe der Marktwirtschaft ihr Land entwickelt. Während sich die jungen, Englisch sprechenden Tourguides eher kritisch zum sozialistischen System äußern, sind die älteren, die in der DDR Deutsch gelernt haben, meist überzeugte Kommunisten. Bei solchen Reisen lernt man die unterschiedlichen Mentalitäten kennen. In skandinavischen Ländern etwa wird oft streng auf die Einhaltung der Anschnallpflicht in Bussen geachtet, manchmal gibt es dort sogar eine Sicherheitseinweisung über die Notausgänge wie im Flugzeug. In Vietnam hingegen stürzt ein Tourguide, der während der Fahrt steht und spricht, bei einer Vollbremsung die Eingangstreppe des Busses hinunter und schlägt mit dem Nacken auf. Wir befürchten das Schlimmste. Er steht aber wieder auf und sagt: »Das ist mir schon oft passiert – ich habe eine spezielle Technik entwickelt, um geschickt zu fallen.«

Während ich in meinen Vorträgen auch über die Probleme der Länder berichte, genieße ich es, auf den Kreuzfahrten viele schöne Orte zu sehen, die selten Schlagzeilen für den Journalismus liefern. Etwa auf meinen Asien-Reisen die indonesische Insel Bali. Die Stadt Kuta, wo sich einst die Hippies trafen, bietet heute an ihrem Sandstrand auch ein Zelt, in dem Kinder in künstlichem Schnee spielen können. Im hinduistischen Affentempel steigt mir einer der vielen Makaken auf den Kopf. Daneben posieren Hochzeitspaare in ihren goldfarbenen Trachten. Die Motorräder brausen hier noch chaotischer als in Vietnam. Oft sitzt ein Baby auf dem Lenkrad, die Mutter fährt, und hinter ihr hocken noch ein Mädchen und ein Junge. Wir fragen die Tourguide, ob hier keine Helmpflicht besteht. »Doch«, sagt sie, »aber die gilt nicht für Kinder.« (Wobei die Erwachsenen gewöhnlich auch keinen Helm tragen.) Auf der Insel leben heute viele »digitale Nomaden« aus aller Welt, die von hier aus für IT-Unternehmen und Werbeagenturen arbeiten – in Zeiten von Videocalls und Homeoffice kann man schließlich gleich da seinen Sitz aufschlagen, wo es das ganze Jahr warm ist und die Leute entspannt sind.

Aus Indonesien – und hier oft aus Bali – kommen viele nette Crew-Mitglieder, die in den Restaurants und der Zimmerreinigung arbeiten. Die übrigen Kolleginnen und Kollegen in diesen Bereichen stammen zumeist von den Philippinen. Von der Arbeit auf den Schiffen leben in diesen Ländern zahlreiche Familien. Um Freizeitaktivitäten an Bord kümmern sich die Gastgeber, überwiegend junge Deutsche. Ich habe vor allem mit den Scouts zu tun, die die Ausflüge organisieren und wie ich begleiten. Meist sind es junge Frauen, die diesen Job nach einer Ausbildung zur Touristikkauffrau ergreifen. Wie überall auf den Schiffen haben hier Quereinsteiger eine gute Chance, ich habe auch schon Scouts getroffen, die direkt nach dem Abitur zur See gegangen sind.

In Kapstadt steige ich wieder aufs Schiff, erzähle in einem Vortrag dort über meine Begegnungen mit Mitkämpfern Nelson Mandelas und mit seiner Tochter Zindzi. Die nächsten Landgänge finden in Namibia statt, der ehemaligen Kolonie Deutsch-Südwestafrika. In meiner Präsentation zeige ich Bilder vom Völkermord an den Herero und den Nama. 1904 erhoben sie sich gegen die deutsche Kolonialherrschaft. Bewusst trieben deutsche Truppen die Herero in die Wüste und riegelten diese ab, damit sie dort verdursteten. Ein historisches Foto, das ich gefunden habe, zeigt einige von ihnen ausgemergelt auf der Flucht. Von den 80000 Herero, die es damals gab, ermordeten die Deutschen 60000. 1914 besetzte Südafrika das Gebiet. 1989 siegte dann die Befreiungsbewegung South-West Africa People's Organisation (SWAPO), mit einigen ihrer Aktivisten hatte ich in der DDR gemeinsam studiert.

Die SWAPO ist weiterhin die führende Partei in Namibia, wir kommen an ihren Büros vorbei. An Land erlebe ich außerdem, wie präsent der deutsche Einfluss noch ist. Das gilt insbesondere für Lüderitz, das mit seinem Kirchturm und seinen Jugendstil-Gebäuden aussieht wie eine deutsche Kleinstadt. Auf der Bibliothek steht hier deutsch »Lesehalle«, das Fitnesscenter heißt »Turnhalle«. Nicht weit davon entfernt liegt die »Kegelbahn«, in alter deutscher Frakturschrift geschrieben. Die Straßen heißen Hafenstraße, Kirchweg und leider auch Göring-Straße, zwar nicht nach dem

Naziführer Hermann Göring benannt, aber nach seinem Vater, Heinrich Ernst Göring, der von 1885 bis 1890 in Lüderitz tätig war als der erste Kaiserliche Kommissar von Deutsch-Südwestafrika.

In der Altstadt von Lüderitz bekommt man manchmal den Eindruck, die einzigen Menschen hier seien die Gäste vom Schiff. Tatsächlich leben hier auch Einheimische, aber die meisten von ihnen in einstöckigen Hütten in der Wüste am Stadtrand. Kleine Jungs, zum Teil barfuß, spielen mit Autoreifen. Vier Mädchen im Teenie-Alter, in rot-weißen Trainingsanzügen, ihrer Schuluniform, sprechen mich an. Sie wollen ein Selfie mit mir machen. Als Grund nennt eine von ihnen: »Jetzt legen immer diese Schiffe hier in Lüderitz an – und wir haben noch nie mit jemandem gesprochen, der von so einem Schiff kommt.« Sie heißen Naleapo, Karina, Rachel und Krishns, geben mir ihre WhatsApp-Nummern, damit ich ihnen das Foto schicken kann.

Am nächsten Morgen erreichen wir Walvis Bay, wo wir uns zwei Tage aufhalten. Am ersten Tag begleite ich einen Ausflug, der zunächst zur Düne 7 führt, also einer der hügelartigen Ablagerungen von Sand, die durch den Wind entstanden sind. Sie soll 130 Meter hoch und die höchste Düne der Welt sein, wobei man mit solchen Angaben immer vorsichtig sein muss. In jedem Fall bringt es Spaß, da hochzuklettern. Am besten sollte man dafür Sandalen anziehen. Wenn man wie ich geschlossene Schuhe trägt, kann man gleich einen Eimer Sand hineinschütten, der Effekt wäre der gleiche. Danach geht es zu spektakulären Sand- und Felsformationen, nicht ganz zu Unrecht als »Mondlandschaft« bezeichnet, denn so sehen sie aus. Dort machen mich Gäste am Bus darauf aufmerksam: Das Profil eines Reifens ist so stark abgetragen, dass er auf der Rückfahrt platzen kann. Ich spreche den Fahrer darauf an. Er sagt: »Das stimmt – aber wenn wir den Reifen wechseln, kommen wir zu spät zum Schiff.« Ich quittiere diese landestypische Unlogik mit einem inneren Lächeln, bitte ihn aber trotzdem, etwas zu unternehmen. Es stellt sich heraus, dass er weder einen Ersatzreifen noch Werkzeug hat. Doch er sucht auf dem Rückweg eine Werkstatt in Swakopmund auf, was uns als zusätzlichen

Programmpunkt eine Stunde Freizeit in dieser Stadt gibt, die der wichtigste Hafen für Einwanderer aus Deutschland war. Noch heute leben hier Nachfahren von deutschen Siedlern, mehr als anderswo in Namibia. Man spricht von ungefähr fünf Prozent der Bevölkerung in Swakopmund, das scheint nicht so viel zu sein, aber sie haben nach wie vor prägenden Einfluss auf das Stadtbild. Das City-Center heißt hier »Stadtmitte«, die Apotheke »Bismarck-Apotheke« und das Café »Bistro Zum Kaiser«. Die Jugendlichen, die davorsitzen, sind aber allesamt dunkelhäutig und kommen von der Schule gegenüber.

Ich habe die Gäste von Kreuzfahrtschiffen bereits gegen Vorurteile in Schutz genommen. Allerdings handelt es sich bei ihnen um Deutsche, die planmäßige Abläufe gewohnt sind. Mit Abweichungen können manche von ihnen nur schwer umgehen. Und genau das passiert am nächsten Tag: Es ist noch ein amerikanisches Kreuzfahrtschiff im Hafen, und das hat alle verfügbaren und uns bereits fest zugesagten Tourguides abgeworben, wohl mit etwas höherer Bezahlung. So sind bei uns am Morgen die Busse da, aber kein Tourguide. Ich soll heute einen Ausflug nach Swakopmund begleiten, wo ich aufgrund der Reifenpanne gestern schon war. Das erweist sich jetzt als Glücksfall: Mit meinen Erfahrungen vom Vortag und dem Wissen aus meiner Präsentation führe ich die Gäste durch die Stadt und erzähle auf der Fahrt im Bus noch etwas über Dünen und Wasserrohre in der Wüste, was ich selbst erst vor einigen Stunden gehört habe.

Am Nachmittag heuere ich einen Taxifahrer an für eine eigene Tour: Er fährt mich durch das Township, in mancherlei Hinsicht ein Pendant zu einer Favela, das nur fünf Minuten vom Hafen Walvis Bay entfernt liegt. Jonathan, so heißt der Fahrer, zeigt mir sein einstöckiges grünes Haus mit Strom und fließendem Wasser, was aber in diesem Township nicht selbstverständlich ist. Einige Häuser sind ordentlich gebaut, bei manchen Hütten handelt es sich einfach um Bretterverschläge. Frauen sitzen am Straßenrand und kochen dort Essen, das sie an Passanten verkaufen. Ein einfacher Friseurladen bietet auch an, Musikaufnahmen zu erstellen und Hochzeitsbilder zu fotografieren. An den Mauern warnen Graffiti vor AIDS, einem großen Problem in Afrika. Vor einer Schule haben sich Hunderte Kinder versammelt – sie singen »When the Saints Go Marching In«.

Es folgen einige Seetage, vorbei an Ländern wie Angola, über die ich von meinen früheren Reisen erzählen kann. Nächster Landgang ist Dakar, die Hauptstadt des Senegal: ein afrikanisches Land, das geprägt ist von seiner französischen Kolonialzeit, seiner islamischen Religion und seiner heutigen demokratischen Staatsform.

Dakar bezeichnen die Afrikaner als »die Stadt am Rande der Welt«, denn es ist die westlichste Stadt des afrikanischen Festlands. Die Bevölkerung lebt hier viermal dichter beieinander als in Berlin, und das ist das Erste, was einem auffällt, wenn man durch die Stadt fährt: Die Autos stehen im Dauerstau, dazwischen spazieren die Menschen dicht gedrängt, oft in farbenprächtigen traditionellen Gewändern, aber mit Handy am Ohr. Manche tragen Körbe und Eimer auf dem Kopf. Am Straßenrand verkaufen Händler alles von Bananen bis zu BHs, von Koffern bis zu Kleiderbügeln. Die bunten Kleinbusse sind so überfüllt, dass viele Passagiere während der Fahrt außen auf der Eingangsstufe stehen und sich an Fenster- und Türrahmen festhalten. Anders als in Südafrika oder Namibia, wo es auch einheimische Weiße gibt, fallen wir hier als Exoten auf.

Wir fahren zum Monument der afrikanischen Renaissance, einer 49 Meter hohen Bronzestatue – der höchsten Statue Afrikas. Eine Frau und ein Mann mit einem Kind im Arm steigen vereint aus einem Vulkan. Das symbolisiert das Aufleben des Kontinents nach den Jahren der Unterdrückung durch die Kolonialmächte. In seiner Ästhetik erinnert das Monument an die gigantischen Heldendenkmäler in der Sowjetunion.

Als wir zurück beim Schiff sind, habe ich noch zwei Stunden Zeit bis zur Abfahrt. Wer schon einmal eine Kreuzfahrt unternommen hat, dem verrate ich kein Geheimnis, wenn ich sage: Dort funktioniert alles bestens – außer dem Internet. Wenn das Hunderte Leute gleichzeitig nutzen und, auf den außereuropäischen

Strecken, auch noch ein oder zwei deutsche Fernsehkanäle über die gleiche Verbindung gestreamt werden, dann kann es schon mal ein paar Minuten dauern, bis sich eine E-Mail oder ein Bild öffnet. Gäste, Gastkünstler und Crew nutzen deshalb jedes kostenlose WLAN außerhalb des Schiffs. Manchmal wird das in den Häfen angeboten. Nun sieht der von Dakar nicht danach aus. Die altertümlich anmutenden Anlagen sind verrostet. Direkt vor dem Schiff bieten Dutzende Kleinhändler Holzschnitzereien und andere Souvenirs an. Einer will mir eine Tour verkaufen, er heißt Oumar. Ich sage ihm, dass ich bereits in der Stadt war, ich bräuchte aber WLAN. Hier im Hafen gebe es das nicht, erklärt er mir. Aber er werde mir ein Café in der Nähe zeigen, dort könne ich das Internet nutzen.

Wie ich es aus anderen Städten Afrikas kenne, nimmt die Kellnerin mein Handy und tippt das WLAN-Passwort ein. Doch offenbar klappt es nicht mit dem Zugang. Sie verschwindet hinter einer Tür – mit meinem iPhone. Erst nach fünf Minuten kommt sie wieder. Mit dem Gerät ist alles in Ordnung. Aber das WLAN in dem Café sei gerade kaputt, sagt sie. »Kein Problem«, meint Oumar. Er habe Bekannte im Bürgermeisteramt, und dort gebe es sehr schnelles Internet.

Das Bürgermeisteramt ist nicht das, was man sich in Schwäbisch Gmünd oder Paderborn darunter vorstellt. Ein großes Gebäude, aber die Mitarbeiter, die Oumar kennt, sitzen auf Plastikhockern davor. Ich geselle mich zu ihnen, einer tippt das Passwort ein. Tatsächlich ist das WLAN hier sehr gut, und ich kann einige Fotos posten. Ich möchte ein bisschen Small Talk pflegen und sage: »Hier sitzt jetzt also der Bürgermeister.« – »Nein«, antwortet einer der Männer, »der Bürgermeister sitzt im Gefängnis.«

Auch wegen der schlechten Internetverbindungen und weil man unterwegs nur schwer telefonieren kann, nervt die Arbeit für die Autostadt gleichzeitig mit den Schiffseinsätzen. So bin ich erleichtert, als der VW-Freizeitpark seine englischsprachige Zeitschrift einstellt, angeblich weil der Konzern das Geld jetzt für die Investition in Elektroautos braucht. Bald halte ich Vorträge auch auf anderen Routen von AIDA. Sankt Petersburg, Tallinn und andere Städte an der Ostsee kenne ich aus meiner Zeit als Moskau-Korrespondent. Neu ist für mich Stockholm, mit der atemberaubenden Einfahrt durch die Schären, die kleinen felsigen Inseln, welche am Ende der Eiszeit entstanden. Meine Großmutter väterlicherseits war Schwedin, starb vor meiner Geburt. Jetzt lerne ich ein Stück meiner eigenen Wurzeln kennen. Auf Mittelmeer-Touren besuche ich Städte wie Barcelona und Valencia mit seiner gotischen Seidenbörse und seinen futuristischen neuen Gebäuden.

Zu den Vorurteilen über Kreuzfahrten gehört auch, sie seien schlecht für das Klima. Wenn es denn so wäre, trüge ich als jemand, der auf dem Schiff arbeitet, dafür so viel oder so wenig Verantwortung wie ein Kfz-Mechaniker für die Verkehrspolitik. Doch für einen Vortrag habe ich mich damit beschäftigt und bei den Recherchen festgestellt: Es stimmt nicht. *Die Zeit,* bei ökologischen Themen besonders sensibel, schrieb 2017: »Pro Passagier oder nach transportiertem Gewicht erzeugt kein Verkehrsmittel weniger CO_2 als ein Schiff.« Es liegt bei dem Vorurteil schlicht und einfach eine Verwechslung vor: Traditionelle Schiffe stoßen Rußpartikel und Schwefeloxide aus, die ebenfalls schädlich sind, aber mit CO_2 nichts zu tun haben. Und wie sich Dieselautos und Benziner durch Elektrowagen ersetzen lassen, so werden moderne Kreuzfahrtschiffe mit Flüssigerdgas (LNG) betrieben, dem saubersten fossilen Brennstoff. AIDA ist da weltweit führend, hat bereits zwei solcher Schiffe in Betrieb, die AIDAnova und die AIDAcosma. So konnte der Ausstoß von Stickoxiden um achtzig Prozent vermindert werden und der von Rußpartikeln und Schwefeloxiden sogar um hundert Prozent.

Tatsächlich hat man auf Kreuzfahrten meist nur einen oder zwei Tage an einem Ort. Es läuft wie in dem Song von Hannes Wader: »Heute hier, morgen dort, bin kaum da, muss ich fort, hab mich niemals deswegen beklagt.« Wenn man wie ich da arbeitet oder, wie viele Gäste, eine Route mehrmals bucht, kommt man immer wieder dahin und kann bei jedem Aufenthalt etwas anderes besichtigen. Und manche entscheiden sich, eine Stadt, die ihnen besonders gefallen hat, später mit Auto, Zug oder Flugzeug noch einmal länger zu besuchen.

Einige Ziele eignen sich besonders für diese Art des Reisens, weil man kaum für sie um die ganze Erde fliegen würde, aber einen guten Eindruck gewinnen kann, wenn solch ein Ziel eine von mehreren Stationen auf einer Schiffstour ist. Ein Jahr später bin ich wieder bei der Weltreise dabei, diesmal auf zwei Abschnitten, neben der bereits bekannten Schlussroute Kapstadt–Hamburg auch von Rio de Janeiro bis Sydney. In Rio treffe ich viele meiner dortigen Freunde wieder. Auch Buenos Aires kenne ich, bin dort immer wieder gern. Auf Feuerland an der Südspitze Amerikas wandere ich in subantarktischen Wäldern, durch tiefe Täler und Schluchten, hin zum Fünf-Kaskaden-Wasserfall.

Bei einer Weltreise sind die Gäste natürlich älter als bei Kurzreisen, wo ich schon das Durchschnittsalter 18 erlebt habe – die Hälfte waren Kinder. Hier hingegen muss jemand vier Monate Zeit haben und das nötige Kleingeld. Doch auch hier treffe ich viele unter 40-Jährige mit ihren eigenen Geschichten. Eine Hamburger Bereitschaftspolizistin hat viele Überstunden angespart. Ein Programmierer macht sein Sabbatical ...

Während unseres Landgangs in San Antonio begleite ich einen Ausflug nach Santiago de Chile. Das sind knapp zwei Stunden mit dem Bus, aber es lohnt sich. Die Empörung über den von den USA unterstützten Militärputsch 1973 gegen den demokratisch gewählten Präsidenten Salvador Allende war ein prägendes Ereignis meiner Jugend. Jetzt besuche ich den Präsidentenpalast La Moneda, den die Luftwaffe damals bombardierte. Davor steht heute ein Denkmal, das an den Präsidenten Allende erinnert, der damals ums Leben kam. Seine Themen sind bis heute aktuell. In den Tagen unserer Reise zieht ein Proteststurm gegen die Armut durch das Land, wir sehen Demonstrationen und an Häuserwände gesprühte Losungen, zum Beispiel gegen die Privatisierung des Rentensystems.

Fünf Seetage später erreichen wir einen der abgelegensten Orte der Erde, die Osterinsel. Sie gehört geografisch zu Polynesien, politisch zu Chile, ist vom chilenischen Festland 3763 Kilometer entfernt, mehr als das Doppelte der Strecke Berlin–Moskau. Nächster bewohnter Ort, von der Osterinsel 2078 Kilometer entfernt, ist Pitcairn Island, wo die Nachfahren der Meuterer auf der Bounty leben. (Unser Schiff wird auch diese Insel in dichter Nähe passieren, und ich werde von der Brücke aus über die Bordlautsprecher davon erzählen.) Angesichts dieser Entfernungen fliegen nur wenige Menschen zur Osterinsel. Darum ist sie als Station einer Schiffsreise geradezu perfekt – im Prinzip, denn sie ist felsig und die See hier stürmisch, oft kommt man gar nicht an Land. Einen Hafen für große Dampfer gibt es ohnehin nicht. Das Schiff liegt auf Reede, das bedeutet auf offener See vor Anker. Man tendert, fährt also mit kleinen Rettungsbooten an Land. Wegen der hohen Wellen geht an diesem Morgen auch das nicht. Erst nach einigen Stunden kommt die erlösende Durchsage des Kapitäns: Jetzt können wir es riskieren.

Weiter schießen die Wellen mehrere Meter in die Höhe. Die Sicherheitsmitarbeiter warten passende Momente ab, um jeweils einen Passagier beim Sprung in das Boot zu unterstützen. Sobald es voll ist, geht es los. Die Tour gleicht einer Achterbahnfahrt. Die Offizierin manövriert das Boot an Felsen vorbei. Neben ihr sitzt einer der örtlichen Lotsen. Das sind keine Lotsen im üblichen Sinn, sondern ortskundige Einwohner. Sie sprechen oft kaum Englisch, aber sie kennen die See hier und zeigen den Bootsführern mit Handbewegungen, wie die Felsen zu umschiffen sind. Ich erinnere mich an die Worte des englischen Entdeckers James Cook, die ich in meinem Vortrag zitiert habe: »Keine Nation wird je für die Ehre kämpfen, die Osterinsel erforscht zu haben, zumal es kaum ein anderes Eiland im Meer gibt, welches weniger Erfrischungen bietet und weniger Annehmlichkeiten für die Seefahrt denn dieses.«

Das mag sein, doch entschädigt werde ich durch den Anblick der Moai, der gigantischen Steinskulpturen. Aufgrund ihrer eigensinnigen Gesichter sind sie leicht wiederzuerkennen. Sie haben lange Nasen, breite Kinne, rechteckige Ohren, dicke Augenbrauen und tief gesetzte Augen. Die Statuen sind riesig. Die größte ist zehn Meter hoch und wiegt 82 Tonnen, das Durchschnittsgewicht liegt bei 12,5 Tonnen. Sie wurden aus Tuffstein gemeißelt, das ist zusammengepresste vulkanische Asche, die sich verfestigt hat. Bis heute sind die Moai ein großes Geheimnis der Menschheit. Wahrscheinlich begann ihr Bau ungefähr 1100 Jahre nach Christus, aber genau weiß man das nicht. 887 Statuen wurden bisher gefunden, und das auf einer Insel, die nur 163 Quadratkilometer groß ist, etwas kleiner als Mönchengladbach. Es ist nicht eindeutig geklärt, wie diese schweren Statuen von den Bewohnern damals mit ihren einfachen Mitteln geschaffen und bewegt werden konnten. Wahrscheinlich wurden sie mit Seilen gesichert und dann von vielen Menschen gemeinsam geschaukelt, um sie so von der Stelle zu bringen. Oder sie wurden auf Stämmen von Palmen gerollt. Mittlerweile wird eine Kombination von beiden Methoden vermutet. Das könnte dann auch erklären, warum es in den Sagen der Rapanui, der Ureinwohner, heißt: Die Statuen bewegten sich auf magische Weise fort.

Auf unserer Fahrt durch die Südsee machen wir selbstverständlich auch Halt auf Tahiti, jener Insel, auf die der französische Maler Paul Gauguin ausgewandert war. Er schrieb darüber: »Die glücklichen Bewohner eines unbeachteten Paradieses in Ozeanien kennen vom Leben nichts anderes als seine Süße. Für sie heißt Leben Singen und Lieben.« Frühere Besucher hatten dies noch direkter ausgedrückt: »Die Frauen versichern sich unserer Freundschaft in einer Art, die alles andere als platonisch ist«, notierte Robert Molineux, der Kapitän von James Cook. Dieser selbst erinnerte sich so: »Sie stillten ihr leidenschaftliches Bedürfnis vor Zuschauern.«

Von derartigen Szenen kann ich nicht berichten, vielleicht weil auch Tahiti in den Jahrhunderten seither unter den Einfluss des Christentums geraten ist. Aber mich beeindrucken die dichte tropische Vegetation auf Tahiti, durch die unbefestigte Wege und Fußpfade führen, die Vaipahi-Gärten mit Wasserfall, dickem Gummibaum und Orchideen, die Marae, also die Kultstätten für die alten Götter, die hier von kleinen Skulpturen dargestellt werden. Noch schöner ist die Nachbarinsel Moorea, oft als Tahitis kleine Schwester bezeichnet, mit ihren malerischen Buchten, bizarr geformten vulkanischen Felsen und den vorgelagerten Motus, also Riffinseln eines Atolls.

In Neuseeland begeistern mich die Ureinwohner, die Maori, die sich beim Haka-Tanz drohend gebärden und die Zunge herausstrecken. Wir haben Landgänge in Tauranga auf der Nordinsel, dort auch in der Hauptstadt Wellington und in Picton auf der Südinsel. Neuseeland befindet sich auf der Erdkugel exakt gegenüber von Spanien und ist damit der Ort, der am weitesten von Mitteleuropa entfernt liegt. Auch ein Land, das man am besten mit dem Schiff besucht, wenn man sowieso in der Gegend ist. Du ersparst dir Nächte in Flugzeugen oder Pensionen, das Hotel fährt mit.

Silvester feiern wir in Sydney. In dessen Umgebung lodern gerade extreme Buschbrände. Beim Reisen gilt: Irgendeine Katastrophe ist immer. Innerhalb der Stadt berührt uns mehr: Schon am Morgen belegen Zehntausende einen Platz nahe dem Opernhaus für das weltberühmte Feuerwerk in der Nacht. Doch ich finde auch noch am frühen Abend eine gute Stelle in der Menge, muss also nur ein paar Stunden im Gedränge stehen, bis zum Familien-Feuerwerk um 21 Uhr, dem ersten Durchlauf für Kinder. Dann gehe ich zurück zum Schiff – und sehe um Mitternacht: Von dort hat man den besten Blick! Zum ersten Mal feiere ich das neue Jahr so früh, schließlich gehört die Zeitzone von Sydney zu den ersten, in denen es beginnt.

Von Sydney fliege ich nach Deutschland zurück und von dort am 30. Januar nach Kapstadt, wieder für den letzten Teil der Weltreise, den wir am 22. Februar 2020 in Hamburg abschließen. Gutes Timing, denn so bleiben wir vom Corona-Lockdown verschont, gerade noch. Vom 7. bis zum 14. März habe ich einen Einsatz im Mittelmeer. Die Destination Rom wird einen Tag vor Beginn der Reise gecancelt wegen der vielen Covid-19-Fälle in Italien, aus dem gleichen Grund kurz darauf auch Korsika. Marseille lässt uns erst einige Stunden verspätet anlegen, wegen eines (irrtümlichen) Corona-Verdachts an Bord. In Valencia und Barcelona läuft wieder alles ganz normal. Doch am letzten Tag auf Mallorca kontrolliert die Polizei im Hafen die Flugtickets, um sicherzugehen, dass wir noch am gleichen Tag nach Hause fliegen. Die Kreuzfahrt ist für alle zu Ende.

Es beginnt die traurige Zeit der Berufsverbote für Millionen Menschen, von Sängerinnen bis zu Fitnesstrainern – und der Reiseverbote für alle. Die Schiffe stehen ebenso still wie mein Leben. Erst seit Sommer 2021 fahre ich wieder, zunächst mehrmals auf der Ostsee, anschließend im Dezember durch die Karibik und dann Februar und März 2022 ebendort. Die richtige Zeit, in der Sonne zu sein, wenn es in Deutschland grau und kalt ist. Erstmals besuche ich Grenada, das 1983 eine Invasion der USA erlebt hat – ein weiteres Thema meiner Jugend. Die Kinder tragen Schuluniformen, wie ich sie von Kuba kenne. Den Vergleich zu Kuba ziehe ich auch in der Dominikanischen Republik, ähnliche Einwohnerzahl, ebenfalls Export von Zucker, Zigarren und Rum, aber ganz andere soziale und politische Verhältnisse. Auf Barbados, geführt von einer Präsidentin und einer Premierministerin, radele ich mit dem Fahrrad zum Haus, in dem die »Heldin von Barbados«, so ihr offizieller Titel, aufgewachsen ist: die Sängerin Rihanna. Natürlich wurde die Straße umbenannt in Rihanna Drive. Auf St. Vincent fahren wir mit einem traditionellen Segelschoner zu den Drehorten des Films »Fluch der Karibik«. Auf St. Lucia lasse ich mich bei einer Wanderung zwischen den beiden Pitons fotografieren, den fast 800 Meter hohen Zwillingsfelsen, zwei erkalteten Vulkankernen. Auf Dominica treffe ich Angehörige des Volks der Kariben, auf die der Name »Karibik« zurückgeht. Den niederländischen Einfluss spüre ich auf den ABC-Inseln Aruba, Bonaire und Curaçao, sichtbar zum Beispiel an den bunten Häusern – aber wir werden dort auch Zeugen von Verbrechen der Kolonialzeit, etwa beim Besuch von Sklavenbehausungen klein wie Hundehütten, in denen jeweils vier Menschen zusammengepfercht lebten.

Keine andere Reiseform hat sich so auf die Pandemie eingestellt wie die Kreuzfahrten. An Bord kommt damals nur, wer zweifach (oder wie ich dreifach) geimpft ist. In den öffentlichen Innenbereichen gilt in jenen Zeiten Maskenpflicht. Überall werden Hände desinfiziert und die Temperatur gemessen. Weniger als 72 Stunden vor dem Aufstieg braucht man einen negativen PCR-Test, weniger als 24 Stunden davor einen negativen Antigentest. Hinzu kommen weitere Tests an Bord – bei dieser Reise muss ich dafür fast jeden Morgen ins Hospital. Denn auf diesem Schiff wird ein Test verlangt an allen Tagen, an denen man im Theatrium auftritt. Und da wir Lektoren neuerdings, neben unseren eigenen Vorträgen, auch die Scouts bei der Vorstellung der Ausflüge unterstützen, stehe ich so gut wie jeden Tag auf der Bühne.

Meine Reise ist fast vorbei, genauer gesagt schon die zweite Runde der Reise, da dazwischen die Gäste wechselten und die Orte sich wiederholten. Wir sammeln uns für einen weiteren Ausflug auf Dominica. Da kommt Scout Melissa auf mich zu. Sie sagt: »Du kannst heute nicht mit zum Ausflug – dein Test ist schiefgelaufen.« Nach 20 negativen Tests war also der 21. positiv. Natürlich weiß ich, was in diesem Moment zu tun ist: sofort wieder ins Hospital für einen PCR-Test in der Hoffnung, dass der Antigentest von vor einer halben Stunde ein falsches Ergebnis geliefert hat. Danach muss ich in meiner Kabine warten. Bald kommt der Anruf aus dem Hospital: »Der PCR-Test war ebenfalls positiv. Pack deine Sachen, du wirst gleich abgeholt und in den Quarantänebereich gebracht.« Dabei handelt es sich um ein Deck mit normalen Kabinen (zum Glück wie meine bisherige mit Balkon), aber mit der Besonderheit: Niemand hier darf seine Kabine verlassen. Essen und Trinken wird auf einen Tisch vor der Tür gestellt, man bestellt es vorher telefonisch, das Angebot ist ähnlich wie in den Restaurants, inklusive Bier und Wein.

Wichtiger ist: Symptome habe ich keine. In den folgenden Tagen hüstele ich ein bisschen und muss gelegentlich die Nase putzen, das kann aber auch an der Klimaanlage liegen. Eine so geringe Erkältung hätte mich in anderen Zeiten nicht beunruhigt und schon gar nicht davon abgehalten, aus dem Zimmer zu gehen. Vier Tage lebe ich auf dem Schiff in Isolation, dann geht meine Reise ohnehin planmäßig zu Ende. Das Schlimmste ist die Unsicherheit: Wie geht es jetzt weiter? Kann ich nach Hause fliegen? Dazu sind Absprachen mit den Behörden erforderlich. Am Tag vor meinem geplanten Abstieg kommt der Anruf von der netten Kollegin aus dem Hospital:»Nach den Bestimmungen hier darfst du als dreifach Geimpfter fliegen, wenn du eine Woche in Quarantäne gewesen bist. Das bedeutet: Wir verschieben deinen Rückflug um drei Tage, die verbringst du in einem Quarantänehotel in der Dominikanischen Republik.«

Am Tag der »Ausschiffung«, wie das offiziell heißt, höre ich von dem sonst so ruhigen Quarantäneflur die Geräusche von Walkie-Talkies: Wir werden abgeholt. Wir, das sind, wie ich dann auf dem Flur sehe, außer mir noch sieben Gäste und ein Crew-Mitglied. Ich bin der einzige Ü30, außer mir scheinen sich nur Jugendliche anzustecken, wie sich später herausstellt, überwiegend Angehörige einer Studentinnengruppe, von denen eine einen positiven Selbsttest hatte, woraufhin auch alle anderen getestet wurden. Beim Abtransport fühle ich mich ein bisschen wie bei Dreharbeiten für einen Film mit dem Titel »Die Toten von Wuhan«. Crew-Mitarbeiter, die neben Masken auch Schutzbrillen tragen, führen Wassereimer mit sich und desinfizieren jedes Stück Boden von Flur oder Aufzug, das wir betreten haben. Der Schiffsausgang wird für andere Gäste abgesperrt, damit wir niemanden von ihnen infizieren können. Direkt vor dem Schiff steht ein Kleinbus, der uns wegfährt, mit für uns unbekanntem Ziel.

Vom Hafen in der Stadt La Romana geht es, so merken wir an den Verkehrsschildern, in Richtung Hauptstadt Santo Domingo. Und die ist tatsächlich das Ziel, wir sind zwei Stunden unterwegs. Der Fahrer und sein Freund scheinen keine Angst zu haben, neun Corona-Kranke quer durchs Land zu begleiten.

An der schönen Uferpromenade fahren wir vorbei am luxuriösen Crowne Plaza Hotel. Ich scherze: »Hier ist unser Quarantänehotel.« Direkt nach dem Hotel biegt der Fahrer scharf in dessen Einfahrt ein – es ist tatsächlich unser Quarantänehotel. Wir steigen aus und betreten die Lobby. Dort scheint man sich keine Sorgen zu machen. Niemand trägt Maske. »Ach, Sie sind die Quarantäne-Gäste vom Schiff«, begrüßt uns die Dame von der Rezeption. »Ihre Zimmer sind noch nicht fertig. Setzen Sie sich einfach in die Lobby, oder gehen Sie noch ein bisschen am Strand spazieren.« Die Koffer können wir abstellen. Als Begrüßungsgeschenk erhält jeder von uns eine Flasche Wasser, sodass wir zum Trinken ebenfalls die Maske abnehmen müssen.

Auch in diesem vornehmen Hotel herrscht beim Check-in karibisches Durcheinander. Es dauert noch zwei Stunden, bis unsere Zimmer frei werden. Dazwischen ruft man uns immer mal wieder zum Rezeptionstisch, auch wenn da gerade andere Hotelgäste stehen. Mal ist die Bestellung für das Abendessen auszufüllen, mal noch ein Papier zu unterschreiben. Schließlich bekommen wir unsere Zimmer. Auch hier wird uns das Essen gebracht. Mit dem guten WLAN des Hotels erledige ich Arbeiten, die sich in den letzten Wochen angesammelt haben.

AIDA hat einen Gesundheitsdienst beauftragt, vertreten durch eine in der Dominikanischen Republik lebende Deutsche, die täglich anruft und sich nach dem Befinden erkundigt. Dies ist bei mir weiterhin bestens (und, soweit ich das mitbekomme, auch bei allen anderen). Die Hilfe, die sie anbietet, brauche ich also nicht. Drei Tage später fliege ich nach Hause.

Jetzt bin ich 4G – dreimal geimpft und einmal genesen. Drei Wochen später starte ich meinen nächsten Einsatz, auf der Ostsee, zunächst Stockholm und Visby, dann zusätzlich weitere Orte an der Ostsee und in Norwegen. Sankt Petersburg fällt aus wegen Putins Krieg gegen die Ukraine – und wird durch Kopenhagen ersetzt.

Merkzettel

- Wenn dich deine Arbeit langweilt, kann es ein guter Weg sein, erst mal nebenbei etwas anderes auszuprobieren, bevor du ganz wechselst. (Zugegeben, da haben es Freiberufler und Selbstständige leichter als Angestellte.)

- Kreuzfahrten sind nicht jedermanns Sache, bestimmt nichts für extreme Individualisten oder Leute, die schnell die Nerven verlieren. Aber viele der Vorurteile darüber stimmen nicht. Schiffsreisen sind eine gute Variante, um in kurzer Zeit von mehreren Städten und Ländern einen ersten Eindruck zu bekommen. Das Hotel fährt mit, man muss nicht ständig neu packen.
- So entfallen im Normalfall eigene Erfahrungen im Straßenverkehr oder beim Einchecken in Hotels. Aber das sind ja nicht unbedingt die angenehmsten Seiten einer Reise.
- Für eine Weltreise eignet sich das Schiff besonders gut, weil man wirklich die ganze Welt durchfährt und sie nicht überfliegt.
- Gleichzeitig sind Reedereien der Geheimtipp für alle, die das Reisen zum Beruf machen wollen. Auf Kreuzfahrten werden die unterschiedlichsten Fertigkeiten gebraucht: Reisekaufleute, Barkeeper und Köchinnen, Verkäufer im Shop, Licht- und Tontechnikerinnen, Rezeptionisten, Kameraleute, Fotografinnen, Friseure, Personalleiterinnen, Kosmetikerinnen, Krankenpfleger, Fitnesstrainerinnen … Willst du Kapitänin oder Schiffsingenieur werden, brauchst du natürlich eine einschlägige Ausbildung. In Bereichen wie Ausflüge (darunter Radtouren) oder Gastgeber (Sport und Spiele an Bord, Kids Club) haben auch Quereinsteiger eine gute Chance.
- Die aufgezählten Jobs gehören zur Crew. Das bedeutet: Du bist normalerweise drei bis sechs Monate auf dem Schiff. In dieser Zeit gilt grundsätzlich eine Sieben-Tage-Arbeitswoche, du hast aber täglich mehrere Stunden Freizeit, sodass du abhängig von der Arbeitsplanung an Land gehen und schöne Orte der Welt entdecken kannst. Du wirst auch ausgebildet für allgemeine Aufgaben wie Seenotrettung. Die Arbeit bringt Spaß, ist aber anstrengend und zeitintensiv, solange du an Bord bist.
- Zum Reiz der Beschäftigung auf einem Kreuzfahrtschiff gehört auch: Du arbeitest in einem internationalen Umfeld, mit Menschen aus Dutzenden von Ländern. Doch um die lange Zeit fern von zu Hause auszuhalten, brauchst du eine echte Leidenschaft für das, was du an Bord tust.

- Lektoren, Sängerinnen, Comedians, Zauberer oder Workshop-Leiterinnen sind pro Einsatz nur ein paar Wochen auf dem Schiff und leben in ihrer Freizeit dort wie die Gäste. Hier werden sehr spezielle Fähigkeiten verlangt – und man braucht längst nicht so viele Leute wie für die Crew.

- Die meisten Gäste sind nett und neugierig, aber wer auf einem Kreuzfahrtschiff arbeitet, sollte sich immer auch auf unerwartete Fragen und Beschwerden einstellen. Kostproben: »Heute Morgen habe ich einen Vogel gesehen – wie heißt der?« – »Das Meer ist zu laut!«

- Wer reist, kann krank werden. Corona war in allen Talkshows, aber es gibt auch viele andere Infektionen, von Magen-Darm-Grippe bis zu Gelbfieber. Am besten schützt man sich mit Hygiene und Impfungen. Eine Garantie, gesund zu bleiben, gibt es nicht – zu Hause jedoch auch nicht.

- Wird man auf Kreuzfahrtschiffen seekrank? Meiner Erfahrung nach sehr selten, aber das ist eine Frage der Veranlagung. Viele spüren angesichts der Größe der Dampfer gar nichts. Zu starkem Seegang kann es etwa am Golf von Biskaya oder bei Atlantik-Überquerungen kommen. Normalerweise kündigt der Kapitän das vorher an, dann kann man Reisetabletten schlucken, die es rezeptfrei in jeder Apotheke gibt. Das sollte man tun, bevor es einem schlecht wird, damit man sie nicht gleich wieder erbricht. Auch solltest du nicht auf das Essen verzichten – ein (mäßig) voller Magen hilft.

- Auch sonst schrecken viele Katastrophen Reisende ab – meist zu Unrecht. Manchmal ist es nicht so schlimm, wie es in der Zeitung oder im Internet erscheint. Oder das Unglück ist räumlich begrenzt und betrifft nicht gleich das ganze Land.

Vom Hausbesetzer
zum Hausbesitzer

Wenn du deinen Eltern erzählst von dem, was du bisher gelesen hast, sagen sie vielleicht: Na ja, wenn du das so machen willst, musst du verdammt aufpassen, sonst endest du als armer Schlucker, der gegen Krankheit und Alter nicht abgesichert ist. Du kannst sie beruhigen. Ich habe nicht nur immer brav meine Krankenkassen- und Rentenbeiträge bezahlt. Wir besitzen im teuren Hamburg ein Reihenendhaus, in dem wir einmal gewohnt haben und das wir jetzt vermieten. Und eine Innenstadt-Wohnung mit Dachterrasse, die wir jetzt bewohnen. Dabei haben wir in unserem Leben nur einmal ein kleines bisschen geerbt – und das, nachdem wir diese Immobilien kauften.

Ursprünglich gehörte ich zu den Opfern der Wohnungsnot, wie die meisten Menschen. Als ich zum Studium nach Münster kam, mangelte es dort an günstigem Wohnraum. Wir kennen das aus allen Uni-Städten. Damals gab es noch kein Internet und dementsprechend keine Immobilienportale. Wohnungssuche lief so: Man stellte sich nachts bei den Zeitungshäusern an, um eine frische Ausgabe zu bekommen, ein Kumpel besetzte eine Telefonzelle, und dann rief man die Nummern aus den Wohnungsanzeigen an. Da ich noch nicht in Münster wohnte und dort niemanden kannte, schrieb ich mich per Post in eine Warteliste für das Studentenwohnheim ein – und bekam gerade noch rechtzeitig zum Semesterbeginn ein Bett in einem Doppelzimmer. Mein Mitbewohner stammte aus dem Iran und unterstützte die dort gegründete Islamische Republik, die gerade von Saddam Hussein aus dem Irak angegriffen wurde. Täglich zeigte mir der Zimmerkollege Fotos von Kriegsgräueln, wie er sagte, begangen von den Irakern. Dann rückte er in ein Einzelzimmer auf. Mein nächster Mitbewohner kam ebenfalls aus dem Iran und zeigte mir ähnliche Bilder von Gräueln – wie er sagte, begangen von der Islamischen Republik, im Kampf gegen die linke Oppositionsgruppe Volksmudschahedin, der er angehörte.

Ein Ort, der in Münster meine Blicke auf sich zog, war die Frauenstraße 24 mit ihrer reich verzierten blauen und weißen Stuckfassade. Historismus mischt sich hier mit Jugendstil. Das Haus wurde Anfang des 20. Jahrhunderts erbaut. Im Zweiten Weltkrieg zerstörten Bombeneinschläge es zum Teil, doch die Stadt restaurierte es 1949 mit Mitteln aus dem sozialen Wohnungsbau. Deshalb unterlag es der Sozialbindung – bis 1974. Auf die Zeit danach bereitete sich der Großmakler Hans Stürmer vor. Er kaufte es von einer Erbengemeinschaft, um es abzureißen und an dessen Stelle einen profitablen Neubau zu errichten. Das Bauordnungsamt erteilte ihm 1973 eine Abbruchgenehmigung. Dreihundert Menschen besetzten das Haus, einen Tag bevor ein Bautrupp es demolieren sollte. Die Besetzer renovierten es. Aufgrund gescheiterter Spekulationsgeschäfte meldete Großmakler Stürmer Konkurs an. Der Allgemeine Studentenausschuss (AStA), der die Besetzung unterstützte, vermietete die Zimmer an Studierende.

In den Jahren danach war das Haus umkämpft – immer neue Immobilienspekulanten versuchten, es zu übernehmen und abzureißen. Gerichte befassten sich damit. Die Bewohner und ihre Unterstützer demonstrierten. Im Erdgeschoss entstand ein Kulturzentrum. Bei einer Zwangsversteigerung 1978 versuchte der mittlerweile gegründete Verein Frauenstraße 24 das Haus zu kaufen – doch der Makler Günter Ernst bot 40 000 DM mehr und erhielt den Zuschlag. Er kündigte sofort die Mietverträge und forderte alle

Bewohner auf, das Haus innerhalb von zwei Monaten zu räumen. Bei Briefen blieb es nicht. Am 11. Mai 1979 kam es zu einem Gasanschlag auf die Frauenstraße 24 und ihre Bewohner. Attentäter schraubten im Keller eine Gasleitung auf und stellten eine brennende Kerze in den angrenzenden Kellerraum. Nur durch Zufall konnte eine Explosion verhindert werden: Hans, der Wirt im Kulturzentrum, stieg die Treppe herunter, um ein neues Fass anzustechen, dabei sah er die brennende Kerze und den Schraubenschlüssel, mit dem die Gasleitung aufgeschraubt worden war. In diesem Moment hielten sich etwa hundert Menschen im Haus auf.

Über die Protestaktionen lernte ich Leute aus der Frauenstraße 24 kennen. Als dort ein Zimmer frei wurde, zog ich aus dem Wohnheim aus und in das besetzte Haus ein – auf eine Etage und somit in eine WG mit Rita, Bernd, Irene, Ilona, Hubertus und Uwe. An einem Tag verhüllten wir die schöne Fassade mit schwarzer Folie, um zu zeigen, was die Stadt verliert, wenn die Frauenstraße 24 geräumt und abgerissen wird. Doch Makler Ernst gab nicht nach, er erklärte: »Das Abbruchunternehmen ist bestellt, und die Polizei steht Gewehr bei Fuß.« Jede Nacht gingen wir ins Bett mit der Furcht, dass wir in wenigen Stunden mit Polizeiknüppeln hinausgeprügelt werden. Eine Telefonkette war eingerichtet, um dann viele Verteidiger zum Haus zu bringen. Wir stellten uns in Schlafanzügen vor das Rathaus, um auf die drohende Räumung aufmerksam zu machen.

Am Karnevalsumzug 1981 nahmen wir unangemeldet teil mit einem Protest gegen den Makler Ernst: »Wider den tierischen Ernst«. Wir steckten in einem Lindwurm aus schwarzem Zellophan, auf dem stand: »In der CDU-Wohnungspolitik steckt der Wurm drin.« Die Christdemokraten waren in der katholischen Stadt Münster die mit Abstand stärkste Partei. Im März desselben Jahres erreichten wir schließlich unser Ziel: Makler Ernst verkaufte das Haus an die Landesentwicklungsgesellschaft (LEG), über den AStA wurde es nun ganz legal an Wohngemeinschaften vermietet. Wir hatten die Gefahr einer Räumung abgewendet, unsere Zimmer waren gesichert! So erlebte ich von der Hausbesetzung gerade noch das erfolgreiche Ende. Aber die Geschichten des langjährigen Kampfes waren am Küchentisch ständig präsent und beeinflussten meinen weiteren Werdegang.

Nicht nur deshalb hatte ich Bedenken gegen Wohneigentum. Es schien mir auch ein Klotz am Bein zu sein, wenn man um die Welt zieht. Ironischerweise haben dann die Erfahrungen anderswo auf der Erde meine Haltung dazu geändert. Was viele bei uns nicht wissen: Dass ein Großteil der Bevölkerung zur Miete wohnt, ist ein deutscher Sonderweg. In China etwa leben drei Viertel der Bevölkerung in ihrer eigenen Wohnung, mit nur sehr geringen Unterschieden zwischen den verschiedenen Einkommensschichten. In Rumänien liegt die Wohneigentumsquote gar bei sechsundneunzig Prozent. Alles Länder, in denen die Menschen im Schnitt deutlich weniger verdienen als in Deutschland. Der Mangel an Eigentum liegt sicherlich auch an der deutschen Wohnungspolitik: etwa an den vielen Vorschriften beim Hausbau, die die Preise in die Höhe treiben; an der hohen Grunderwerbssteuer; und an den im internationalen Vergleich weit überdurchschnittlichen Maklergebühren, die bis vor Kurzem von den Käufern allein getragen wurden. Doch zu den Gründen gehört ebenso die vorsichtige deutsche Mentalität: Nur nichts wagen, bloß kein Risiko eingehen. Auch denken Angehörige anderer Nationen mehr an ihre Familie: Ein Haus ist ein Wert, den sie ihren Kindern vererben können. Mietzahlungen hingegen sind verlorenes Geld.

Als wir aus China zurückkehren, ist für uns klar, dass wir Wohnraum kaufen, in diesem Fall wird es das Reihenendhaus. Um nicht später unsere Wahlmöglichkeiten durch Sorgen einzuschränken, wie wir Raten einer Bank begleichen, entscheiden wir uns für eine Immobilie, die wir ohne Kredit bezahlen können. Dafür liegt sie nicht im schicken Viertel, sondern fünfzehn Minuten Fußweg davon entfernt – aber mit guter Lage für Kinder. Als die größer sind, ziehen wir in die Hamburger Innenstadt, jedoch dort ins Szeneviertel St. Georg, das manchen zu lebhaft und schmuddelig ist. Immer noch teuer genug, aber doch so, dass unsere Ersparnisse dafür ausreichen.

Ich weiß, wie schwierig das alles ist, nicht für jeden erschwinglich. Was ich damit nur sagen möchte: Ein Leben als Weltenbummler schließt Wohlstand nicht aus. Die Entscheidungsfreude und Risikobereitschaft, die man in anderen Ländern lernt, können sogar hilfreich sein beim Aufbau eines Vermögens. Gleichzeitig solltest du aufpassen, nicht zum Sklaven einer Bank zu werden, und deshalb auf überflüssigen Luxus verzichten. Was du dafür gewinnst, ist die Freiheit!

Merkzettel

- Es kann nur besser werden: Wenn du frisch ins eigenständige Leben trittst, gehört die Wohnungssuche zu den größten Problemen. Später gewinnst du Routine darin.
- Wer mit 20 kein Haus besetzt, hat keinen Mut. Wer mit 30 noch immer in einem besetzten Haus wohnt, hat versagt.
- Ein abenteuerliches Leben und wirtschaftliche Absicherung widersprechen einander nicht, im Gegenteil: Ein zumindest moderates Polster ermöglicht dir das abenteuerliche Leben. Und durch internationale Erfahrungen wirst du geschickter und flexibler.
- Wer sein Land von außen betrachtet, stellt scheinbare Selbstverständlichkeiten infrage. Etwa die Idee des deutschen Michel, Miete sei die Norm und Wohneigentum die Ausnahme.
- Entscheidungsfreude hilft beim Hauskauf. Keine Immobilie ist perfekt – aber gute Angebote sind schnell weg, wenn du zu lange wartest.
- Eine eigene Wohnung und ein internationales Leben schließen sich nicht aus, solange du dich dafür nicht verschuldest. Kaufe nicht die teuerste Wohnung, die du dir gerade noch leisten kannst, sondern diejenige, die du dir leisten kannst, ohne deine Unabhängigkeit zu verlieren.

Im Reich der Sinne

Zu den Abenteuern auf dieser Welt gehört es auch, exotische Speisen zu kosten. Das macht man am besten da, wo diese Gerichte erfunden wurden und von den Einheimischen gegessen werden. Das Original ist immer besser als die Kopie. Die meisten deutschen Chinarestaurants beispielsweise haben mit chinesischer Küche etwa so viel gemein wie McDonald's mit europäischer.

Essen ist für Chinesen wie Sex. Ein wilder Trieb. Ein nicht zu beherrschendes Verlangen. Die aufregendste Art, anderen zu begegnen. Mehr noch, der Sinn des Lebens. Chinesen schuften bis Mitternacht, ohne zu meckern. Aber gibt es um zwölf kein Mittagsmahl und um sechs oder sieben kein Abendessen, dann droht Revolution. Deutsche reden beim Essen über die Arbeit. Chinesen reden bei der Arbeit übers Essen – und beim Essen sowieso. Treffe ich chinesische Kolleginnen, grüßen sie: »Chile meiyou?«, »Schon gegessen?«. Der Bekannte heißt *shuren,* wörtlich »der gare Mensch«. Es geht immer nur um das eine.

Das Laster lockt überall. In Peking habe ich die Wahl zwischen 30 000 Restaurants, das sind zehnmal mehr als in Berlin. In vielen Straßen, manchmal sogar ganzen Vierteln, dient jedes Gebäude dem Sinnengenuss, reiht sich ein Etablissement an das andere. Bei den meisten hängen rote Lampions über dem Eingang.

Der Besuch jedes Hauses beginnt mit einem Flirt. Nicht mit der Kellnerin, die bahnt die Beziehung nur an. Sie trägt meist Uniform, hat oft die Haare nach hinten zusammengebunden und ein Nummernschild angesteckt. Sie senkt den Kopf, wenn sie die Wünsche des Kunden notiert. Dabei verrät sie Geheimnisse, sofern sie vom Gast gefragt wird. Und das wird sie fast immer. Schließlich soll es eine rauschende Nacht werden. Auch sind die Speisekarten oft mehr Anmache als körperliche Beschreibung. »Was verbirgt sich hinter den ›vier glücklichen Bohnenquarks‹?«, frage ich dann zum Beispiel. »Bohnenquark mit Eigelb, Knolle, Hackfleisch und Pökel«, sagt sie.

Ein vorsichtiges Betasten, ein Flirt mit den Köstlichkeiten, die ich kennenlernen möchte. Ich erhasche einen Blick, sie balzen um meine Aufmerksamkeit. Der Rote Schnapper im Aquarium blinzelt mit den Augen. Die Krabben tänzeln in einem Plastikbottich. Chinesische Gasthäuser sehen oft wie ein Zoo aus. Bevor der Fisch getötet wird, führt ihn die Kellnerin in einem Plastikeimer am Tisch vor und wartet auf mein Nicken – so wie man bei uns den Wein vorher probiert.

Mit allen Raffinessen der Liebeskunst wird gespielt. Bevor der Gast die Speisen berühren darf, wird er erst einmal richtig heißgemacht. Direkt am Tisch schneidet der Koch die Pekingente mit ihren fettigen braunen Krusten in kleine Stückchen, das Wasser läuft mir im Mund zusammen. Unter dem Beifall der Gäste schüttelt ein Kellner im Sichuan-Restaurant »Südliche Schönheit« ein Gefäß, das einer Gebetsmühle ähnelt, so vermischt er den Rucola-Salat mit der Soße. Wie ein Akrobat schleudert ein Meister neben dem Feuertopf mehrere Meter lange Nudeln, damit sie dünner werden.

Überhaupt der Feuertopf oder *hot pot,* technisch dem Fondue entsprechend, aber ohne Schweizer Puritanismus und ganz bestimmt ohne Käse. Wie ein Blutbad wirkt die Brühe, die in einem Metallkessel auf den Gasherd in der Mitte des Esstisches gestellt wird. Genau genommen sind es Paprikaschoten mit etwas Wasser durchmischt. Sobald der Feuertopf warm wird, beginnt ein wildes Vorspiel. Die rote Soße brodelt. Zwiebeln, Ingwer und Kopfsalatblätter, bisher von den Paprikaschoten verdeckt, hüpfen aufreizend vor der Schlemmerrunde, die sich derweil berauscht an Geschichten, wie scharf sie das letzte Mal gespeist hat. Auf dem Tisch sammeln sich schmal geschnittenes Schaf- und Rindfleisch, Fischbällchen und Pilze in Tellern an. Die Hungrigen können sich kaum noch zurückhalten, wollen die Stückchen in das verlockende Nass werfen. Halt, nicht so ungestüm, mahnen die Erfahrenen, die Soße ist noch nicht bereit.

Doch bald beherrscht sich keiner mehr, alle greifen nach ihren Stäbchen und befördern Fleisch und Gemüse in den heißen Topf. Nach wenigen Minuten stoßen sie wieder mit den Stäbchen in die rote Brühe, holen scharfe Leckerbissen heraus und stecken sie sich in den Mund, jauchzen begeistert und stöhnen, weil ihre Zungen brennen. Es hat etwas von Sadomaso. Wie manche Deutsche am nächsten Tag von ihrem Bierrausch, dem Kopfweh und dem Erbrechen erzählen, so sprechen Chinesinnen mit lachendem Gesicht über ihre Verstopfungen, ausgelöst von einer Überdosis Paprika. Doch wer schön sein will, muss leiden. Angeblich führt das pikante Essen zu einer gesunden Haut.

Es werden immer härtere Sachen aufgefahren. Die Kellnerin stellt die Gedärme einer Gans auf den Tisch. Für mich schmecken sie auch nach dem Kochen im Feuertopf wie Kaugummi ohne Zucker, doch meine chinesischen Esskumpanen finden sie schmackhaft und vor allem gesund. Chinesische Küche ist immer auch ein Stück chinesische Medizin. Den Darm zu essen soll gegen Darmleiden helfen. Vom Glauben daran lässt sich keiner durch kurzfristige gegenteilige Folgen abbringen. Denn das Tierorgan, das man verspeist, frischt das entsprechende Organ des Menschen auf, so die traditionelle Idee. Suppe aus Schweineknochen stärkt die eigenen – was wegen des Kalziumgehalts sicher stimmt. Yak-Penis soll gut für die Potenz sein, wird aber nur in wenigen Restaurants angeboten, ist auch in China keine alltägliche Orientierung. Häufig hingegen gehört das Obstgehölz Mispel, laut chinesischer Medizin gut für die Augen, zur Brühe des Feuertopfes.

In der Euphorie denkt man aber weniger an die mögliche Heilkraft. Das Essen selbst ist für Chinesen ein erotischer Akt. Während ich bei Knochen gern eine Aufwandszulage verlange, genießen es die Leute hier, sie im Mund hin- und herzuschieben und das Fleisch bis auf den letzten Kubikmillimeter abzunagen. Die Sorten des Bohnenquarks Tofu schmecken für mich etwa gleich. Meine Tischgenossen aber lassen sich von der unterschiedlichen Konsistenz erregen: Ein Tofu ist saftig, ein anderer fest wie eine Scheibe Salami, der nächste fühlt sich glatt und weich an wie eine Zunge beim Kuss.

So gibt es beim chinesischen Essen viele Höhepunkte: Wenn ich in die Pekingente beiße, nachdem ich sie in süße Soße getunkt, mit Zwiebeln und Gurken zusammengelegt und in den dünnen Teigfladen eingewickelt habe. Wenn ich die *baozi*, die mit Schweinefleisch oder Garnelen gefüllten Teigtaschen, im Mund jongliere und dabei das Öl auf mein Kinn spritzt. Wenn ich die Suppe schlürfe, die nach den darin schwimmenden Lotuswurzeln schmeckt... Wer danach noch nicht voll befriedigt ist, bestellt Reis oder Nudeln. Anders als viele Deutsche glauben, gehört der Reis nicht zum chinesischen Gericht. Er wird oft erst anschließend gegessen, wenn der Hauptakt noch etwas Platz im Magen gelassen hat.

Chinesen feiern das Mahl als Orgie – und das meine ich nicht nur wegen der Hühnerknochen und Barschgräten, die sich nachher über den ganzen Tisch verteilen, nicht nur wegen des Schlürfens und Schmatzens, Geräuschen, die Befriedigung ausdrücken. Sondern vor allem deshalb, weil das Essen immer ein gemeinsamer Akt ist: Keiner bestellt ein Gericht für sich allein, alle bedienen sich von einer runden drehbaren Platte in der Mitte des Tisches, auf die alle Speisen gedeckt werden, oder wie beim *hot pot* aus dem einen Topf.

Der Chinese isst nicht monogam. Probiert heute dieses, morgen jenes. Denn von »der chinesischen Küche« kann man genauso wenig sprechen wie von »der westlichen«, was die Chinesen machen, wenn sie Austern aus der Bretagne und Hamburger aus New Haven in einen Topf werfen. Im Reich der Mitte hat jede Region, oft jede Stadt, ihre eigene Spielart der Lust – und in Peking und anderen chinesischen Metropolen buhlen sie alle um die Gunst des Gastes: Von Hummer aus Kanton, rot gedünstetem Schweinefleisch aus Maos Heimatprovinz Hunan bis zum Feuertopf aus Sichuan. Auch die viel genannten Hunde, Schlangen und Kamele gehören zu den chinesischen Speisen. Mit ausgefallenen Sexpraktiken haben sie gemeinsam: Es wird deutlich mehr darüber geredet, als dass sie tatsächlich probiert werden, sie sind auch in China die Ausnahme. Das Einzige, was man hier nicht findet: das süßsaure Einerlei, das man »beim Chinesen« in Deutschland bekommt.

Wobei, und das ist die gute Nachricht: In großen Städten bei uns findest du auch echte chinesische Küche. In Hamburg, wo ich derzeit lebe, empfehle ich zum Beispiel »Yu Garden«, dessen Teehaus-Ensemble und Gartenanlagen dem berühmten Shanghaier Yuyuan folgen, der auf die Zeit der Ming-Dynastie zurückgeht; »Yin Seafood« an der Großen Elbstraße; »Herr He« und »Mei Moon« in der Nähe des Hauptbahnhofs; oder das Chinarestaurant »Spicy«, das auch Feuertopf anbietet.

Dies ist kein Restaurantführer und schon gar nicht einer für die ganze Republik. Aber woran du authentische Restaurants erkennst: Viele Gäste kommen aus dem Land, aus dem die Küche stammt. Das gilt nicht nur für chinesische Restaurants, sondern auch für koreanische, afghanische, äthiopische und alle anderen.

Bei brasilianischer Küche denke ich in Hamburg an das »Panthera Rodizio« im Portugiesenviertel. Die Besuche dort erinnern mich an meine Zeit in Rio de Janeiro: Dort genoss ich das *churrasco,* das Grillfleisch, die dritte brasilianische Leidenschaft neben Fußball und Sex. Das Feuer lodert unter Rippen und Schwänzen vom Rind. Die Kellner bringen immer wieder saftiges Grillfleisch an die Tische, bis die Gäste angeben, dass sie genug davon haben. Der auch anderswo in Lateinamerika und auf der Iberischen Halbinsel übliche Begriff *churrasco* ahmt das Zischen des ins Feuer tropfenden Fetts nach. Dazu gibt es in Brasilien Salat und *farofa,* geröstetes und gewürztes Maniokmehl, also von der Yucapflanze.

In Russland bekam ich bei den Essen zuerst *sakuski,* kleine Vorspeisen, etwa geräucherten Aufschnitt und eingelegte Pilze, außerdem Suppen wie Borschtsch aus roter Beete und Rüben. Als Hauptspeise folgten zum Beispiel Boeuf Stroganoff, leicht bemehlte Rindfleischwürfel, die in einer einfachen Soße aus Brühe und Senf mit nur wenig Sauerrahm angebraten und gekocht wurden, oder Soljanka, ein leckerer Eintopf mit Rinderbrust, gekochtem Schinken, geräuchertem Speck und Gewürzgurken, in den saure Sahne verrührt wurde. Danach reichte die Gastgeberin Konfekt und dazu wahlweise Kaffee oder Tee. Aus Gläsern groß wie Zahnputzbecher tranken wir Wodka und sprachen minutenlange Toasts auf das Treffen, die Gesundheit, die Frauen und alle Anwesenden aus.

Auch kulinarisch kann man also öfter mal die Welt wechseln. Und das ist – mit den erwähnten Einschränkungen – manchmal sogar in Deutschland möglich…

Merkzettel

- Essen und Trinken sind auch ein Weg, die Welt zu entdecken. Bei Reisen solltest du immer nach den landestypischen Spezialitäten fragen und das lokale Bier bestellen statt der Marke, die du schon kennst.
- Was in Deutschland als angebliche Küche aus diesen Ländern angeboten wird, hat mit dem Original oft wenig zu tun. So gilt immer noch vielen »süßsauer« als Synonym für China. Dabei ist diese Geschmacksrichtung dort nur selten anzutreffen. Völlig unbekannt sind in China übrigens Glückskekse – die stammen aus Japan und fanden ihren Weg über Kalifornien nach Europa.
- Trotzdem gibt es auch in unseren Großstädten vereinzelte ethnische Restaurants, die echte Küche aus ihrer Heimat anbieten. Erkennbar sind sie an der großen Zahl von Gästen aus dem jeweiligen Land selbst.
- Eine kulinarische Weltreise ist, bei zielgerichteter Suche, also

auch möglich, ohne um die halbe Welt zu fliegen. Wenn du aber neben dem Essen auch die Menschen und ihre Kultur kennenlernen willst, ist der Weg zum Flughafen unvermeidbar. Oder du unternimmst eine echte Weltreise mit dem Schiff.

- Für viele ist Essen auch eine Medizin. Sie hilft am ehesten denjenigen, die daran glauben ...
- Jede Region der Welt hat neben ihrem Essen auch ihre eigenen Essgewohnheiten. Die Essenszeiten können ebenfalls von Land zu Land stark abweichen.

Sicherheitstipps für Abenteurer

Wie sichert man sich ab, wenn man viel reist oder immer wieder für mehrere Jahre im Ausland lebt? Ich spreche jetzt nicht von Auswanderern, die in ein anderes Land gehen, um dort zu bleiben. Die informieren sich natürlich über die Möglichkeiten und Regeln in diesem Land. Wer aber wie ich nach dem Motto lebt »Heute hier, morgen dort«, wird kaum in das Sozialsystem eines anderen Staats wechseln können oder wollen.

Ich erzähle, wie ich es mache, schicke aber voraus: Das Rundum-sorglos-Paket gibt es nicht. Kaum jemand kann es sich leisten, für jeden noch so unwahrscheinlichen Fall eine Versicherung abzuschließen – und die kann ja auch nur mit Geld helfen, nicht den Schaden beheben. Wer die Welt erleben will, muss Risiken eingehen. *No risk, no fun.* Trotzdem schließen Abenteuerlust und Vernunft einander nicht aus. Natürlich sollte man unnötige Gefahren vermeiden und vorsorgen.

Das fängt bei einer banalen und preisgünstigen Selbstverständlichkeit an: eine **Reisekrankenversicherung** abschließen. Die gibt es schon für Beträge zwischen acht und zwanzig Euro – pro Jahr! Sie übernimmt Arztkosten und Operationen im Krankenhaus, wenn diese bei einer Reise unerwartet anfallen, schließt sogar akute Zahnbehandlungen und Krankenrücktransport nach Deutschland ein. Übrigens ersetzt sie auch die überteuerten Krankenversicherungen, die einem oft bei Pauschalreisen als Zusatz angeboten und »empfohlen« werden. Die günstigen Reisekrankenversicherungen sind nicht für längere Auslandsaufenthalte gedacht. Wer aber gesund ist und nicht ständig Arztbesuche aus dem Land abrechnet, kann versuchen, die Rechnung aus einem überraschenden Notfall dort einzureichen.

Sicherer, aber damit auch teurer, sind **Versicherungen, die sich gezielt an uns Nomaden der Neuzeit richten,** also an Menschen, die mehrere Monate oder Jahre im Ausland leben. Manche Botschaften verlangen sie sogar als Voraussetzung, bevor sie ein Visum erteilen. Da musst du dann eher mit dreißig bis sechzig Euro rechnen – im Monat. Bei manchen Anbietern sogar deutlich mehr. Ehrlich gesagt, habe ich noch nie eine solche Versicherung abgeschlossen. Wer hier vorsichtiger ist als ich oder häufiger zum Arzt muss, sollte sich darüber informieren.

Bei der Abwägung ist zu berücksichtigen: Auch wenn das unserer deutschen Mentalität widerspricht – es kann günstiger sein, mal einen Arzttermin im Ausland selbst zu bezahlen, als eine Versicherung abzuschließen für jeden theoretisch denkbaren Krankheitsfall. Vor allem solltest du dich informieren über das **Gesundheitswesen** des Landes, in dem du für einige Zeit leben willst. In Brasilien beispielsweise sind die staatlichen Krankenhäuser kostenlos, auch für Ausländer. Nun wird oft gewarnt, dafür sei der Standard dort katastrophal. Da ist etwas dran, allerdings gilt, was die Brasilianer mit einer gewissen Übertreibung sagen: Wenn du noch selbst ins Krankenhaus gehen kannst, bist du dort verloren. Wenn du aber dorthin gebracht werden musst, ist das staatliche Gesundheitssystem, das *Systema Único de Saúde,* besser als ein privater Arzt. Sie meinen damit: Auf Notfälle von Beinbrüchen bis zu Malaria sind die staatlichen Krankenhäuser spezialisiert, weshalb sie dafür auch von privat versicherten Brasilianern genutzt werden. Und unsereins geht ja im Ausland bei einem Notfall zum Arzt.

Das führt mich zu der aus meiner Erfahrung wichtigsten Absicherung: Versuche, wenn es irgend geht, in deiner **deutschen**

Krankenversicherung zu bleiben! Dann kannst du Routinechecks im Urlaub zu Hause erledigen und bist abgesichert, falls überraschend eine schwere Erkrankung festgestellt werden sollte und du dafür zurückkehren müsstest. Ganz Risikofreudige können darauf setzen, dass die gesetzlichen Krankenkassen dich sowieso wieder aufnehmen müssen, wenn du erneut in Deutschland lebst. Ich persönlich fand es beruhigend, immer zu wissen, dass ich, wenn nötig, zurückfliegen könnte und sofort behandelt würde, auch wenn dieser Fall bei mir zum Glück nie eingetreten ist.

Das wirft die Frage nach der rechtlichen Situation auf. **Entsendet dich ein deutsches Unternehmen ins Ausland,** behältst du deine deutsche Kranken- und Rentenversicherung. In EU-Ländern, wo ich noch nie gelebt habe, wandert man, so lese ich, in das Sozialsystem des anderen EU-Lands, was sicherlich auch okay ist. Beim nicht europäischen Ausland fragen die deutschen Sozialversicherungsträger alle paar Jahre mal nach, der Status wird dann aber verlängert, wenn das Unternehmen bestätigt, dass man weiterhin entsandt ist und irgendwann zurückkehrt. In jedem Fall solltest du es bei einer Entsendung ins Ausland zur Bedingung machen, dass du deine deutsche Kranken- und Rentenversicherung behältst und zusätzlich im Land deines Aufenthalts krankenversichert bist. Ich habe noch nie erlebt, dass ein Unternehmen das abgelehnt hätte.

Komplizierter ist es bei **Freiberuflern und Selbstständigen.** Außerhalb der Europäischen Union erlischt in der Regel der gesetzliche Krankenversicherungsschutz, sobald du den Wohnsitz dorthin verlegt hast. Das ist eine Diskriminierung im Vergleich zu den Angestellten, zumal in Zeiten, in denen immer mehr Firmen die Kosten einer Entsendung scheuen und stattdessen freie Honorarkräfte im Ausland für sich arbeiten lassen. Am besten kenne ich das aus dem Journalismus: Feste Stellen im Ausland werden abgebaut, die meisten Korrespondenten sind heute Freie, die einen »Bauchladen« von mehreren Abnehmern haben. In anderen Branchen gibt es ähnliche Entwicklungen. Du hast also ein »moralisches Recht«, in der deutschen Krankenversicherung zu bleiben.

Es gibt diese Frage-Antwort-Portale, auf denen oft jemand eine gute Frage stellt und dann Leute, die die Antwort nicht wissen, Vermutungen anstellen oder gar die Fragestellerin beschimpfen. Ich kann mich an eine Diskussion dort entsinnen, in der eine Frau schrieb, sie werde in Südafrika arbeiten und wolle im deutschen Sozialsystem bleiben, wie man das anstelle? Sofort war ein Besserwisser zur Stelle, der meinte, wer so denke, solle gar nicht erst ins Ausland gehen. Er warf ihr gar vor, sie sei eine Schmarotzerin. Das Gegenteil ist wahr: Im überalterten Deutschland sollten wir jedem dankbar sein, der weiter Beiträge einzahlt, auch wenn er vorübergehend woanders lebt. Moralisch verwerflich ist, dass der Gesetzgeber das noch nicht erkannt hat. Aber wie dem auch sei: Mit etwas Geschick findest du Wege, in der deutschen Sozialversicherung zu bleiben. Wichtig ist in diesem Fall, dass du eine deutsche Adresse behältst, etwa bei Eltern oder Geschwistern, und den Versicherungen nur diese Adresse angibst.

Im unwahrscheinlichen Fall von Nachfragen bist du auf der sicheren Seite, wenn du diese Adresse auch offiziell als deutschen Wohnsitz anmeldest. In einer Großstadt stellt dir das Einwohnermeldeamt dazu keine Fragen, wenn du eine Wohnungsgeberbestätigung vorlegst. In einem kleinen Ort, in dem jede jeden kennt, weiß man im Rathaus vielleicht, dass du gar nicht da bist. Doch gewöhnlich wird es verstanden, dass man einen Wohnsitz in Deutschland behalten möchte, wenn man nur vorübergehend im Ausland ist. Mit den **Steuern** hat das übrigens nichts zu tun. Steuerpflichtig bist du in dem Land, in dem du dich 183 Tage oder mehr aufhältst, also mehr als die Hälfte des Jahres. Vorteil einer vollständigen Abmeldung in Deutschland ist hier lediglich, dass das Finanzamt dich gar nicht erst auf der Liste hat.

Dann bleibt es aber immer noch sinnvoll, eine **Postadresse** in Deutschland zu behalten. Obwohl wir angeblich in einer globalisierten Welt leben, sind viele Unternehmen noch nicht darauf eingestellt, dass immer mehr Menschen als digitale Nomaden herumziehen. Im Gegenteil haben verschärfte Bestimmungen gegen Geldwäsche und Steuerhinterziehung dazu geführt, dass du beispielsweise manche Kreditkarten gar nicht erhältst oder nur noch eingeschränkt nutzen kannst, wenn du keine deutsche Wohnadresse angibst.

Noch mehr gilt das für dein Gastland, wo die Institutionen ebenfalls zunächst auf die Menschen ausgerichtet sind, die ständig dort leben. Von den Schwierigkeiten, als Neuankömmling ein **Bankkonto** in New York zu eröffnen, habe ich erzählt. Dort hat es geklappt. In Rio de Janeiro hätte ein Brasilianer für mich bürgen müssen, außerdem hätte ich Belege für mein regelmäßiges Einkommen gebraucht, was für einen frisch eingetroffenen Freiberufler schwierig ist. Da entschied ich mich dann, auf ein brasilianisches Bankkonto zu verzichten, da die Honorare meiner Auftraggeber ohnehin in Deutschland eingingen. Ich zahlte in der Regel mit **Kreditkarte** – in den meisten anderen Ländern noch viel selbstverständlicher als in Deutschland. Und ich hob mit Kreditkarte Bargeld vom Automaten ab. Falls du im Ausland eine deutsche Karte nutzt, ist es wichtig, dass sowohl Zahlungen im Laden oder Restaurant als auch Bargeldabhebungen gebührenfrei sind. Ich nenne hier keine Namen von Banken. So hat eine, deren Karte ich damals kostenfrei genutzt habe, mittlerweile ihre Bedingungen deutlich verschlechtert. Dafür sind andere Anbieter von gebührenfreien Kreditkarten hinzugekommen. Hier gilt es, sich aktuell zu informieren und das Kleingedruckte zu lesen.

Als ich nach Moskau kam, waren nicht nur Handys unbekannt. Es war auch von einem Festnetzanschluss unmöglich, direkt ins Ausland zu telefonieren. Gespräche mussten beim Fernamt angemeldet werden, zwei oder drei Stunden später stellte dieses die Verbindung her. Das ist heute bekanntlich viel einfacher. Unkompliziert erhältst du in fast jedem Land eine **Prepaid-SIM-Karte,** die du dann zum Beispiel bei Kiosken oder in Supermärkten wieder aufladen kannst, wenn das Guthaben aufgebraucht ist. So hast du sofort eine **lokale Handynummer.** Für internationale Gespräche eignet sich **Skype,** spätestens seit Corona kennen auch alle Zoom, Microsoft Teams, Cisco Webex etc. Skype ist da fast schon etwas *old school,* hat aber den Vorteil, dass man sich jederzeit verbinden kann, ohne vorher ein Meeting zu organisieren. Außerdem kann man über Skype auch eine Telefonnummer einrichten, sodass du mit ein paar Klicks in jedem Land eine nationale (scheinbare) Festnetznummer erhältst, ohne dich mit der Bürokratie einer Telefongesellschaft herumzuschlagen und diese zu bezahlen. In Rio habe ich vier Jahre so telefoniert.

Um deine elektrischen Geräte anschließen oder aufladen zu können, brauchst du die passenden **Adapter.** Die kaufst du am besten vor deiner Abreise in Deutschland. Denn in dem Gastland werden gewöhnlich die genau umgekehrten Adapter angeboten – also diejenigen, die die Leute dort brauchen, wenn sie mit ihren Geräten ins Ausland reisen.

Zur Sicherheit gehört auch die vor **Kriminalität.** Die ist in manchen Ländern kaum ein Problem, beispielsweise in China, in anderen aber ein größeres Thema, wie etwa in Brasilien oder überhaupt in Lateinamerika und der Karibik. Der beste Schutz: **nicht als Ausländer auffallen,** dich einfach kleiden, vor Ort billige Turnschuhe kaufen, auf Schmuck verzichten und keine Uhr tragen, zumindest keine teure. Zwar protzen auch Einheimische mit Uhren und Ketten – aber auch sie werden Opfer von Kriminalität. Längere Handy-Gespräche solltest du in solchen Ländern dort führen, wo Wachleute sind, zum Beispiel in einer Shoppingmall. Wenn du ein Foto auf der Straße gemacht hast, hältst du das Gerät nicht minutenlang demonstrativ in der Hand, sondern steckst es sofort wieder in die Tasche. Du behältst deine Umgebung immer im Blick, siehst so, ob dir jemand folgt, und schaust immer auch auf den Boden: So trittst du nicht in Hundekot und fällst vor allem nicht in ein Loch, das ungeschützt ist.

Wirst du doch einmal überfallen (mir ist das, wie gesagt, nie passiert), übergibst du ruhig deine Wertsachen und schaust dem Räuber nicht ins Gesicht, damit er nicht fürchten muss, du könntest ihn später einmal identifizieren (so lautet zumindest die Empfehlung der brasilianischen Polizei). Dein Leben und deine Gesundheit sind wichtiger als ein bisschen Geld oder eine Kreditkarte. Von deinem **Reisepass** solltest du grundsätzlich eine Kopie haben, die du in deiner Wohnung oder in deinem Hotelzimmer aufbewahrst.

Übrigens kannst du einen **zweiten Reisepass** beantragen mit der Begründung, dass du viel reist und oftmals ein Pass auf einem Konsulat liegt oder dass du Länder besuchen willst, für die der Einreisestempel eines anderen Landes ein Grund ist, dich nicht hereinzulassen, wie es etwa bei Israel und einigen arabischen Ländern der Fall ist. Bei Diebstahl oder Verlust des Reisepasses im Ausland hilft der zweite Pass allerdings wenig: Du musst mit demselben Pass ein- und ausreisen, musst also trotzdem bei der Botschaft einen Ersatz beantragen. Ich habe noch nie ein Dokument verloren, vielleicht auch, weil ich gerade als Abenteurer besonders pingelig bin: Ich schaue lieber einmal zu viel, ob ich alles eingepackt habe, als einmal zu wenig.

Das Internet hat vieles erleichtert, ist allerdings auch voll mit Horrorgeschichten von Panikmachern. Manchmal warnen dort auch die, die dir etwas verkaufen wollen, etwa eine unnötige Versicherung. Ein entspanntes Gespräch mit Menschen, die schon in dem Land waren oder sind, hilft meist mehr als Google. **Vorsicht ist gut, aber Angst ein schlechter Ratgeber.** Oder um einen Kölner Spruch zu nehmen, den ich aus meiner Lebenserfahrung heraus bestätigen kann: »Et hätt noch immer jot jejange.« Am Ende wird alles gut – zumindest besser, als wenn du zu Hause bleibst.

Register

Der lächelnde Unbekannte

Coveränderungen vorbehalten

Stefan Aust / Adrian Geiges

**Xi Jinping – der
mächtigste Mann
der Welt**

Piper, 288 Seiten
ISBN 978-3-492-07006-5

China wächst weiter unaufhaltsam, ist aus der Corona-Pandemie sogar noch gestärkt hervorgegangen. Der Westen hingegen versinkt in Krise und Chaos. Mächtigster Mann der Welt ist heute nicht mehr der Präsident der USA, sondern Xi Jinping, Generalsekretär der Kommunistischen Partei und Staatspräsident Chinas. Wie funktioniert der Funktionär, der eine Machtfülle auf sich vereint wie vor ihm nur Mao? Wie wurde er, wer er ist? Was hat er vor? Wie hält er es mit der Ökologie? Was bedeuten seine Pläne für uns?

PIPER

Leseproben, E-Books und mehr unter **www.piper.de**